中国传统文化与当下

中国传统文化的特质

汤一介 著
乐黛云 杨浩 编

上海教育出版社

目录

中国传统文化的现代意义

"全球意识"与"寻根意识"的结合
　　——对发展中国文化的设想 / 003
儒学的现代意义
　　——兼论"和谐社会"的建设问题 / 018
儒学能否"现代化"？/ 044
论儒学与中华民族的复兴 / 052
儒学与建构性后现代主义 / 068
中国的儒道文化可以让文明不再冲突 / 080

中国传统文化中的"真""善""美"问题

论儒家哲学中的真、善、美问题 / 089
论"天人合一" / 111
论"知行合一" / 125
论"情景合一" / 136

中国传统哲学的理论体系

中国传统文化的特质 / 147

对中国传统哲学的哲学思考 / 170

中国文化对 21 世纪人类社会可有之贡献 / 189

论"普遍和谐" / 197

论"和而不同"的价值资源 / 204

论儒家哲学中的内在性与超越性 / 215

论老庄哲学中的内在性与超越性 / 227

论禅宗思想中的内在性与超越性 / 237

论儒家的境界观 / 251

论"内圣外王" / 261

中国传统文化的当代价值

略论中国传统思想中的正义观 / 275

论儒释道观生死问题的态度 / 280

儒家伦理与中国现代企业家精神 / 288

论儒家的"礼法合治" / 298

"孝"作为家庭伦理的意义 / 309

要重视《道德经》注疏的研究 / 317

华严十玄门的哲学意义 / 323

能否创建中国的"解释学"? / 335

我们为什么要编纂《儒藏》 / 339

编后记

中国传统文化的现代意义

"全球意识"与"寻根意识"的结合
——对发展中国文化的设想

当前,国内外许多人都在关注中国文化的发展问题,这一情况不是偶然的。它不仅有我国国内的原因,而且也有国外的原因。

从我国社会主义建设的发展看,在纵、横两个方面都可以看到,研究中国文化的发展问题已经成为这个大时代的迫切要求。

就纵的方面而言,也就是从历史的发展到中国的现状而言,我国正处在实现四个现代化,进行全面的经济体制和政治体制改革的历史阶段。五四运动以来,现代化的口号提出了半个多世纪,而现代化的进程却一次又一次被打断,这是什么原因?看来也许有一个问题没有得到正确解决。现代化不能只限于科学技术层面,更重要的是应该与文化深层的现代化相配合,其中包括价值观念、思维方式以及对我国传统文化的历史反思等。"现代化"是一个很复杂的问题,提出要实现"现代化",就说明我们仍处在"非现代化"的历史时期。那么首先有一个"现代化"与"传统"的关系问题,其间就包含着深刻的价值观念问题,这个问题不能不和传统文化息息相关。所以在现代化问题上不能取捷径,不能仅仅在自然科学方法等浮面的文化现象上做文章,而要在反思的基础上对文化深层的内容作深入的研究。回顾百多年的历史,我们可以看到在提出"中体西用"("中学为体,西学为用")以来,就存在着一个所谓"古今中外"之争。"全盘西化"和"本位文化"的争论从五四运动前后一直延续到三四十年代,问题没有解决,后来竟搁置起来了。这里面是否有一个把"现代化"与"西方化"相混淆的问题呢？看来"全盘西化"与"本位文化"都是不对的，都无益于中国的现代化。正是在这个历史发展的纵线上，中国传统文化的估价，中西文化的比较研究以及中国文化如何发展等问题，被人们提了出来。

就横的方面来看，香港的回归问题，使我国面临"一国两制"的现实。两种截然不同的制度并存于一个国家，如何才能长久、稳定地保持下去，这也就提出一个问题。如果能对此问题作出符合历史发展的处理，需不需要有一个观念形态上的基础？如果对此问题作否定的回答，那么对此问题作出符合历史发展的基础将如何得到保证？看来，我们必须考虑从某一方面找到一个"观念形态上的共同基础"，这个观念形态上的共同基础应该而且只能到某种共同的文化层面中去寻找。这就涉及民族文化的核心问题。把握民族文化的核心问题，不仅要对当前文化问题作认真研究，同样需要对传统文化进行历史的反思。

正因为在这纵横交叉点上，对中国传统文化的历史反思、中西文化比较研究以及中国文化的发展问题就具有了时代的意义。

如果把中国文化的发展问题放在当前世界文化发展的趋势中来分析，将使我们更加了解其时代意义。就全世界范围看，在文化发展问题上存在着两种看起来相互矛盾的意识：一是"全球意识"，一是"寻根意识"或叫"民族意识"。

从前一方面看，由于全世界成了一个关系非常密切的整体，全世界要解决的重要问题很多是共同的。任何一个地区和国家发生的重大问题和世界其他地方都有密切关系。知识和信息的迅速传递，新的学说、新的思想、新的理论很快就会得到传播。因此，对"文化"的发展没有一个全球眼光是不行的。我们必须随时了解各种新学说、新思想,思想文化的交流是不可避免的。而正因为这种交流,各种学说、思想的互相影响也就会加强起来,所以就全世界范围看,文化的发展有着一种"综合"的趋势。任何国家和民族的文化发展都不能不考虑整个世界所面临的重大问题,都不能不去努力解决现实世界对人们提出的重大课题。但另一方面,"寻根意识"("民族意识")也越来越受到重视。我们知道,在第二次世界大战以后,民族自觉和民族独立已成为一种不可阻挡的发展趋势。各个民族要求发展自己,就要求寻找自己的文化传统,因而这种"寻根意识"也就发展起来。我想,这样一种情况绝不是偶然的,看起来也不大可能是暂时的、短暂的现象。"全球意识"(即从把世界作为一个整体方向来看文化的发展)和"寻根意识"(即要求发挥民族文化的特色),这两个方面看起来似乎矛盾,但它实际上是一个问题的两面。我们知道,如果没有"全球意识",就不可能站在全世界的高度来看文化的发展,就不可能反映这个时代的要求,就要游离出人类文化发展的轨道,这样的文化不可能有生命力。但是,如果没有"寻根意识"就不可能创造出有特色的文化来,没有特色的文化对人类文化的贡献总是有限的。所以我想,今日文化的发展,特别是像中国这样一个有悠久文化传统的大国的文化的发展,一定要把这两种意识很好地结合起来,发展我们的社会主义文化,创造现代化的中国新文化。

根据这样一个看法,我们可以说,世界文化的发展在破除了"欧洲中心论"之后,有着一个在"全球意识"下的多元化发展的倾向,在这种多元化发展的游离中,世界的总体文化才可能是丰富多彩的。为了论证全球意识下文化多元化的发展,在西方有几个问题已为大家所关心。(1)人类文明的起源是多元的还是一元的。近年考古新发现的越来越多的材料可以证明人类文明的起源是多元的。(2)围绕着德国哲学家卡尔·雅斯贝尔斯(Karl Jaspers,1883—1969)"轴心时代"观念的讨论,说明在公元前500年前后,在世界不同地区出现了许多大思想家,他们都对宇宙人生的根本问题作了反思,由于反思的路径不同,所表现的精神文明的形式也大不相同。这些不同地区的文化都是独立发展的,没有互相影响,所以文化发展的多元化似乎从来如此。(3)由于对马克斯·韦伯(Max Weber,1864—1920)《新教伦理与资本主义精神》的讨论所引发出来关于现代化模式的多样化与文化发展的多元化的讨论。这些问题的讨论,正是在破除了"欧洲中心论"之后,各个国家和民族在"全球意识"下要求发展自己文化的条件下提出来的。在这样一个背景下,东方文化、中国传统思想在西方有着一种越来越受到重视的趋势。为什么中国文化越来越受到重视呢?据了解,除了中国是一个大国,它的文化的发展不能不受到重视外,可能和下述情况有关:

(一)东亚工业的兴起,技术和经济的发展速度有超过西方的趋势。传统的观点认为,现代化只有西方一个模式,但随着世界各国的经济发展,这种"欧洲中心论"已被逐步打破。东亚地区经济和技术的腾飞出现了不同于西欧和美国以及东欧和苏联的第三种现代化模式。一些学者认为,是否有一种东方企业精神在支配着东亚一些地区的工业、经济的发展。他们说,东亚地区这种现代化模式向人们显示了东方文明的坚实内核,如果追根溯源的话,则东方文明的内核正是儒家的传统精神。有的学者分析这种看法,认为在后工业化的时代,在一个企业内部重视和谐,重视集体的作用和人际关系,就能加强一个企业的外部竞争力,而这种重视内部和谐的精神正是东方的思想,特别是儒家思想的特点。当然是否能作这样的分析,得出这样的结论，还得进一步研究，更需要较长时期的实践来证明。

（二）当代西方基督教人文主义思潮的盛行与中国传统文化的人文主义特征形成了文化上的交叉点。我们可以看到，科学的发展对基督教神学的影响越来越大，因此促使基督教的人文主义思潮有着一种发展的趋势，有所谓"基督教人学"的产生。他们认为，虽然"上帝"是基督教要考虑的根本问题，但是也许"人"本身才是人们要注意研究的更重要的问题。他们往往从人类学、心理学、社会学、民俗学以及文化学等方面来研究基督教的本质。因此，关于"人"的价值问题就突出起来。由于"人的价值"问题的突出就不得不涉及人的伦理道德问题，于是有一些基督教神学家就提出在基督教伦理与中国儒家伦理之间是否有一些共同点，能否在这两者之间找到某些对话的基础。例如英国历程神学（Process Theology）大师查理斯·霍桑（Charles Hartshorne）教授认为，以基督教为代表的西方文化，必须向东方学习，学习其"德性实践"方面的精神，他特别欣赏中国哲学像孟子那样没有把心脑打成两片，认为思想和感情是不可分的，无论科学技术如何发展，但总有限制，计算机不能感（没有感情）也不能思（不能独立思维），它的动作不能与活生生的人类行为混为一谈。

（三）西方世界的精神危机，迫使人们企图从东方文化中找寻补救的良药。随着科学的高速发展，作为征服自然的人类，已经掌握了毁灭人类自身的武器。在后工业化社会的种种弊端中，社会的冷漠、心灵的孤寂，使人们的失落感日甚，由此导致人们对人文主义的反思。在这种寻求中，东方文化的和谐色彩和温馨气氛，无疑在某些方面有很大的吸引力。

（四）科学的发展，转变着西方人的某些思维方式，促进了他们对东方文化、中国哲学的兴趣。西方的人文科学的学者比较重视儒家学说,而一些自然科学家则对道家思想更感兴趣。

我们说,西方一些学者对东方文化、对中国哲学的兴趣有着发展的趋势,但决不能认为东方思想真的在西方有很大影响,更不能认为今后会起更大的作用。不过有一点可以注意,西方的一些学者也许正是有识之士,他们看到了西方文化的弊病,希望从东方文化中得到某种补救,以便他们的文化能够更好地发展,而继续在世界上起主导作用,这是东方的学者应该认真对待的。要使中国文化在世界上占领先地位,这绝不是一朝一夕可以完成的,也许要经过几十年,甚至上百年才有可能。但是我们不能等待,我们要前进,这样我们就必须看到当前世界文化发展的总趋势,看到东方文化、中国哲学在世界文化中的现实状况。这就是说,在这种全球意识下文化多元化发展的形势中,在东方文化、中国哲学受到一定程度重视的条件下,中国文化应如何发展,当前面临三个相互联系的问题要我们解决:面对西方文化的挑战,如何作出积极的回应;马克思主义怎样与中国传统文化相结合,从而实现马克思主义中国化;怎样从总体上对待传统文化。

(一)面对西方文化的挑战,如何作出积极的回应

对待当前西方文化(包括西方马克思主义)的态度可以有两种:一是消极的回应,一是积极的回应。从1949年起到1978年十一届三中全会前,我们对待西方文化的态度大体上是消极的回应,采取了"闭关自守"的办法,致使我们在经济、文化等许多方面处于落后状态,影响了我们的社会进步。因此,对西方文化采取消极态度显然是不可取的。我们必须用积极的态度来对待西方文化,当前所实行的"对外开放"的政策无疑是正确的方针。要对西方文化作出积极的回应,必须解决两个方面的问题:

1. 要正确认识西方文化。

为实现四个现代化，我们要引进西方先进的科学技术和经济管理的方法等，而不了解西方文化与现代化相适应的部分，如某些价值观念和思维方式等，这是不行的。如果那样，我们将仍然是走着"中学为体，西学为用"的老路，是行不通的。由于西方的发达国家已经实现了现代化，因此他们的某些价值观念、思维方式是适应现代化要求的，我们不能视而不见。五四运动时的口号，要求"科学与民主"，对我们今天仍然是有意义的。我们要引进科学技术，同时也要引进民主观念和民主制度，并使之适合社会主义的要求。同时也应认识到，"现代化"不等于"西方化"，如果把"现代化"等同于"西方化"，那就是"全盘西化"，这也是行不通的。五四运动后某些人主张"全盘西化"并没有给中国带来富强，新中国成立后的"全面学习苏联"也影响了我们的社会顺利发展。

2. 面对西方文化的挑战作出积极回应要有两个条件，即发展马克思主义和正确认识中国传统文化。

世界的形势在发展，中国的形势也在发展，马克思主义也必须发展，必须随时吸收新的科学成果、新的哲学思想，使之成为一个真正的开放性的思想体系。恩格斯曾在《反杜林论》草稿片断中指出，在黑格尔以后，体系说不可能再有了。十分明显，世界构成一个统一的体系，即有联系的整体，但是对这个体系的认识是以对整个自然界和历史的认识为前提，而这一点是人们永远也达不到的。因而，谁要想建立体系，谁就要用自己的虚构来填补无数的空白，即是说进行不合理的幻想，而成为一个观念论者。对中国传统文化要有一个清楚的认识，要了解它对我们现代化可能产生的积极作用，以便我们对之进行创造性的转化而为现代化服务。在面对西方文化的挑战的情况下,一个民族也应有一个深厚的民族文化的基础,这样才可以更好地吸收和融合外来的西方文化,创造出有民族特色的现代化文化。这两个方面,即开放性的马克思主义与中国传统文化中可能产生积极作用的部分,在新的历史条件下的结合,就能够成为我们面临西方文化的挑战时作出积极回应的根本条件。

(二)马克思主义怎样与中国传统文化相结合,从而实现马克思主义中国化

在1949年以前,马克思主义在指导中国革命方面起了很大作用,马克思主义与中国革命实践相结合是我国民主革命取得胜利的保证。毛泽东同志曾在《新民主主义论》中提出建设中国新文化的问题,他说新民主主义的文化应是"民族的、科学的、大众的",这到今天仍然是正确的。但是这项工作在解放以前由于忙于战争,没有条件来很好实现,新中国成立后又由于"左"的路线的干扰也没有取得应有的成果。因此,今天我们仍然要来解决这个问题。马克思主义应该与中国传统文化中可能起积极作用的方面相结合,这点也许是许多人可以同意的,但是如何结合则是个问题。关于如何结合的问题也许可以从不同方面来考虑,例如,可以在这两者之间找到某些结合点,从中国文化自身的发展中找到某些可以发展马克思主义的因素,用中国传统思想中今天有积极意义的方面来丰富马克思主义,等等。像这样的一些问题都应深入研究,不是由一两个例证可以解决的,应该从研究中国思想史、哲学史、文化史揭示其发展规律中找到如何结合的途径。由此,我们就必须对中国思想、哲学、文化进行历史的反思,这就是我们要讨论的第三个问题。

(三)怎样从总体上对待传统文化

对待传统文化可能存在着一个看问题的方法问题,人们总希望比较简单明确地提出来,中国传统思想文化中哪些是好的,是对我们今天甚至是将来有用和有利的;哪些是坏的,是对我们今天无用和不利。但事情也许并非如此,而常常是另外一种情况,在我们的思想文化中优点和缺点是结合在一起的,因此并不能从传统思想文化中直接就拿来为现代化所用。中国传统思想文化对中华民族的民族心理曾经有着深刻的影响,它凝结成中华民族的一种特殊的心理特性。这种特殊的心理特性长期影响着我们这个民族的各个方面,即使今天,它仍然在不少方面支配着我们的思想和生活态度。而这种特殊的民族心理状态,它既表现了中华民族传统思想文化的优点所在,也表现了它的缺点所在。中国传统思想文化所凝聚成的心理特性曾长期影响着我们中华民族的核心,大体可以归为以下四个方面:理想主义、人本主义、辩证思维、理性主义。我们对这些思想文化应如何具体分析,用"现代化"的要求来看这些思想文化的作用究竟如何,是值得我们认真考虑的。

1. 关于理想主义的问题。

中国传统思想文化中理想主义的色彩非常浓厚,孔子就是一个理想主义者,他希望有一个"天下有道"的社会,追求着"道之以德,齐之以礼"的理想政治。后来儒家把它发展成一套"大同世界"的理想,并且要求通过在现实社会中的实践,即"修身、齐家、治国、平天下"来实现这一理想。道家的老子提出"小国寡民"的理想,并希望通过"无为"政治来使之实现。在中国长期的封建社会中,无论是统治者还是被统治者都有一个理想,大同世界的理想,天下太平的理想。知识分子大多对现实社会抱着一种积极的热诚态度,企图把他们关于和谐社会的理想实现于现实社会,来转化现实的政治,但结果不仅不能改变现实政治,而且他们的"理想社会的蓝图"往往被用来作为粉饰现实的工具。这是为什么呢？从传统思想文化方面看,这正是因为我国传统思想的"理想主义"带有很大的空想成分,或者说从本质上看是一种"空想"。所谓"治国平天下""太平世界"的理想,归根结底不过是理想化的封建社会。中国的一些思想家们所追求的、所设计的"和谐社会的理想"也许对人类文明有着某种贡献,它可以使人们去不断追求,从而把社会推向前进。但是,从中国传统思想文化看,这种对"太平世界"的幻想,致使主观脱离实际,而不得不付出相当大的代价。这种空想的理想主义难道不是在近现代中国历史上多次重复着而影响了我们社会的前进吗？我们怎样看待这种理想主义的空想性,是非常重要的。我们的传统社会是建立在广大小农经济基础上的,农民小生产者的思想很容易带上空想的色彩,从而拖住了社会的前进。我们提倡理想主义当然是对的,但它必须建立在科学的基础上。

2. 关于人本主义的问题。

在中国传统思想文化中存在着一种人本主义的倾向,这种人本主义不同于文艺复兴以来西方的那种反对神本主义,讲究独立人格、天赋人权,强调个性解放,有强烈的个人主义色彩的人本主义。中国传统思想文化中的人本主义主要是从这样的角度出发的：人在宇宙中有其重要的核心地位,有所谓"人"与"天""地"并立为"三才",只有"人"才可以"参天地,赞化育"。宋朝理学家张载说的"为天地立心,为生民立命,为往圣继绝学,为万世开太平",可以说较为深刻地反映了中国传统人本主义的特色,它是一种道德化的人本主义。它所强调的是人的社会责任和历史使命。由于过分地强调人的社会责任和历史使命,中国古代的思想家们大都希望由他们自己来实现他们的理想社会,他们讲"格物""致知"全然是为了"治国平天下",他们为学是为了实际的政治。这样一来，中国的一些思想家们就不大可能去系统地探讨一些抽象的人类终极关切的问题，因而中国哲学没有严密的理论论证，这样就妨碍了我们民族抽象理论思维的发展。而更为成问题的是中国传统思想文化，它只是把"人"放在一种相对立的、统治与服从的社会关系来讲一个人应该如何，应该如何负起自己作为特殊地位的"人"的责任，而忽视了人应有的权利。因此，有所谓"君臣""父子""夫妇""兄弟""朋友"五伦关系，讲什么"君义臣忠""父慈子孝""夫唱妇随"等。它要求人尽各种各样的义务，而很少能享有作为独立的"人"的权利。所以，尽管人很重要，但人必须在"五伦"关系中生活，人的价值只能表现在与他相对的关系者身上，离开这样相对的关系就很难讲人的价值。在中国传统思想中，表面上看是强调人的主体性、自觉性和主动性，但实际上这种主体性只是在规定了的"五伦关系"下的主体性，自觉性是在没有认识自己独立人格下的虚假的自觉性，只是在所限定的范围内才有主动性。或者说，人们的这种主体性、自觉性和主动性只是在人没有参与任何社会生活时才有意义，一旦进入现实的社会生活中，它就全然失去了意义。所以人如果在社会生活中没有独立的人格和应有的权利，人也就没有真正的主体性、自觉性和主动性，也就没有个性的解放和个人的自由。中国传统思想文化中的这种"人本主义"，从某个方面看甚至是不利于"民主思想"的发生和民主制度的建立，这也许是中国封建社会长期延续，资本主义萌芽发展缓慢的原因之一。我们不难看出，只有冲破这种被限定在"五伦关系"（一种特定的统治与服从的关系）中的社会关系，"人"才能得到自由，"人"才能成为有独立人格的人，才能有一种民主的社会制度。

我们还可以从另一角度来考察中国传统社会中的"人本主义"思

想。我们的一些先圣先贤们常常提倡"民为贵"的这种"民本"思想。孟子可以说最早而且最系统地提出了这个观点。当然在孟子的时代和以后长期的封建社会中,这种"民本"思想是有意义的,是我们应该肯定的。但社会发展到今天,这种"民本"思想就不见得对我们的现代化、民主化有利。如果我们仔细分析一下就可以看出,这种"民本"思想是建立在蒙着一层温情脉脉的"恩赐"观点之下的,这实际上包含着把"民"看成是应该接受"恩赐"的对象,最高的境界也不过是"当官要为民做主"罢了。"民本"是"官"把"民"看成"本",看成对他们是重要的。这种"民本"思想和真正的"民主"思想是不同的。"民主"是"民"自己做"主",怎么能是由"官"来做"主"呢?这显然是把关系搞颠倒了。因此,"民主"思想不仅不是"民本"思想的自然发展,而且它应是对"民本"思想的一种否定。

3. 关于辩证思维的问题。

在中国传统思维中辩证思维比较丰富。早在春秋战国时,《易经》就系统地提出天和地、乾和坤、阴和阳等成对概念;《洪范》有"五行",说明"五行"之间的相联系统和作用;而道家的老子则有"有"和"无"等一系列概念范畴和对概念之间的联系、转化的认识。从先秦起中国传统思想中就形成了一种注重事物之间的相互联系、求和谐和统一的思维方式。这种求和谐和统一的思维方式当然有其合理的一面,它包含着相当丰富的辩证法因素。由于强调和谐和统一,而反对"过"和"不及",在一定条件下是有利于社会的稳定和发展的,有利于人们注意研究事物之间的联系和动态发展,这都是我们可以肯定的。但是,这种思维方式也有两个方面的影响。在科学技术上,在中国传统思想中,人们对事物的观察和认识往往是总体性的,是没有经过分疏的,因此分门别类的具体科学的研究不大发展。实际上,现代科学需要经过恩格斯所说的形而上学机械论的阶段。国内外的一些科学家常说中国传统的思维方式接近于现代科学,我想这只是一种形式上的接近,我们决不能因为有这种形式上的接近,就认为我们古代这种思维方式可以直接发展为现代科学。例如说"元气论"接近于"量子场论""相对论"等,这是一种误解。正是由于我们对外在客观世界的认识是混沌的,造成了我们近代科学的落后。同样因为这个原因,使我们古代思想在认识论问题上不能和伦理学分开,常常是从个人的体验,所谓"体道""证道"等方面来讲认识的问题,实际上我国古代思想中没有建立起严格意义上的认识论和逻辑学。在社会生活方面,这种思维方式造成了平均主义严重,"不患寡而患不均"的思想根深蒂固,这都是我们走向现代化的严重障碍。

4. 关于理性主义的问题。

中国传统思想中的"理性主义",大体上说是一种道德直观的理性主义。它很强调"人"的主体性,对"人"的心性问题曾给以特别的重视。要求人们通过自己的理性来了解自己,把做人的道理建立在理性的基础上。"做人的道理"从根本上说应是一合理的道德观念,而这种"道德观念"是人的本性的要求,是能由自己内省而直接得到的,因此是应身体力行的。这种从人们自身主体性方面提出一"做人的道理"的自觉的实践活动,使中国传统思想中在"人的道德价值"研究方面有其独创性。但是,我们不能把了解人自身的道德价值和认识外界等同起来,不能把做人的道理用到物质世界(外在世界)上去。中国传统思想往往把人对自身的认识和人的道德价值又反射到宇宙中去,比如孟子说的"尽心、知性、知天",宋儒认为人心本"仁",因此宇宙本体也是"仁","天理"是"至善之表德"等,这种把人内在的道德加到宇宙上当然是不可取的。它不仅离开了"理性主义",而且会是新"理性主义"的反面,成为一种"非理性主义"了。所以在中国哲学中"天人合一"的思想虽有其合理性的一面,但它应是在"明天人之分"的基础上来讲"天人合一",或者更有意义。

对以上这些问题的看法是否正确,很难说,像这样一些根本性的大问题将会长期讨论下去,仁者见仁,智者见智,不必要也不可能强求一致,也许这样学术才能得到真正的发展。

中国文化发展的前景如何？我们可以说,它必定是一种现代化的中国社会主义新文化,这种现代化的中国社会主义新文化可以有两种提法:一种是发展出一个适合现代化要求的中国化的马克思主义;另一种是发展出一个适合现代化要求,吸收了马克思主义的中国文化。这两种前景也许是一回事,也许不是,还需要进一步研究,不过我相信它们是一回事。因为中国化的马克思主义,它首先是中国的,为中国实现现代化所需要的,它不仅需要吸收当代科学的新成果,研究当代哲学的新问题,回答中国和世界所遇到的新问题,而且也需要吸收中国传统文化中可以起积极作用的方面。这样的中国化的马克思主义才能对人类文明作出特殊的贡献。马克思主义原来是在西方文化基础上发展起来的,至少马克思、恩格斯本人没有对中国历史、中国社会和中国文化作过充分的研究,如果马克思主义能够中国化当然有利于我们的社会发展,有利于我们的现代化的实现。至于第二种提法也许只是角度不一样,结果则可能一样。中国的现代化的新文化毕竟是要在中国历史和现实的条件下建设,因此它总是中国的,总应有中国的特点,这一在当代发展起来的中国现代化的新文化,必定是吸收了先进的西方现代化成果,而开放性的马克思主义可以充分吸收西方先进的科学成果和哲学思想,所以也可以说中国现代化的新文化是吸收了马克思主义的中国文化。中国文化的未来发展，无论从哪一个角度看，最后的结果可能是一样的，即形成一种现代化的中国式的社会主义新文化。百多年来经历了重重苦难的中华民族，对于我们每个中国人复兴中国文化，建设现代化的中国文化来说，都是"任重而道远"的。我们必须为之而努力奋斗。

1986年12月

选自《汤一介集》第七卷。原刊于《中国文化书院学报》(函授版)，1987年4月10日。

儒学的现代意义
——兼论"和谐社会"的建设问题

一

"儒学的现代意义"这个题目,我曾讲过多次,20世纪80年代讲过,90年代也讲过,现在到21世纪还在讲。不仅我讲,而且越来越多的学者都在讲,为什么今天我们要讲?我想,有两个重要的原因:第一,我们中华民族正处在伟大的民族复兴的前夜,在此时此刻,我们必须回顾我们的历史文化传统。雅斯贝尔斯曾提出"轴心时代"的观念。他认为,在公元前500年前后,在古希腊、以色列、印度和中国等地几乎同时出现了伟大的思想家,他们都对人类关切的根本问题提出了独到的看法。古希腊有苏格拉底、柏拉图,以色列有犹太教的先知们,印度有释迦牟尼,中国有老子、孔子等,形成了不同的文化传统。这些文化传统经过两千多年的发展,已经成为人类文明的主要精神财富,而这些不同地域的文化,原来都是独立发展出来的,最初并没有互相影响。"人类一直靠轴心时代所产生的思考和创造的一切而生存,每一次新的飞跃都回顾这一时期,并被它重新燃起火焰。"① 例如,欧洲的文艺复兴就是把目光投向其文化的源头古希腊,使欧洲文明重新发出新的光辉,而对世界产生重大影响。中国的宋明理学(新儒学)在印度佛教文化冲击之后,再次回到孔孟而把中国

---

① [德]卡尔·雅斯贝尔斯著,魏楚雄、俞新天译:《历史的起源与目标》,华夏出版社1989年版。

文化提高到一个新的阶段。在这踏入 2000 年之际,世界思想界已出现对于"新的轴心时代"的呼唤,这就要求我们更加重视对古代思想智慧的温习与发掘,回顾我们文化发展的源头,以响应世界文化发展的新局面,从而促进人类社会早日实现"和平共处"。第二,在新的世纪,我们的国家提出建设"和谐社会"的目标之际,费孝通先生提出"文化自觉"的问题。也就是说,我们要建设"和谐社会"也必有个"对自身文化"上的自觉。什么是"文化自觉"? 费孝通先生说:

> 文化自觉只是指生活在一定文化中人们对其文化有"自知之明",明白它的来历、形成过程,所具有的特色和它发展的趋向,不带任何"文化回归"的意思,不是要"复古",同时也不主张"全盘西化"或"全盘他化"。自知之明是为了加强对文化转型的自主能力,取得决定适应新环境、新时代文化选择的自主地位。①

这就是说,在我们建设"和谐社会"的伟大历史时期,我们必须有"文化自觉",要确立"文化"上的自主地位。我们的文化上的自主地位,既不是"复古",也不是"全盘西化",而是要使我们自身文化的根基牢固,根深才可以叶茂,必须坚持文化自主性,并且也要充分吸收其他各民族的文化滋养我们自身。

在这种情况下,研究我们民族文化的历史和她发展的前景,就必须适应当代世界文化发展的新形势,即"新的轴心时代"到来的文化发展的新形势;就必须适应我们国家要建设"和谐社会"的目标,从而必须有一个文化上的自觉要求。那么在这样一个新的历史时期,全

---

① 费孝通:《人文价值再思考》,见《费孝通论文化与文化自觉》,群言出版社 2005 年版。

人类社会和我们自己的社会,到底遇到了什么问题,我们需要努力解决什么问题,才能促使"新的轴心时代"和我们的"和谐社会"早日到来呢?

二

进入21世纪,可以说在我们国家出现了"国学热"的情况。对这种情况存在着各种各样不同的看法和解释。所谓"国学"最早见于《周礼·春官·乐师》:"掌管国学之政,以教国子小舞。"意思是说:乐师的职责是管理国学的事务,这个国学事务是教国子的音乐舞蹈的。但是现在我们说的"国学"是对"西学"而言。这是由于,我们面对"西学"的输入,如何保护和发展我们的传统文化。也就是说,中国文化的发展面对着双重任务:一是要保护和发展自身文化,维护我们自身文化发展的根基;二是如何吸收和对待、消化"西方"文化,这就形成了百多年来文化上的"中西古今"之争,而在这个全球化的时代,我们必须走出"中西古今"之争,会通"中西古今"之学,以实现文化上的共存共荣。

对"国学",特别是"儒学",现在学术文化界有种种的看法,我简单做点介绍:

(一)有的学者提出"重建中国儒教的构想"。他们认为"必须全方位的复兴儒教,以应对西方文明的全方位的挑战"。因此,主张把儒教立为国教,在我们国家实现所谓的自古以来的"政教合一"[①]。

(二)对这种观点来自两个方面的批评:一是来自"自由主义

---

① 蒋庆,《关于重建中国儒教的构想》,《中国儒教研究通讯》第1期,2005年12月。

派",他们认为,"儒教救国论"是对当代民主政治的反动,是对"平等"观念的践踏。把"儒教"立为"国教"会"将儒教意识形态化,为专制主义服务"①。另一是来自马克思主义学者的批判,他们认为:"儒教救世的想象实质是道德作用的自我夸大",也是"以天道性命的形上学来追求王道政治,这样只能重踏封建专制的陷阱","真正的救世主只能是马克思主义"②。

(三)还有一些学者从维护和发扬儒家思想出发,对"儒学"作充分肯定,例如现代新儒家认为内圣之学可以开发出适合现代民主政治的"外王之道",而且认为儒家的"心性之学"(所谓"良知的坎陷")可以发展出认识论的系统。也还有认为,"三纲五常"仍有其价值。1994年杭州会议上,杜维明放弃了认为"三纲"有价值的看法,而"五常"还有价值,这是他的一个改变。还有前不久在我国部分学者讨论的"子为父隐,父为子隐"的合理性等。还有关于"文化中国"的问题,杜维明提出这一想法,对中国文化走向世界有其意义,但他把"文化中国"分成若干圈,核心圈为"大陆""台湾"等;第二圈为海外华人;第三圈为受中国文化影响的各国;第四圈是研究和欣赏中国文化的外国人等。但他有个观点是可讨论的,他说:"文化中国的范畴很广,有一批与中国没有血缘关系,但对中国人影响很大的,也是文化中国的一部分,像释迦牟尼,马克思等。"③这也许是个问题。如此类推,可以有"文化欧洲""文化美国",而中国的思想家在他们那有影响,也就是他们的一部分。

(四)当然还有一些学者认为,孔子的儒家学说在五四时期已被

---

① 见《儒学"第四次浪潮":激辩儒教》,载《社会科学报》2006年2月23日。
② 同上。
③ 《深圳晶报》2005年4月7日。

否定，今天再把它推崇到至高的地位，无疑是历史的倒退等。

对儒家思想到底应如何看，这是仁者见仁，智者见智的问题，今天对它有多种看法，说明我们的社会在进步，因为学术文化问题只能在自由讨论，在贯彻"双百"的方针中实现，在不断的理性的对话中前进。

当然，我自己对"儒学"也有自己的看法，是否对，要在讨论中得到检验，它也只是众多之家的一家之言。对于学术文化，我有几点根本的看法：第一，任何历史上的思想文化没有绝对正确的，其自身往往包含着内在矛盾，儒学也是一样；因此，"儒学"必然在某些方面具有其历史的局限，更不可能都适合现代社会生活的要求。第二，虽然思想文化是在不断发展的，但是，古代哲学家提出的哲学问题和他们的哲学思考并非都不如我们今天，有些问题很可能是万古常新的，例如中国哲学中讨论的"天人关系"（人与自然关系）的问题，仍然是我们现代中国哲学讨论的主题之一。第三，罗素说："不同文明之间的交流过去已经多次证明，是人类文明的发展的里程碑。"[①]任何文化要在历史长河中不断发展，必须不断地吸收其他民族的文化，在相互交流中才能适时的发展，特别是在今天全球化时代。从我国历史上看，印度佛教的传入已经证明这一点。中国文化曾受惠于印度佛教，印度佛教又在中国得到发扬光大，后为中国文化所吸收，而深刻地影响了宋明理学。今天，在全球化的形势下，我们只有充分地系统地吸收和消化西方文化和其他各民族的文化，当然是他们的优秀文化，中国学术文化才能适应人类社会要求和我们民族自身的新发展。因此我们的文化必须是民族的又是世界的。第四，要有文化的主体性。

---

① ［英］罗素：《中西文明的对比》，见罗素著，秦悦译：《中国问题》，学林出版社 1996 年版。

任何一个民族文化必须扎根在自身文化的土壤中，只有对自身文化有充分理解和认识、保护和发扬，它才能适应自身社会合理、健康发展的要求，它才有深厚的力量吸收其他民族文化的能力。一个没有能力坚持自身文化自主性的民族，也就没有能力吸收其他民族的文化以丰富和发展其自身的文化，它将或被消灭，或全盘同化。

基于以上看法，我认为，要对"儒学"进行分析，也许可以从不同角度来看待它。我们可否从三个角度来看"儒学"，一是政统的儒学，一是道统的儒学，一是学统的儒学。

儒学曾长期与中国历代政治结合在一起，无疑它对封建集权专制统治起过重要作用。《大学》中说：修身、齐家、治国、平天下，"自天子以至庶人，壹是皆以修身为本"，这就导致把"道德"的作用绝对化，而使中国一直是"人治社会"，而很难实现"法治社会"。而且很容易使政治道德化；而美化了政治统治，又使道德政治化，使道德为政治服务。当然儒家思想中的某些政治哲学理念也对消解专制统治起限制作用，如"以德抗位""民为贵""诛一夫"（曰："臣弑其君可乎?"曰："贼仁者谓之贼，贼义者谓之残。残贼之人谓之一夫，闻诛一夫纣矣，未闻弑君也。"）。至于用"天"来压制君主，"畏天命"，要对"天"有所敬畏，甚至"天人感应"在一定条件下，也可以起抑制"皇权"的作用，利用天降灾异，有臣子就上书警告皇帝，于是皇帝不得不下罪己诏。但总的说来，儒学在历史上被政治利用起的消极作用更明显。特别是"愚忠""吾皇圣明，臣罪当诛"无论如何是不可取的，所以对儒学在受政治利用的情况下，问题较多。

"道统"的儒学。任何一个成系统有历史传承的学术文化派别，其学术文化的发展和影响，必有其传统，西方如此，中国也是如此，从中国历史上看有儒释道三家，都有其传统。因为只有传统悠久的学术文化它才能不断发展,儒家是更为自觉地继承着其传统,它以继承夏、商、周三代的文化传统为己任。"祖述尧舜、宪章文武。"因此,我们今天当然应自觉地继承我们的文化传统。但是对自身"道统"的过分强调就可能形成对其他学术文化的排斥,而形成对"异端"思想的压制,而在历史上某些异端思想的出现,恰恰是对主流思想的冲击,甚至于颠覆,这将为新的思想开辟道路。儒家从总体上说,是比较有包容性的,如他们主张"万物并育而不相害,道并行而不相悖",但有时也存在排他性,例如孟子的"拒杨墨",批评杨朱和墨子"无父、无君",这就过分了。如韩愈的排佛,佛教在当时确有问题,浪费国家财力过大,但韩愈提出"人其人、火其书、庐其居"(让僧尼都还俗,佛经都烧掉,佛寺都改为民居)也有点过了,因此,派性过强不大好。

"学统"的儒学是指其学术传统,是指它的学术理念,也许在这方面,儒学的正面价值比较多,它可以为人类社会提供比较有意义的思想资源。在当前甚至以后,都不应把它意识形态化。学术最好归学术,不应依附于政治,不能定于一尊。当然,我们对古来圣贤为我们提供的思想资源必须经过分析,并给以现代诠释,以揭示其既能对我们当前民族的伟大复兴、建设"和谐社会"提供有积极意义的思想资源,又能对全人类社会合理和全面的发展有普世意义。因此,儒学必须"日日新,又日新"才能成为我们的真正精神财富。

三

对于一种学说作出价值判断,当然我们可以从多种角度来考虑,可以从政治的、经济的、科学技术等方面来考虑,但是也许最重要的应是对它的价值作哲学的判断。为此,我们必须了解我们的社会国家、当前全人类面临的重大问题,以此作为我们思考哲学问题的出发点。

当前人类社会存在的重大问题有什么?我想,归纳起来有三大问题:一是人与自然的关系问题,目前人与自然的矛盾已发展到了十分严重的地步;二是"人与人"之间关系的问题,这包括人我问题(人与社会)、国与国、民族与民族之间的问题;三是人自身身心内外关系的问题。也就是说,当前人类遇到的最大问题就是人和自然的矛盾,人与人(人与社会)的矛盾,人自身的矛盾。这些矛盾如何解决?我认为,我国儒家的"天人合一""人我合一""身心合一"这三个哲学命题,也许可以为我们解决上述三大矛盾提供某些宝贵的思路,是应该受到特别重视的思想资源。当然,我并不是说这些问题光靠儒家思想都可以解决。

在人类社会进入 21 世纪时,我们回头看看 20 世纪的历史,可以发现过去这个世纪是人类社会飞速发展、取得辉煌成就的世纪,但同时又是充满矛盾斗争的悲惨世纪。在这百年中,发生了两次世界大战,因战争非正常死亡的人何止几千万,大量破坏了人类过去几千年辛勤建造的文化遗产。而我们的国家,在百多年来经历了种种苦难,同时也取得了很大的进步。但在这个过程中由于种种原因,从文化上说在相当长的一个时期,我们对传统几乎全盘否定,而又拒绝吸收西方的某些先进文化,致使我们的社会出现了"信仰危机""道德真空""环境污染""金钱拜物教盛行"等,这些已经到了相当严重的地步,不能不引起高度重视。那么如何办?我想,不仅我这样想,而且许多学者都这样想:我们能不能从我们所有的长达五千年的历史文化中发掘和开拓解决这些问题的某些思想资源?许多学者在努力寻求。当然,必须注意,我们决不能认为思想文化可以解决一切问题,如果认为思想文化可以解决一切问题，就可能导致"文化决定论"，这就像认为科学技术可以解决人类社会一切问题一样，而走入"科学主义"的"科学万能论"歧途。因此，我们讨论"儒学的现代意义"只是说，它有些什么样的资源和思路，可以对当前人类社会存在的问题给以某种可以思考的路径，给以一种为解决问题的提示方向。

四

关于"人和自然矛盾"的问题。1992年世界1575名科学家联名发表了《世界科学家对人类的警告》，在其开头就说，人类和自然正走上一条相互抵触的道路。我认为，这话深刻地认识到人类社会如果如此发展下去，将会遇到严重的危机。科学技术高度发展虽然可以给人们造福，但作为自然的一部分的人，在他们征服自然的过程中，不仅掌握了大量破坏自然的工具，而且也掌握了毁灭人自身的武器。对自然界的无量的开发和破坏，资源的浪费，臭氧层变薄，海洋毒化，环境污染，人口暴涨，生态平衡的破坏，不仅造成"自然和谐"的破坏，而且破坏了"人与自然的和谐"，这些已严重地威胁着人类自身生存的条件。这种情况的存在，应说和西方哲学"主—客"（认识的主体与认识的客体）二分的思维方式有关，正如罗素在《西方哲学史》中说："笛卡尔的哲学……他完成了或者说接近完成了由柏拉图开端而主要因为宗教上的理由经基督教哲学发展起来的精神、物质二元论……笛卡尔体系提出来精神界和物质界两个平行而彼此独立的世界，研究其中之一能够不牵涉另外一个。"[①]这就是说，西方哲学长期

---

① ［英］罗素著，马元德译：《西方哲学史》，商务印务馆版1988年版，下册第91页。

把精神和物质看成是各自独立的，互不相干的，因此其哲学以"外在关系"（"人"和"自然"是互不相关的二元）立论，或者说其思维模式以"心""物"为独立的二元，研究一个可以不牵涉另外一个（但西方哲学在现代有一转向，例怀德海的《过程哲学》，对西方原有的二元思维方式进行了批评）。这就是说，欧洲（西方）的思维模式从轴心时代的柏拉图起就是以"主—客"（即"心—物"或"天—人"）二分立论。然而中国哲学在思维模式上与之有着根本的不同，也是由轴心时代就以"天人合一"（即"主客相即不离"）立论。

中国哲学的源头之一可以说是《周易》，在1993年于湖北荆门出土的"楚简"有一段非常重要的记载：

> 礼，交之行述也。
> 乐，或生或教者也。
> 书，□□□□者也。
> 诗，所以会古今之诗是也。
> 易，所以会天道、人道也。
> 春秋，所以会古今之事也。

这些竹简大概是在公元前三百年前的东西。从这个记载看，我国古代学者，做学问是很严谨的，他们首先要告诉你这门学问是研究什么问题的。比如说：《周易》是研究"天道"（天的规律）和"人道"（人类社会的秩序）会通道理的书。这就是说，在中国古代很早就注意到，研究"天"不能不牵涉到"人"，研究"人"也不能不牵涉到"天"，这就是"天人合一"思想。其实在《论语》中也已经透露出这一信息，子贡说："夫子之言性与天道不可得而闻也。"子贡虽然没有听到过孔子讲"性与天道"的言论,但他把这个问题提出来就说明当时人对"人性"(人)与"天道"(天)的关系问题十分关注。从人类社会的发展上看,人们最初遇到的问题就是"人"与"自然界"(天)的关系问题,因为人要生存就离不开"自然界"。所以在中国古代一直都在关注"天人关系"问题。当然对如何处理和看待"天人关系"自古就有各种不同的看法,有的学者主张应顺应自然;有的学者认为应利用"天"来为人服务,"制天命而用之";有的主张"天人交相胜"等。但儒家思想的主流多主张"天人合一"。所谓"天人合一"是说"天"离不开"人","人"也离不开"天"。为什么有这样的思想,其起源很早。我们知道,《周易》本来是一部卜筮的书,它是人用来占卜、问吉凶祸福的。向谁问?是向"天"问,"人"向"天"问吉凶祸福,《易经》记述了这些,所以这就成为"天""人"关系的书。后来,出现了对这部书的种种解释,这就是《易传》。特别是其中的《系辞》可以说对《易经》的一种哲学解释。既然《易经》所要解决的是"天人"关系问题,那么"人"和"天"究竟是个什么关系?《系辞》就是要回答这个问题。它认为:《易经》这部书无所不包,既包含"天道""地道",也包含"人道"("易之为书,广大悉备,有天道焉,有人道焉,有地道焉"),虽然"天道"表现为"阴"和"阳","地道"表现为"刚"和"柔","人道"表现为"仁"和"义",但是这三者的道理是统一的,都是乾坤的表现。宋儒张载说:"三才两之(三才指'天''地''人'),莫不有乾坤之道也。易一物而合三才,天(地)人一也,阴阳其气,刚柔其形,仁义其性。"(《朱子语类》卷一七)《易》把天(地)和人统一起来看,所以天人是一个相互关联的统一体。为什么用"乾""坤"来表述"天""地""人"的统一,这是由于《易传》有个看法,因为"乾"是指"天行健,君子以自强不息"的,"坤"是指"地势坤,君子以载德载物"的。因此,"人"对"天地"(天)负有特殊的责任。"人"应以"自强不息""厚德载物"的精神来担当天地所要求的大任。张载说,"天道"和"人道"从"道理"上说是统一的,如果要知道做人的道理不能不知道"天地"的道理,能知道"天地"的道理("自强不息""厚德载物"),也就可以知"人"(社会)的道理。所以宋儒对"天人合一"思想发挥得更加深刻了,例如程颐说:"安有知人道而不知天道者乎?道,一也。岂人道自是一道,天道自是一道?"照儒家看,不能把"天""人"分成两截,更不能把"天""人"看成是一种外在的对立关系,不能研究其中一个而不牵涉另外一个。朱熹说得更明白:"天即人,人即天。人之始生,得之于天;即生此人,则天又有人矣。"(《朱子语类》卷一七)"天"离不开"人","人"也离不开"天"。人初产生时,虽然得之于天(由天产生的),但是一旦有了人,"天"的道理就要由"人"来彰显,即"人"对"天"就有了一个责任。如果没有"人"如何能体现"天"的活泼泼气象,如何体现"天"的"自强不息"、"地"的"厚德载物"呢?所以人应该知道"为天地立心"就是"为生民立命",不能分割为二。所以《郭店竹简·语丛一》中说:"知天所为,知人所为,然后知道。知道然后知命。"知道了"天道"(自然运行的规律)和"人道"(人类社会生活的规律),这样才叫作知道"天"和"人"有一个统一的道理,然后才可以知道"天"(天道)和"人"("人道",社会)发展的趋向。孔子说:"知天命"。"知天命"就是说"人"应知道"天"的运行发展的趋势。孔子又说:"畏天命",要对"天"有所敬畏,不能随便破坏"天"的发展规律。因为中国哲学一向不把"天"看成一死物,而把它视为是有机的,连续发展的,有生意的(生生不息的),与人为一体的。"人"的存在离不开"天",这是大家都能懂得的道理,但是为什么"人"有时把自己置于与"天"对立的地位,肆意地破坏"天",把"天"作为征服的对象呢?这是由于他们把"天"和"人"看成只存在着一种外在的关系,而不了解"天"和"人"之间的关系是一种息息相关的内在关系。"内在关系"与"外在关系"不同,"外在关系"是说在"天"与"人"二者之间是各自独立的,各不相干的;而"内在关系"是说在"天""人"二者之间存在着相即不离的关系。因此,"天人合一"是中国哲学中的一很古老的命题,是中国儒家思想的基石,它同时也是一常新的人类社会需要不断给以新的诠释的命题。我们在考虑人类自身问题时,必须考虑与"天"(自然界)的关系问题,而且应是接着"天人合一"的观念来不断深入探讨"天"和"人"存在着的相即不离的内在关系。当前人类社会不正是由于长期严重地忽视了"天"与"人"的相即不离的内在关系正在受惩罚吗?"人类"和自然不是正走上一条相互抵触的道路吗?

由《周易》开出的"天人合一"思想(即"易,会天道,人道也"的思想)对解决当今"人与自然"的矛盾(即生态问题)作为一种思维模式,或者可以给我们以下三点启发:

(一)"天人合一"作为一种思维模式,它要求人们不能把"人"看成是和"天"对立的,这是由于"人"是"天"的一部分,"人之始生,得之于天"。破坏"天"就是对"人"自身的破坏,"人"就要受到惩罚。因此,"人"不仅应"知天"(认识自然,以便合理地利用自然),而且应该"畏天"(对自然界应该敬畏,要把保护作为一种神圣的责任)。现在人们只强调"知天",只是一味用"知识"来利用"天",征服"天",以至无序地破坏"天",而不知对"天"应有所敬畏,这无疑是"科学主义"(科技万能)极端发展的表现。"科学主义"否定了"天"的神圣性,从而也就否定了"天"的超越性,这样就使人们的人文精神失去了依托。中国人的"天人合一"学说认为,"知天"和"畏天"是统一的,"知天"而不"畏天",就会把"天"看成一死物,不了解"天"乃是有机的生生不息的刚健的大流行。"畏天"而不"知天",就会把"天"看成是外在于

"人"的神秘力量,而使人不能真正得到天的恩惠。"知天"和"畏天"的统一,正是"天人合一"的重要表现,从而表现着"人"对"天"的一种内在责任。"天人合一"这个哲学命题,体现着"天"与"人"的复杂关系,它不仅包含着"人"应该如何认识"天",同样也包含着"人"应该尊敬"天",因为"天"有其神圣性。这也许正是由于中国儒家没有成为一般意义上的宗教(如佛教和基督教等),但是它却具有一定的"宗教性"。也许正因为如此,在中国,儒家思想可以起着某种宗教的功能,这就是它认为"人"依"天"所具有的"内在"品德经过自我德行修养而实现其"超凡入圣"的"超越性"。因此,"天人合一"不仅是"人"对"天"的认知,而且是"人"应追求的人生境界。因此,我们可以说儒家思想在一定程度上起着代替宗教的作用。但它却没有成为一般意义上的宗教。因为"天"不仅仅是自然意义上的天,而且也是神圣意义上的"天","人性"就其内在要求上说,以求达到"同于天"的超越境界。就这个意义上说,"人"和"天"不仅不是对立的,而且"人"应与"天地"为一体,如孟子所说:"君子所过者化,所存者神,上下与天地同流",以实现其自身的超越。这就是说,"天人合一"作为一种哲学思想,它表达了"人"与"天"有着内在相即不离的有机联系,而且"人"实践"天人合一"的过程就是人实现其自我超越,实现"超凡入圣"的过程。这样一种思维路径,不仅对我们走出"天人二分"(天人对立)的困境有十分重要的意义,而且也为人类走向理想人生境界开辟了道路。

(二)我们不能把"天"和"人"的关系看成是一种外在关系,这是因为"天即人,人即天","天"和"人"是相即不离的。"人"离不开"天",离开"天"则"人"无法生存;"天"离不开"人",离开"人"则"天"的道理无法彰显,谁来担当实现"天道"的责任。这种对存在于"天"

和"人"之间的内在关系的认知正是中国哲学的特点。王夫之对此有一重要的说明,他说:我们考察自古以来学者的学说,从汉朝以来,他们对先秦儒家的学说只抓住其外在的现象,而认为《易经》只是讲"天道"的,而不知《易经》也是"人道"的根本,自从周敦颐首先提出"太极图"学说,这个学说是研究"天人合一"的根源,它阐明了人之始生是由"天道"变化产生的结果,在"天道"的变化之中把它的精华部分给了"人",使人具有了不同于其他事物的"人性",这样就可以发现"人道"(人类社会的规则)的一切日用伦常之理,就是"天道"(宇宙规律)阴阳变化的秩序。"人道"和"天道"是统一的,这点是不能违背的。王夫之《正蒙注·乾称上》说:"抑考君子之道,自汉以后,皆涉猎故迹,而不知圣学为人道之本。然濂溪周子首为太极图说,以究天人合一之源,所以明天人之生也,皆天命流行之实,而以其神化之精粹为性,乃日用事物当然之理,无非阴阳变化之秩序,而不可违。"王夫之这段话,可以说是对"天人合一"思想,也就是"易,所以会天道、人道也"很好的解释。"人道"本于"天道"(因"人"是"天"的一部分),讨论"人道"不能离开"天道",同样讨论"天道"也必须考虑"人道",这是因为"人道"的"日用事物当然之理",也是"天道"的阴阳变化的秩序。所以张载说:《周易》这部书"得天而未始遗人"。

(三)为什么说儒家哲学认为,在"天"和"人"之间存在着一种相即不离的"内在关系"?自古以来,至少自西周以来,在中国的思想中有"天听自我民听,无视自我民视"的思想传统,从孔孟到程朱陆王都是这样认识的。在这个问题上,朱熹有个说法也许反映出孔子"仁学"的一贯思想,他说:"仁者""在天则盎然生物之心,在人则温然爱人利物之心,包四德而贯四端者也。"(《朱子文集》卷六七)"天道"生生不息,以仁为心,"天"有使万物良好的生长发育的功能,故"人"要效法"天",要有对人慈爱,使万物得益。这是因为"天人一体","人"得"天"之精髓而为"人",故人生在世当以实现"天"的"盎然生物之心",而有"温然爱人得物之心","天心""人心"实为一心。"人"有其实现"天道"的责任,人生之意义就在于体证"天道",人生之价值就在于成就"天命",故"天""人"关于实为一内在关系。

就以上几点来讨论"天人合一",我们对之作哲学的理解,这样才能洞见其真精神、真价值。它是作为一种思想方式,一种思考问题的路径来看"天人关系"的,它的意义在于赋予"人"一种不可推卸的责任。"人"必须在"同于天"(提高到"天"的境界)的过程中,实现"人"的自身超越,达到理想的"天人合一"的境界。

当然,儒家的"天人合一"思想不大可能直接具体地解决当前人类社会存在的一个个"人与自然矛盾"的问题。但是,"天人合一"作为一哲学命题、一种思维模式,认为不能把"天""人"分成两截,而应把"天""人"看成相即不离的一体,"天"和"人"存在着内在的相通关系,无疑会对从哲学思想上为解决"天""人"关系,提供一有积极意义的思路。"哲学"不大可能直接解决人类存在的具体问题,正如金岳霖先生所说:哲学可以被视为"无用之学",因为它不能一一解决具体问题。但它思考问题的路子,却可启迪人们的智慧,提高人们的人生境界,故又被视为"大用之学"。我们研究中国哲学就是要从中发掘出其无用之大用,以贡献给人类社会。

五

当今人类社会所存在的"人与人之间的矛盾"较之于"人与自然的矛盾"更为复杂,它涉及"自己与他人""人与社会群体""国家与国家""民族与民族""地域与地域"之间的种种矛盾,例如:对物欲和权力的追求,对自然资源的争夺、占有和野心的膨胀,造成国家与国家、民族与民族、地域与地域之间的对立和战争,而有"帝国霸权"和"恐怖主义"等。过分注重金钱的追求和物质的享受,特别是统治者的贪污腐化,欺压老百姓,造成人与人之间关系紧张,社会冷漠,帮派林立,黑社会的猖獗等。在人类社会中,现在儿童有儿童的问题,青年有青年的问题,老年有老年的问题,人与人之间的相互猜忌,在日常生活中的互不理解和仇视,心灵上的隔膜,使社会的和谐全失,这样发展下去终将导致人类社会的瓦解。儒学是否能对现代社会存在的种种弊病提供某些有意义的思想资源呢?我认为,也许孔子儒家的"仁学"能对造就人与人,扩而大之国家与国家、民族与民族、地域与地域之间的和谐,即造就"和谐社会"有重要意义。

《郭店楚简·性自命出》中说:"道始于情。"这里的"道"是指"人道",即处理人与人之间关系的原则,或者说是处理社会关系的原则,它虽然和"天道"有联系,但也和"天道"不一样,"天道"指自然界的(或指相对于"人"的)运行规律。"道始于情"是说人与人的关系的建立是由感情开始的,这正是孔子"仁学"的出发点。孔子的弟子樊迟问"仁",孔子回答说"爱人"。这种"爱人"的品德从何而来呢?《中庸》引孔子的话说:"仁者,人也,亲亲为大。""仁爱"的品德是人本身所具有的,爱自己的亲人是最基本的。但儒家认为"仁"的精神不能仅仅停留在爱自己的亲人上面,《郭店楚简》中说:"亲而笃之,爱也;爱父,其继之爱人,仁也。"对自己亲人爱到极点,那也只能叫"爱";爱自己的父亲,扩大到爱别人,这才叫作"仁"。又说:"孝之施,爱天下之民。"对父母的孝顺要放大到爱护天下的老百姓。不过爱自己亲人无论如何是爱别人的基础,"爱亲则方其爱人"(《郭店楚简·语丛三》)。这就是说,孔子儒家的"仁学"要由"亲亲"扩大到"仁民"。也就是说,要"推己及人",要做到"老吾老以及人之老""幼吾幼以及人之幼",才叫作"仁"。做到"推己及人"并不容易,必须把"己所不欲,勿施于人""己欲立而立人,己欲达而达人"的"忠恕之道"作为实现"仁"的准则。(朱熹《四书集注》:"尽己之谓忠;推己之谓恕。")如果把"仁"推广到社会(全人类社会),这就是孔子说的:"克己复礼曰仁,一日克己复礼,天下归仁焉。为仁由己,其由人乎?"古来曾把"克己"(克服私欲)和"复礼"(复兴礼制)解释平行的两个方面,我认为这不是对"克己复礼"最好的解释。所谓"克己复礼曰仁"是说只有在"克己"基础上的"复礼"才叫作"仁"。费孝通先生对此有一解释,他说:"克己才能复礼,复礼是进入社会,成为一个社会人的必要条件。扬己和克己也许正是东西方文化的差别的一个关键。"①我认为这话很有道理。一个人要进入社会,必须对自己有个要求,例如说自己应该要求做到"己所不欲,勿施于人",这样你才可以遵守社会的规范(礼),而成为社会的人;一个国家也一样,你必须对自己有个遵守世界的"公约"和"公理"的要求,这样世界公约、公理才得以维护。费先生认为,中国文化主张"克己",对于人与人之间相处较好;而西方文化主张"扬己",把自己抬高到别人、别国之上,这怎么能不发生冲突和战争呢?朱熹对"克己复礼曰仁"的解释说:"克,胜也。己,谓一身之私欲也。复,反也。礼,天理之节文也。"这就是说,要克服自己的私欲,以使之做人行事能符合礼仪制度规范。"仁"是人所具有的内在品德("爱生于性");就社会生活说,"礼"是规范人的行为的外在的礼仪制度,它的作用是为了调节人与人之间关系使之和谐相处,"礼

---

① 费孝通:《中国文化与新世纪的社会学人类学》,见《费孝通论文化与文化自觉》。

之用,和为贵"。要人遵守礼仪制度必须是出于其内在的"爱人"之心,才符合"仁"的要求,所以孔子说:"为仁由己,而由人乎?"对"仁"和"礼"的关系,孔子也有非常明确的说法:"人而不仁如礼何?人而不仁如乐何?"没有仁爱之心的礼乐那是虚伪的,是为了骗人的。所以孔子认为,人们如果有了追求"仁"的自觉要求,并把这种"仁爱之心"按照一定的规范实现于日常社会之中,这样社会就会和谐安宁了,"一日克己复礼,天下归仁焉"。这种把追求"仁"的信念实践于日常实际生活之中,就是《中庸》所说的"极高明而道中庸"。"极高明"要求追求人生上的最高原则,即"仁"的理想;"道中庸"要求人们按照规则把"仁爱"精神实现于日常生活之中("中庸",用中的意思),"极高明"和"道中庸"不能分为两截,这就是儒家的最高理想"内圣外王之道"。我们今天要求建设"和谐社会",孔子的这些话无疑是对我们有重要的价值。《论语》中讲了许多"仁"的道理,但没有出现"仁政"这两字,但是他说"导之以德,齐之以礼""泛爱众""举贤才""博施于民,而能济众"等都是讲的"仁政"。"仁政"在《孟子》一书中讲得很多,意义也很广泛,其中有些虽已不适合今日人类社会要求的,但其中也许有两点很重要,对我们今天建设和谐社会和实现世界和平仍然有重要意义。一是孟子认为"行仁政"就要使民有恒产,他说:"民之为道也,有恒产者有恒心,无恒产者无恒心。"孟子的意思是说:对民的道理是,要使每个人都有一定的稳固产业,他才能有一定的道德观念和行为准则。没有一定稳固产业的人,便不会有一定的道德观念和行为准则。所以孟子说:"夫仁政,必自经界始。"意思是说:"仁政"首先要使老百姓有自己的土地。费孝通在与李亦园教授的对话中,有这样一段:"我有一次和胡耀邦在一起谈话,他表现出一种重视家庭的思想,把家庭看成社会的细胞,他的这个思想是从实际里边出来的。我是赞同注重家庭的重要作用的,这个细胞有很强的生命力。我们的农业生产在人民公社之后回到家庭,包产到户,实行家庭联产承包责任,生产力一下子就解放出来了。"①我想,我们要真正建立"和谐社会"就必须"使民有恒产"。就全人类社会说,就要使各国、各民族都能自主拥有其应有的财富才行,强国不能掠夺别国的财富和资源以及推行强权政治。二是孟子的"仁政"要求反对非正义战争,他认为"得道多助,失道寡助",这里的"道"是"道义"的意思,在《孟子·公孙丑下》中有一段记载,他认为:天时不如地利,地利不如人和。他说:

> 域民不以封疆为界,固国不以山谷之险,威天下不以兵革之利,得道者多助,失道者寡助。寡助之至,亲戚畔之,多助之至,天下顺之。以天下之所顺,攻亲戚之所畔,故君子有不战,战必胜。

这段话的意思是说:限制老百姓不必用国家的疆界,保护国家不一定靠山川的险固,威行天下不必凭兵器的锐利,得道多助,失道寡助。少助到了极点,连亲戚都反对他;多助到了极点,全天下都归顺他。拿天下都归顺的力量来攻打连亲戚都反对的人,那么合乎道义的君子或者不必用战争,若用战争,最后必然是会胜利的。所以儒家往往把战争分为"正义战争"和"非正义战争",孟子说:"春秋无义战""失民心者,失天下"。这个道理对一个国家内的统治者说也一样。汉初的贾谊写过一篇《过秦论》,他总结秦亡之因在于"仁义不施,攻守之势异",并引用了一句谚语:"前事不忘,后事之师。"这不也是我们今

---

① 费孝通:《中国文化与新世纪的社会学人类学》,见《费孝通论文化与文化自觉》。

天应该借鉴的吗？孔子儒家这些思想，对一个国家的"治国"者，对于世界上的那些发达国家的统治集团不能说没有意义。"治国、平天下"应该行"仁政"，行"王道"，不应该行"霸道"，不能压迫老百姓。

自1993年亨廷顿提出"文明的冲突"论之后，引起了各国学术界的广泛讨论。在人类历史上看，由于文化（哲学、宗教、价值观念等）的不同引起的冲突和战争并不少见，就是进入21世纪虽未发生世界性的大战，但局部地区的战争仍不断，其中无疑政治、经济是冲突和战争非常重要的一个原因，但文化确也在相当高的程度上是国家与国家、民族与民族、地域与地域之间冲突和战争的原因。如何化解这种因文化上的原因引起的冲突甚至战争，也许孔子提出的"和而不同"是一条非常有意义的原则。

在中国历史上，一向认为"和"与"同"是不同的两个概念，有所谓有"和同之辨"。《左传·昭公二十年》记载："公曰：惟据与我和夫？晏子对曰：据亦同也，焉得为和？公曰：和与同异乎？对曰：异。和如羹焉，水火醯醢盐梅以烹鱼肉，燀之以薪。宰夫和之，齐之以味，济其不及，以泄其过。君子食之，以平其心。君臣亦然。……今据不然，君所谓可，据亦曰可。君所谓否，据亦曰否。若以水济水，谁能食之？若琴瑟之专一，谁能听之？同之不可也如是。"（齐侯说：只有据跟我很和谐啊！晏子回答说：据也只不过和你相同而已，哪里说得上和谐呢！齐侯说：和（谐）和（相）同不一样吗？晏子回答说：不一样。和谐好像做羹汤一样，用水、火、醋、酱、盐、梅，来烹调鱼和肉，再用柴烧煮，厨子加工以调和，使味道适中，味道太浓就加水冲淡。君子食用这样的羹汤，内心平静。君臣之间也是这样。……现在据不是这样。国君认为对的，他也认为对，国君认为不对的，他也认为不对。这就像用水去调剂水，谁能吃它呢？如同琴瑟老弹一个声音，谁能听它呢？不应该同的道理就像这样。)《国语·郑语》："夫和实生物，同则不继。以他平他谓之和，故能丰长而物归之；若以同裨同，尽乃弃之。故先王以土与金、木、水、火杂，以成百物。"（实际上和谐才能生长万物，同一就不能发展。把不同的东西加以协调平衡叫作和谐，才能使万物丰盛发展而有所归属；如果把相同的东西相加，用尽之后就只能被抛弃。所以先王把土和金、木、水、火配合起来，做成千百种东西。)可见"和"与"同"是两个不同的概念。"以他平他"，是以相异和相关为前提，相异的事物相互协调并进，就能发展；"以同裨同"，则是以相同的事物叠加，其结果只能窒息生机。中国传统文化的最高理想是"万物并育不相害，道并行而不相悖"（《中庸》）。"万物并育"和"道并行"是"不同"；"不相害""不相悖"则是"和"。这种思想为多元文化共处提供了取之不尽的思想源泉。

不同的民族和国家应该可以通过文化的交往与对话，在对话（商谈）和讨论中取得某种"共识"，这是一由"不同"到某种意义上的相互"认同"的过程。这种相互"认同"不是一方消灭一方，也不是一方"同化"一方，而是在两种不同文化中寻找交汇点，并在此基础上推动双方文化的发展，这正是"和"的作用。不同民族和不同国家之间由于地理的、历史的和某些偶然的原因，而形成了不同的文化传统，正因为有文化上的不同，人类文化才是丰富多彩的，而且才在人类历史的长河中形成了互补和互动的格局。文化上的不同可能引起冲突，甚至战争，但并不能认为"不同"就一定会引起冲突和战争。特别是在今天科学技术高度发展的情况下，如果发生大规模的战争也许人类将毁灭人类自身。因此，我们必须努力追求在不同文化之间通过对话，实现和谐相处。现在中西许多学者都认识到，通过对话沟通不同文化之间的相互理解的重要性。例如哈贝马斯提出"正义"和"团结"

的观念。我认为,把它们作为处理不同民族文化之间关系的原则,应该是很有意义的。哈贝马斯的"正义原则"可理解为,要保障每一种民族文化的独立自主,按照其民族的意愿发展的权利;"团结原则"可理解为,要求对其他民族文化有同情理解和加以尊重的义务。只有不断通过对话和交往等途径,总可以在不同民族文化之间形成互动中的良性循环。[①] 2002年去世的德国哲学家伽达默尔提出,应把"理解"扩展到"广义对话"层面。正因为"理解"被提升到为"广义对话",主体与对象(主观与客观或主与宾)才得以从不平等地位过渡到平等地位;反过来说,只有对话双方处于平等地位,对话才可能真正进行并顺利完成。可以说,伽达默尔所持的主体——对象平等意识和文化对话论,正是我们这个时代所需要的重要理念。这种理念,对我们今天如何正确而深入地理解中外文化关系、民族关系等,具有重要的启示。[②] 无论哈贝马斯的"正义"和"团结"原则,或者是伽达默尔的"广义对话论"都要以承认"和而不同"原则为前提,只有承认不同文化传统的民族和国家可以和谐相处,不同文化传统的民族与国家才能获得平等的权利和义务,"广义对话"才能"真正进行并顺利完成"。因此孔子以"和为贵"为基础的"和而不同"原则应成为处理不同文化之间的一条基本原则。

六

如果我们以儒家的"合天人"(天人合一)的观念来解决"人和自

[①] 参见乐黛云:《文化相对主义与比较文学》,《跨文化对话》,北京大学2000年版。
[②] 参见潘德荣:《伽达默尔的哲学遗产》,香港《21世纪》,2002年4月;于奇智:《哲学的人文化成》,香港《21世纪》,2002年8月。

然"之间的矛盾,以"同人我"(人我合一)的观念来为解决"人与人"之间的矛盾,那么我们可以用"一内外"(身心合一)来调节自我身心内外的矛盾。现代社会,由于种种内外的压力,特别是人们无止境地追求感官之享受,致使身心失调,人格分裂。由于心理的不平衡引起精神失常、酗酒、杀人、自杀等,造成了自我身心的扭曲,已经成为一种社会病,而严重影响了社会的安宁,其原因正在于道德沦丧,致使人失去了自我身心内外的和谐。对这样一种情况,许多有见识的学者都为此提出救治的理论和策略。从中国传统文化看,可以说儒家对人的身心道德修养和人格培育给以特别重视。

《大学》这部书特别强调人的道德实践对于建设理想的和谐社会的重要意义。它的第一章中说:"大学之道,在明明德,在新民,在止于至善。"朱熹注说:"新者,革其旧之谓。言既自明其明德,又当推己及人,使之亦有去其旧染之污也。……言明明德、新民,皆当止于至善之地而不迁。"(明德:真实无妄的道理)明明德,新民的目的在止于至善,达到做人的最高境界。所以《大学》中认为,修身、齐家、治国、平天下,"自天子以至庶人,壹是皆修身为本,其本乱而末治者否矣"。这就是说,儒家认为每个人(自天子以至庶人)的道德修养好了,那么"家"可以齐,"国"可以治,"天下"可以太平,如果自己的道德修养这个根本混乱了,要想"家""国""天下"能够治好,那根本是不可能的。所以在《中庸》一书中也说:"为政在人,取人以身,修身以道,修道以仁。"治理社会是要靠人来治理,让什么人来治理就要看他自身的道德修养,道德修道是以合不合"道"为标准,这里的"道"是指"天下之达道"(《中庸》),即"和谐"(和),而做到使社会和谐就要有"仁爱"之心(朱熹注说:"仁者,天地生物之心,而人得以生者,所谓元者善之长也。")。这里,把个人的道德修养(修身)与"仁"联系起来，正说明儒家思想的一贯性。儒家讲"修身"不是没有目标的，而是为了"齐家""治国""平天下"，即为了建设"和谐社会"。《礼记·礼运》中所记载的"大同"社会的理想，就是要求建立一个在政治、经济、文化上诸多方面的和谐社会。儒家把和谐社会的理想建立在人的道德修养的提高的基础上，因此，儒家特别重视人的自我身心内外的修养（按：治国、平天下，仅靠道德修养是不够的，而易于流为泛道德主义，因为一个社会的建设还要有良好的制度等）。儒家认为，生死和富贵等不是人应追求的最终目标，而道德学问才是人所应追求的。孔子说："德之不修，学之不讲，闻义而不能徙，知不善而不能改，是吾忧也。"孔子这段话告诉我们的是做人的道理："修德"（修养道德）并不容易，那就必须有崇高的理想，有关怀人类社会福祉的胸襟；"讲学"（讲究学问）也不容易，它不但要求自己提高智慧，而且要负起对社会进行人文教化的责任；"改过"，人总是会犯这样那样的错误，但要能勇于改正错误，这样才可以有助于社会的和谐；"向善"，是说人生在世，应日日向着善的方向努力，做到"日日新，又日新"，这样就可以达到"止于至善"的境地。"修德""讲学""改过""向善"是孔子儒家提倡的做人的道理，是使人自我身心内外和谐的有意义的路径。所以孟子说："存其心，养其性，所以事天也。夭寿不贰，修身以俟之，所以立命也。"如果一个人能保存他的恻隐之心，修养他的善性，以实现天道的要求，寿命的长短都无所谓了，但一定要通过对自身的修养保持和天道的一致，这就是安身立命了。

儒家一向都非常着重"安身立命"，所谓"安身立命"就是要对自己有个道德修养上的要求，这样才能使自己身心和谐，内外调适，使自己的言行符合"做人的道理"，这样身才能安，命才能立。至于那些有碍自我身心内外和谐的外在影响，应该排除。曾子说："吾日三省吾身。为人谋,而不忠乎;与朋友交,而不信乎;传,不习乎。"做个君子,每天都应时时警惕自己,看看自己为人行事,是否合乎道义。对于那些不合乎道义的事,甚至应该做到"杀身成仁,舍生取义",所以孔子说:"志士仁人,无求生以害人,有杀身以成仁。"孟子说:"吾身不能居仁由义,谓之自弃也。"要做到儒家提倡的"做人的道理",很不容易,但应该是人们努力去追求的,这样自己才可以有个"安身立命"处,其身心内外自然和谐了。追求自我身心内外的和谐其目的是为了实现社会的和谐。

司马迁说:"居今之世,志古之道,所以自镜者,未必尽同。"我们温习、阐发孔子儒家的思想,发掘其中对当今人类社会有意义的资源,无疑是重要的。但古来圣贤的思想、理念并不能全然解决当今社会存在所有的问题,也并不能适应现代社会的要求,它只能给我们一些思考的路子,启发我们去用这些思想资源,在给以适应现代社会生活要求的新的诠释的基础上,才有可能为建设和谐的人类社会作出贡献。"周虽旧邦,其命维新。"(《诗经·大雅·文王》)我们中华民族是有着长达五千年的历史文化的古老民族,我们的使命是使我们的社会不断革新,而对全人类作出贡献。

2007 年 1 月

此文原发表于《江汉论坛》2007 年第 1 期,此次选入本文集依据汤一介写作底稿。

儒学能否"现代化"?

"儒学能否现代化"和"儒学是否能有第三期发展"应是同一的问题。先秦儒学是儒学的第一期发展;宋明理学是在儒学受到印度佛教冲击以后的儒学的第二期发展,它适应我国封建社会发展到后期的要求,从而成为当时占主导地位的学说。那么在西方文化对中国传统文化冲击下,儒学可不可能有第三期发展?如果儒学能够有第三期发展,那么它必须适应现代社会的要求,这也就是儒学第三期发展要解决的问题。因此照我看"儒学第三期发展"问题就要看"儒学能否现代化"了。目前对这个问题似乎有以下几种不同的看法:(1)儒学现代化就是要使儒学成为中国现代社会的主导思想;(2)儒学现代化就是使它按照西方文化的模式改造;(3)儒学现代化就是把儒学马克思主义化;(4)儒学现代化即是要用它来解决现代社会的一切问题。我认为,如果这样来理解这个问题,那么儒学是不可能现代化的,或者说儒学现代化是无益的。但是对"儒学现代化"能否做另外的理解,即"儒学现代化"是说对"儒学"做现代的解释。我认为,这样或许是可以的,而且如果可以对儒学做出现代的解释,那么儒学就仍有其现代意义。

为什么儒学可以而且应该做现代解释,这就要问"儒学"是否已经成为"死的学说",显然不是这样。儒学仍然影响着我国现代社会生活各个方向,还有其生命力。那么对它应怎样办呢?我想,只能给它以现代解释,使它得到发展,并使之有利于我们的现代社会。任何有生命力的学术思想存在于不同的时代都有其时代的意义。其所以有其时代意义必然是随其时代而对此前的思想有所变革，儒学虽然是继承了先秦孔孟的学说，但又有所变革与发展，以适应时代之要求。例如朱熹说："人人一太极，物物一太极"，又说："且夫《大传》之太极者何？即两仪、四象、八卦之理具于三者之先而蕴于三者之内者也。"朱熹对"太极"的解释正是因为此前有华严宗的"理事无碍"，而是对《周易·系辞》"易有太极，是生两仪……"的新解。朱熹解为本体论的"易有太极，是生两仪"，而《系辞》则仍为宇宙论的。又如，孔孟言"仁"或曰"仁者，爱人"，或曰"仁者，仁心也"等，盖"仁"仍是道德上的意义或说的是一种人生境界；但朱熹言"仁"，则有本体意义，如说"孔门之学，所以必须求仁为先，盖此是万理之源，万事之本"。所以钱穆《朱子新学案》说："自孔孟以下，儒家言仁皆指人生界，言人心、人事，朱子乃以言宇宙界。"可见，对"太极"或"仁"的理解不同，盖因时代不同而使之。因此，我认为所谓"儒学现代化"就是对儒学做现代的解释。这样做并不意味着要使儒学成为我国现代社会的主导思想；也不是要用西方文化的模式改造儒学，而是应根据儒学固有之内容使其有可能适应现代社会要求的部分得以发展，或者在解释中对儒学作出新的发展；同样也不可能把儒学马克思主义化，而只能在两者之间找出某些结合点。从而一方面使儒学得以吸收马克思主义而更加丰富；另一方面使马克思主义得以与中国传统文化相结合，而有中国化的马克思主义。因此，儒学既不能成为现代社会的主流，又不能推开儒学所固有的内容而任意解释，那么我们所能做的就是对儒学所固有的内容作现代的解释，从而使它能在现代社会中的某些方面发挥作用，或者说从其能发挥现代作用的方面加入现时代的世界学术文化。

使儒学在现代社会中发挥积极作用就有一儒学定位的问题。在历史发展的长河中,每个时代都有它那个时代提出的特殊问题。因而也就应有为解决这个时代提出的新问题的新学说和新思想。而此前时代的学说和思想不可能全部解决已经发展了的历史所提出的所有问题,但它可以部分地解决新时代所提出的问题,或者说它可以部分地经过给以新的解释而解决新时代的问题。在西方中世纪,基督教在社会生活的一切方面都曾起过主导作用。社会发展到现代,基督教能起作用的范围就大大缩小了,现在人们并不要求基督教在政治、经济、文化的一切方面都起主导作用。为什么我们要求儒家思想在一切方面都起主导作用呢?甚至也不一定有必要要求儒家思想在某一方面起主导作用。基于此,我们是否可以给儒家在现时代以定位,讨论它究竟在现时代在哪些方面仍可以起积极作用。照我看,它大概在伦理道德方面或者可以起一定的积极作用,而这个方面正是儒家思想的核心方面。儒家思想最主要的部分是它的心性学说,它要求人们应有一道德上的理想境界,它是一种教人如何提高自己的道德修养,并身体力行地成圣成贤的学问。这个问题在《论"内圣外王"》中有所论述,兹不赘述。

在讨论"儒学能否现代化"中还存在一个问题,有些学者企图从儒学开出现代生活所需要的一切方面,例如要求从"内圣之学"开出适应现代民主政治要求的"外王之道",从"心性之学"开出科学的认知体系等。当然作为研究也无妨如此尝试,但是否可以从另一角度考虑,即探讨儒家思想中缺少什么,我们能不能从儒学之外吸取(引进)某些思想来充实和改造儒学,以便使它适应现代的要求。我认为这样做也许更为重要、更有意义。照我看,中国传统哲学无论是儒家、道家还是中国化的佛教禅学都没有建立起认识论的体系,特别是在儒家思想中认识论一直没有从伦理道德学说中分离出来。然而西方哲学发展到近代,认识论问题却成了主要讨论的问题。中国传统哲学面对西方哲学的挑战,一些现代中国哲学家似乎或多或少意识到中国传统哲学的这一缺陷,因此自五四运动以来,中国的一些哲学家企图采取不同的路径来解决这一问题。熊十力、冯友兰、贺麟就是试图接着宋明理学或心学来建立他们哲学体系的哲学家,现在一般人都把他们看成是现代新儒家的代表人物,他们都对"认识论"问题有所注意。

熊十力希望借助佛教的唯识学来补足中国传统哲学没有认识论体系的这一缺陷。他写的《新唯识论》本来应有两部分:"境论"与"量论",但他仅仅完成了"境论",而没有能完成"量论"。在熊十力《新唯识论〈语体文本〉》的《初印上中卷序言》中说:"原本拟为二部:曰《境论》(自注:境者,所知名境,本佛典。今顺俗为释,如关于本体论及宇宙论、人生论等,有其所知、所见或所计持者,通名为境)。曰《量论》(自注:量论,相当俗云知识论或认识论。量者,知之异名。佛家有证量及比量等,即关于知识之辨析也)。只成《境论》一部分,《量论》犹未及作。"在熊十力一封《答牟宗三》的信中说到"量论",他说:"此书实有作之必要,所欲论者,即西洋人理智与思辨的路子,印人之止观,及中国人之从实践中彻悟……《量论》于中、印、西洋三方面,当兼综博究。"(《十力语要》卷三)因而熊十力试图用"融思辨以入体认"的方法建立他的"思修交尽之学"的"量论"(认知论)的体系。他还明确地说:"余于哲学,主张思辨与体认二者交修。惜《量论》未能写出。"(同上)又说:"哲学方法,则思辨与体认须并重,余欲为《量论》一书,明此义。"(《十力语要初读》)据此熊先生批评宋明理学,他说:"宋明诸儒不求思辨之术,虽高谈体认,而思辨未精,则不以混沌为体认之实得者鲜矣。"(《新唯识论》壬辰删定本,卷下之二,附录)看来熊十力在面对西方哲学的冲击下,而不得不考虑建立一"思修交尽"的认识论体系。其后,1955年撰写《原儒》,于《绪言》中略述《量论》大意,虽语焉不详,但仍可见熊十力之用心也。

冯友兰的《新理学》标用西方哲学新实在论的分析方法与哲学体系。他认为,他的"新理学""是要经过维也纳学派的经验主义而重新建立形上学"(《新知言》第六章《新理学的方法》)。而冯友兰的新理学的形上学只是对于"经验,做形式的释义",他说:"我们对于事物及存在,做形式底分析,即得到理及气的观念。我们对事物及存在做形式底总括,即得到大全及道体的观念。"(同上)由此《新理学》提出四组命题,建立起了他的新理学体系。但冯友兰并未于此停止,如果说他在《新理学》中标用的是逻辑分析这种从正面阐释形上学问题的方法,那么他的《新原人》则是更多地标用直觉体认的从负面阐释形上学问题的方法。他在《新知言·新理学的方法》最后说:"形上学的正底方法从形上学讲起,到结尾亦需承认,形上学可以说是不能讲的。负底方法,从讲形上学不能讲讲起,到结尾也讲了一些形上学。"冯友兰的"贞元六书"的最后一本就是这本《新知言》。《新知言》这本书,照冯友兰的看法是要为新理学体系找到独立在世界哲学中的地位。冯友兰认为,他的新理学体系不仅是接着中国传统的宋明理学讲,而且也是接着西方哲学的传统讲的。所以他的新理学体系不仅要讨论形上学问题,而且要讨论知识论问题。《新知言》这本书的重点正是在于分析西方哲学家建立哲学的方法,认为他的新理学的方法是"最哲学的形上学的方法"。冯友兰如此重视哲学方法问题,正如他在《新知言·绪论》中所说:"我们对于经验,可以注意其内容,亦可只注意于其程序。所谓经验的内容,就是经验者对于经验的对象所有底知识。对于经验底理智底分析、总括及解释,又可分为对于经验的程序者,及对于经验的内容者。前者就是哲学中底知识论,后者就是哲学中底形上学。"(着重点为笔者所加)由此我们可知,所说的新理学的方法也就是新理学的知识论。

贺麟有一篇重要论文《知行合一新论》(发表于1939年《国立北京大学四十周年纪念论文集》中,现又收入1989年辽宁教育出版社出版的《五十年来的中国哲学》中),在这篇文章中他认为"知行"问题不仅是伦理学问题而且是知识论问题,在这篇文章的开头他说:"知行问题,无论在中国的新理学或新心学中,在西洋的心理学或知识论中,均有重新提出讨论,重新加以批评研究的必要。我甚且以为,不批评地研究思有问题,而直谈本体,所得必为武断的玄学(dogmatic metaphysics);不批评地研究知行问题,而直谈道德,所得必为武断的伦理学(dogmatic ethics)。因为道德学研究行为的准则,善的概念,若不研究与行为相关的知识,与善相关的真,当然会陷于无本的独断。至于不理会知行的根本关系,一味只知下'汝应如此''汝应知彼',使由不使知的道德命令的人,当然就是狭义的、武断的道德家。而那不审问他人行为背后的知识基础,只知从表面去判断别人行为的是非善恶的人,则他们所下的道德判断也就是武断的道德判断。"据此,可知贺麟已看到研究知识论问题的重要意义,也可看出他试图把认识论问题从伦理道德问题中分离出来。接着贺麟对知行问题从多方面作了认识论上和心理学上的分析,并用西方哲学家(如斯宾诺莎)的思想来分析和丰富中国传统哲学中的"知行合一"学说以证明"知行合一"学说的合理性。兹不详述。文章最后,贺麟再次申明"知行合一"学说不仅是道德学的问题,而且是知识论的问题,他说:"由于对知行合一问题的重新讨论,希望第一,认识了知行的真关系,对道德生活可得一较正确的理解:离知外无行,离开学问外无涵养,离开真理的指导外无道德。由于指出行为的理智基础，可以帮助我们打破那不探究道德的知识基础的武断的道德学，打破那使由不使知的武断的道德命令，并打破那只就表面指责人，不追溯行为的知识背景的武断的道德判断。第二，希望可以提出一些研究方面的新途径。如由意识及行为之有等级种类而提出意识类型学、行为类型学之研究。又由知行平行，以知释知，以行释行之说，而提出研究纯行为的心理学，与研究纯意识活动的精神科学。兹于结束本文之时，愿更根据知主行从，知是行的本质，行是知的表现之说，而提出行为现象学的研究。行为现象学与行为学不同。行为学是以行为释行为的、客观的、实验的纯科学。行为现象学乃系从行为的现象中去认识行为的本质——知或意识。而进而由意识现象学或知识现象学之研究，而发现意识之本质，而认识借意识或知识来表现理念，最后由理念释理念，由理念推理念，而产生逻辑学。如是则行为现象学及意识现象学均可作为逻辑学之引导科学或预备科学，而逻辑学因之亦不致陷于抽象或形式。此三种学问之所以可能，由于行为所以表现意识，意识所以表现理念，而理念自明白释，故可形成纯逻辑学。"由此可见，贺麟作为现代新儒家的代表人物正是在西方哲学的冲击下，在"知行合一"问题方面大大拓宽了中国哲学研究的范围，而把这个问题和西方现代哲学的问题结合了起来。

以上我们讨论了熊十力、冯友兰、贺麟三位现代新儒家的代表人物在西方哲学的冲击下，不得不考虑西方哲学提出的种种问题，特别是关于知识论的问题。这里，我们只想说明这样一种现象确实存在，至于这几位哲学家是否已经解决了中国传统哲学所固有的缺陷，或者说是否能真正把西方哲学的某些方面吸收到中国哲学中来，那又当别论，这就不是本文要讨论的问题了。儒家思想在现代如果希望继续发挥作用除了发展其本身的优点方面(如道德修养的内圣之学),又必须面对西方哲学提出的问题,给以积极的回应。因此,使儒家思想现代化将是一十分艰巨的工程,它需要长期的研究和讨论,这样或许才可以为儒家思想现代化找出一可行的出路,从而使中国传统哲学走向现代,对世界哲学作出贡献。

1991 年 3 月 20 日北京

附记:此文原为 1990 年 6 月在美国洛杉矶召开的"儒学与中国"讨论会所写,后又于 12 月在澳门"儒学国际讨论会"上宣读过,现在原稿上做了若干补充而成此文。

选自《汤一介集》第五卷。原收入李畔主编:《两岸合论文化建设》,台北:新学识文教台版中心,1991 年版。

论儒学与中华民族的复兴

一 儒学的"反本开新"

我们为什么要编著一部《中国儒学史》,这是由于中华民族正处在伟大民族复兴的进程之中。民族的复兴必然与民族文化的复兴相关联,而"儒学"在我国的历史上曾居于主流地位,影响着我国社会生活的方方面面。因此,儒学的复兴和中华民族的复兴是分不开的,这是由历史原因形成的。儒学自孔子起就自觉地继承着夏、商、周三代的文化,从历史上看它曾是中华民族发育、成长的根,我们没有可能把这个根子斩断。如果我们人为地把中华民族曾经赖以生存和发展的根子斩断,那么中华民族的复兴就没有希望了。因此,我们只能适时地在传承这个文化命脉的基础上,使之更新。就目前我国发展的实际情况看,我估计在21世纪儒学作为一种精神文化在中国甚至在世界(特别是在东亚地区)将会有新的发展。为什么儒学会有一个新的发展?原因当然是多方面的,有政治的、经济的原因,但与"西学"(主要指作为精神文化的西方哲学等)对中国传统文化(特别是儒学)所进行的全方位的冲击有着密切的关系。回顾一百多年来中国的历史,在相当长的时期里,中国文化("中学")在与西方文化("西学")的搏击中节节败退,"全盘西化"(或"全盘苏化")占尽上风,甚至"打倒孔家店"成为某些中国知识分子标榜"进步"的口号。可是在这样艰难的"中学"日衰的形势下,中国仍然有一代又一代的学人一方面坚忍地传承着中国文化的优秀传统,另一方面又以广阔的胸怀融合着

"西学"的精华。他们深信"中学",特别是"儒学"不会断绝,自觉地承担着中国传统文化"存亡继绝"的复兴中国文化的使命。因此,正是由于"西学"对中国文化的冲击,使得我国学者得到对自身文化传统有个自我反省的机会。我们逐渐知道,在我们的文化传统中应该发扬什么和应该抛弃什么以及应该吸收什么。因而在长达一百多年中,我们中国人在努力学习、吸收和消化"西学",这为儒学从传统走向现代奠定了基础。新的现代儒学必须是能为中华民族的复兴、能为当今人类社会"和平与发展"的前景提供有意义的精神力量的儒学;应该是有益于促进各民族团结、友好、互信、互助、和睦相处的大家庭的儒学;新的现代儒学应该是"反本开新"的儒学。"反本"才能"开新","反本"更重要的是为了"开新"。"反本"必须要对儒学的源头有深刻的了悟,坚持自身文化的主体性。我们对儒学的来源及其发展了解越深入,它才会有对新世纪的强大生命力。"开新"要求我们全面、系统地了解当今人类社会所面临的亟待解决生存和发展的重大问题和思想文化发展的总趋势,这必须对儒学做出适时的、合乎时代的新解释。"反本"和"开新"是不能分割的,只有深入发掘儒家思想的真精神,我们才可能适时地开拓儒学发展的新局面;只有敢于面对当前人类社会存在的新问题,才能使儒学的真精神得以发扬和更新,使儒家在21世纪的"反本开新"中"重新燃起火焰",以贡献于人类社会。

二 儒学与"新轴心时代"

在当今世界处于全球化的形势下,人类社会面临的是一个大变动的时代。正因为在这人类社会处于全球化的时代,使得各国、各民族在政治、经济、文化诸多方面处在极其错综复杂、矛盾重重的关系之中。人类社会如何从这种复杂的矛盾关系之中找出一条出路？在进入第三个千年之际，世界各地的思想界出现了对"新轴心时代"的呼唤，这就要求我们更加重视对古代思想智慧的温习与发掘。回顾我们文化发展的源头，希望从人类的历史文化智慧中找出一条能使世界走上健康合理的"和平与发展"道路，这无疑是各国人民所希望的前景。关于"轴心时代"的观念是由德国哲学家雅斯贝尔斯（1883—1969）提出的。他认为，在公元前五百年前后，在古希腊、以色列、印度、中国、古波斯都出现了伟大的思想家。古希腊有苏格拉底、柏拉图，以色列有犹太教的先知，印度有释迦牟尼，中国有孔子、老子，古波斯有索罗亚斯特，形成不同文化传统。这些文化起初并没有互相影响，都是独立发展起来的。这些文化传统经过两千多年的发展，在相互影响中已成为人类文明的共同精神财富。雅斯贝尔斯说："直至今日，人类一直靠轴心期所产生、思考和创造的一切而生存。每一次新的飞跃都回顾这一时期，并被它重燃火焰。自那以后，情况就是这样。轴心期潜力的苏醒和对轴心期潜力的回忆，或曰复兴，总是提供了精神动力。对这一开端的复归是中国、印度和西方不断发生的事情。"①例如，我们知道，欧洲的文艺复兴就是把其目光投向其文化的源头古希腊，而使欧洲文明重新燃起新的光辉，而对世界产生重大影响。中国的宋明理学（新儒学）在印度佛教文化的冲击后，充分吸收和消化了佛教文化，再次回归先秦孔孟而把中国儒学提高到一个新的水平，并对朝鲜半岛、日本、越南的文化产生过重大影响。

在人类社会进入新千年之际，人类文化是否会有新的飞跃？雅斯贝尔斯为什么特别提到中国、印度和西方对轴心期的回忆，或曰

---

① ［法］卡尔·雅斯贝尔斯著，魏楚雄、俞新天译：《历史的起源与目标》，第14页。

"复兴"的问题？这是不是意味着,中华文化又有一次"复兴"的机会？我认为,答案应是肯定的。当前,中华民族正处在民族的复兴过程之中,而民族的复兴要以民族文化的复兴为精神支柱,毋庸讳言,"国学热"的兴起,可以说预示着,我们正在从传统中找寻精神力量,以便创造新的中华文化,以"和谐"的观念贡献于人类社会。我们可以看出,自20世纪末,我国学术界出现了对中国传统文化研究重视的趋势,而进入21世纪逐渐成为一种社会潮流。"读经""读古典诗词",恢复优良的道德修养传统蔚然成风,不少中小学设有读《三字经》《弟子规》《论语》《老子》等有关课程;社会各阶层、团体、社区也办起了读古代经典的讲习班和讲座等。这一潮流也影响着我国的高层领导人。胡锦涛总书记在十七大报告中提出:"弘扬中华文化,建设中华民族共有精神家园",将对有力地推动中华文化的发展产生重要影响。我们应特别注意的是,中国一批知识分子在深入研究中国自身文化传统的同时,对当今世界文化发展的总趋势更加关注和有较深入地研究了。他们知道,中国文化必须在传承中更新,这样中国文化才得以真正的"复兴",而"重新燃起新的火焰"。我们还可以看到,世界各国人民对中国文化的重新认识和欢迎,两百多所孔子学院的建立,儒学经典将要被译成外国的八种文字,这无疑可以说是儒学在"新轴心时代"得以"复兴"的明证。我认为,中国文化必须在坚持自身文化的主体性中"复兴",必须在吸收其他各民族文化特别是西方先进文化中的优秀成果中"复兴",必须在深入发掘中国文化的特殊价值以贡献于人类社会中"复兴",当然也必须在努力寻求我们民族文化中具有"普世价值"意义的资源中"复兴"。因此,我们期待着和各国的学者一起为建设全球化形势下文化上的"新轴心时代"的早日到来而努力。在欧洲,经过解构性的后现代主义对"现代性"思潮的批判之后,出现了以过程哲学为基础的"建构性的后现代主义",他们认为:"建构性的后现代主义对解构性的后现代主义的立场持批判态度……以建构一个所有生命共同福祉都得到重视和关心的后现代世界。"①建构性的后现代主义者还认为,在崭新的时代,每个人的权利都获得尊重,如果说第一次启蒙的口号是"解放自我",那么新世纪的第二次启蒙的口号则是尊重他者、尊重差别,他们提出"人和自然是一生命共同体"的宇宙有机整体观,以此反对"现代二元论的科学主义和工具理性"。里夫金在他的《欧洲梦》中强调,在崭新的时代,每个人的权利都获得尊重,文化的差异受到欢迎,每个人都在地球可以维持的范围内享受着高质量生活(不是奢侈生活),而人类生活在安定与和谐之中。② 因此,他们认为,必须对自身的前现代传统某些观念加以重视,要重视两千多年前哲人的智慧。印度在 1947 年取得了独立。在她争取独立的过程中,许多民族运动的领袖都把印度的传统思想作为一种精神武器。国大党的领袖甘地已采取把印度教和民族运动结合在一起的策略,因此国大党在指导思想和人员构成上都有明显的印度教特征。③ 20 世纪中期印度思想家戈尔瓦卡就提出:印度必须建立强大的印度教国家,他特别强调"印度的文明是印度教的文明"。④ 他们认为,只有把印度人民的宗教热忱和宗教精神注入政治中,才是印度觉醒和复兴的必要条件。因此,印度民族的复兴必须依靠其自身印度教的思想文化传统。印度人民党同样崇奉印度教,它

---

① 《为了共同的福祉——约翰·科布教授访谈》(王晓华访问记),载上海《社会科学报》,2002 年 6 月 13 日。
② 参见杰里米·里夫金著,杨治宜译:《欧洲梦》序言,重庆出版社 2006 年版,第 8 页。
③ 参见丁浩:《浅析印度国大党的教派主义倾向及其影响》,载《重庆科技学院学报》(社会科学版),2007 年第 1 期。
④ 参见汝信总主编:《世界文明大系·印度文明》,中国社会科学出版社 2004 年版,第 554 页。

是一种以"印度文化为核心的民族主义或者称为'印度教特性'"。他们认为,"可将印度现在同过去的光辉连接起来","以印度教意识和认同来重建印度"。① 人民党的思想家乌帕迪雅耶提出的"达摩之治论"就是要把印度教"种姓达摩"观念与现代人道主义思想结合起来,其目的是要用这种学说来捍卫印度教的传统文明和精神,抵御西方文化的侵袭和影响。国大党和人民党交替执政,就说明印度教在印度的复兴。② 这有力地说明印度正是"新轴心时代"兴起的一个重镇。这是不是可以说,在全球化的情况下,中国、印度和欧洲都处在一个新的变革时期,他们都将再一次得到"复兴"的机会? 我认为,雅斯贝尔斯的看法是有远见的。这里,我必须说明,我并没有要否定其他民族文化也同样将会得到"复兴"的机会,如拉美文化、中东北非地区的伊斯兰文化等,但是,无论如何,中国、印度、欧洲(欧盟)的"复兴"很可能预示着"新轴心时代"的到来。

三 儒学的三个视角

在这可能即将出现的"新轴心时代",面对着与两千多年前的那个"轴心时代"的形势是完全不同了。全球化已把世界连成一片,任何国家、任何民族所要解决的不仅是其自身社会的问题,而且要面向全世界。因此,世界各国、各民族理应将会出现为人类社会走出困境的大思想家或跨国大思想家集团。实际上,各国、各民族的有些思想家已正在思考和反省人类社会如何走出当前的困局,迎接一个新时代的种种问题。在此情况下,各国、各民族的历史文化经验和智慧,

---

① 参见曹小冰:《印度特色的政党和政党统治》,当代中国出版社2005年版,第237页。
② 参见汝信总主编:《世界文明大系·印度文明》,第555—558页。

无疑是十分重要的。因此,对影响中国社会两千多年历史的主流文化"儒学"应有一总体的认识和态度是很必要的。

由于儒学是历史的产物,又有两千多年的历史,因此对它有种种不同的看法应该说是很自然的。在今天全球化、现代化的时代,我们应该或可能怎样看儒学,我认为也许可以从三个不同的角度来考察儒学:一是政统的儒学,二是道统的儒学,三是学统的儒学。(1)政统的儒学:政治化的儒学曾长期与中国历代专制政治结合,所提倡的"三纲六纪"无疑对专制统治起过重要作用。儒家特别重视道德教化,因而对中国社会在一定程度上起着稳定的作用。但是,把道德教化的作用夸大,使中国重"人治"而轻"法治",而且很容易使政治道德化,而美化政治统治;又使道德政治化,使道德成为为政治服务的工具。当然,在专制政治统治的压迫下,儒家的"以德抗位""治国平天下"的"王道"理想也并非完全丧失。不过总的说来,政治的儒学层面对当今的社会而言可继承的东西并不太多,它存在着较多的问题。(2)道统的儒学:任何一个成系统有历史传承的学术派别,必有其传统,西方是如此,中国也是如此,从中国历史上看,儒、道、释三家都有其传统。儒家以传承夏、商、周三代文化为己任,并且对其他学术有着较多的包容性,他们主张"万物并育而不相害,道并行而不相悖",但既成学派难免就会有排他性。因此,对"道统"的过分强调就可能形成对其他学术文化的排斥,而形成对异端思想的压制。在历史上某些异端思想的出现,恰恰是对主流思想的冲击,甚至颠覆,这将为新的思想发展开辟道路。(3)学统的儒学:是指其学术思想的传统,包括它的世界观、思维方法和对真、善、美境界的追求等。虽不能说儒学可以解人类社会存在的一切问题,但儒学在诸多方面可对人类社会提供有意义的、较为丰厚的资源是无可否认的,应为我们特别重视。我这样区分,并不是说这三者在历史上没有关系,甚至可以说在历史上往往是密不可分的,只是为了讨论方便,为了说明我们应该更重视哪一个方面。基于此,我认为,当前甚至以后,儒学的研究不必政治意识形态化,让学术归学术;而且儒学应更具有"海纳百川"的气度,在与各种文化的广泛对话中发展和更新自己。

既然我们对儒学要特别重视的是其"学统",那么我们应该如何从"学统"的角度来看儒学,我有以下四点看法:(1)要有文化上的主体意识。任何一个民族的生存与发展必须植根自身文化土壤之中,必须有文化上的自觉,只有对自身文化有充分的理解和认识、保护和发扬,它才能适应自身社会合理、健康发展的要求,它才有吸收和消化其他民族文化的能力。一个没有能力坚持自身文化的自主性的民族,也就没有能力吸收和融化其他民族的文化以丰富和发展其自身文化,它将或被消灭,或被同化。(2)任何文化要在历史长河中不断发展,必须不断地吸收其他民族文化,在相互交流与对话中才能得到适时的发展和更新。罗素说得对:"不同文明的接触以往常常成为人类进步里程碑。"①在历史上,中华文化有着吸收和融合外来印度佛教文化的宝贵经验,应该受到重视。在今天全球化的时代,面对西方的强势文化,我们应更加善于吸收和融合西方文化和其他各民族的优秀文化,以使中华文化更具有世界意义。(3)社会在不断发展,思想文化在不断更新,但古代思想家提出和思考的文化(哲学)问题,他们的思想的智慧之光,并不因此就会过时,有些他们思考的问题和路子以及理念可能是万古常新的。在雅斯贝尔斯《大哲学家》一书中,他认为:在科学方法的运用上,我们可以说我们所处的时代是超过了

---

① [英]罗素:《中西文明的对比》,见罗素著,秦悦译:《中国问题》,学林出版社 1996 年版,第 146 页。

亚里士多德,但就哲学本身而言,我们很难再达到苏格拉底和柏拉图的水准。哲学历史的某些发展是显而易见的,但我们并不能由此得出结论说,后代的哲学家就一定超过前代。①(4)任何历史上的思想体系,甚至现实存在的思想体系,没有完全正确的,没有放之四海而皆准的绝对真理的学说,它必然有其局限性,其体系往往包含着某些内在矛盾,即使其中具有普遍意义(价值)的精粹部分也往往要给以合理的现代诠释。恩格斯在《反杜林论》中说:"在黑格尔以后,体系说不可能再有了。十分明显,世界构成一个统一的体系,即有联系的整体。但是对这个系统的认识是以对整个自然界和历史的认识为前提的,而这一点是人们永远达不到的。因而,谁要想建立体系,谁就得用自己的虚构来填补无数空白,即是说,进行不合理的幻想,而成为观念论者。"②这里所说的"体系"是指那种无所不包的、自以为是放之四海而皆准的"绝对真理"。"绝对真理"往往都是谬误之论。罗素在其《西方哲学史》中说:"不能自圆其说的哲学决不会完全正确,但是自圆其说的哲学满可以全盘错误。最富有结果的各派哲学向来包含着显眼的自相矛盾,但是正为了这个缘故才部分正确。"③我认为这两段话对我们研究思想文化都很有意义。因为任何思想文化都是在一定历史条件下产生的,它不可能完全解决人类社会今天和明天的全部问题,就儒学来说也是一样的。正因为儒学是在历史中的一种学说,才有历代各种不同诠释和批评,而今后仍然会不断出现新的诠释、新的发展方向、新的批评,还会有儒家学者对其自身存在的内

---

① 参见李雪涛等译雅斯贝尔斯《大哲学家》的《论雅斯贝尔斯的世界哲学及世界哲学史的观念——代"译序"》,社会科学文献出版社 2005 年版,第 12 页。
② 恩格斯:《世界是有联系的整体·对世界的认识》,见北京大学哲学系编:《恩格斯〈反杜林论〉参考资料》附录,1962 年,第 137 页。
③ [英]罗素著,马元德译:《西方哲学史》下册,第 143 页。

矛盾的揭示。在人类社会进入全球化时代,不断反思儒学存在的问题(内在矛盾),不断给儒学新的诠释,不断发掘儒学的真精神中所具有的普遍性意义和特有的理论价值,遵循我们老祖宗的古训"日日新,又日新",自觉地适时发展和更新其自身,才是儒学得以复兴的生命线。

四 儒学与"和谐社会"建设

在21世纪初,我国提出建设"和谐社会"的要求,这对人类发展的前景十分重要,它会对人类社会健康合理生存产生深远影响。我们知道,"和谐"是儒学的核心概念,在我国传统儒学中包含着"和谐社会"的理想以及可以为建设"和谐社会"提供大量有意义的思想资源。《礼记·礼运》中的"大同"思想可以说已为中华民族勾画出一幅"和谐社会"理想的蓝图。《论语》中的"礼之用,和为贵",将会对调节人们社会生活之间的关系有着重要的意义;"和而不同",又可以为不同民族之间的"和平共处"提供某种理据。《中庸》中的"中和"思想,要求在各种关系之间掌握适合的度,以达到万事万物之"和谐"的根本。特别是《周易》中的"太和"[①]观念经过历代儒学思想家的阐发,已具有"普遍和谐"的意义。"普遍和谐"包含着"人与自然""人与人"("人与社会""国家与国家""民族与民族")"人的自我身心内外"等诸多方面"和谐"的意义,所以王夫之说"太和"是"和之至",意即"太和"是最完美的"和谐"。所有这些包含在儒家经典中的"和谐"思想,为中国哲学提供了一种对人类社会极有价值的世界观和思维方式。

复兴儒学要有"问题意识"。当前我国社会遇到了什么问题,全

[①]《周易·乾卦·彖辞》:"乾道变化,各正性命,保合太和,乃利贞。"

世界又遇到了什么问题，都是复兴儒学必须考虑的问题。对"问题"有自觉性的思考，对"问题"有提出解决的思路，由此而形成的理论才是有真价值的理论。当前，我国以及全世界究竟遇到些什么重大问题？近一二百年来，由于对自然界的无量开发、残酷掠夺，造成生态环境的严重破坏。由于人们片面物质利益的追求和权力欲望的无限膨胀，造成了人与人之间以及国家与国家之间的矛盾与冲突，以至残酷的战争。由于过分注重金钱和感官享受，致使身心失调、人格分裂，造成自我身心的扭曲，吸毒、自杀、杀人已成为一种社会病。因此，当前人类社会需要解决，甚至今后还要长期不断解决的"人与自然""人与人"（"人与社会""国家与国家""民族与民族"）"人自我身心"之间的种种矛盾问题，无疑是人类要面对的最大课题。其中"人"的问题是关键。

针对上面提出的三个方面的问题，我认为，儒学可以为当今人类社会提供若干有益的思想资源。

（一）儒家的"天人合一"（合天人）的观念将会为解决"人与自然"之间的矛盾提供某些有意义的思想资源。1992年世界1575名科学家发表的《世界科学家对人类的警告》说："人类和自然正走上一条相互抵触的道路。"造成这种情况不能说与西方哲学曾长期存在"天人二分"的思维模式没有关系。罗素在《西方哲学史》中说："笛卡尔的哲学……完成了，或者说近乎完成了由柏拉图开端而主要因为宗教上的理由经基督教哲学发展起来的精神、物质二元论……笛卡尔体系提出来精神界和物质界两个平行而彼此独立的世界，研究其中之一能够不牵涉另一个。"①这就是说，在西方哲学中长期把"天"和"人"看成是相互独立的，研究"天"可以不牵涉"人"；研究"人"也可以

---

① ［英］罗素著，马元德译：《西方哲学史》下册，第91页。

不牵涉"天",这可以说是一种"天人二分"的思维模式。(但进入20世纪,西方哲学有了很大变化,已有西方哲学家打破"天人二分"的定式,如怀德海。①)而中国"天人合一"是说在"天"和"人"之间存在着相即不离的内在关系,研究其中一个必然要牵涉另外一个。《周易》是我国一部最古老而又重要的大书,它是中国哲学的源头。《郭店楚简·语丛一》:"易,所以会天道、人道也。"《周易》是一部会通天道、人道所以然的道理的书,也就是说它是一部讲"天人合一"的书。对如何了解"天人合一"思想,朱熹有段话很重要,他说:"天即人,人即天。人之始生,得之于天。既生此人,则天又在人矣。"②

"天"离不开"人","人"也离不开"天"。人初产生时,虽然得之于天,但是一旦有了人,"天"的道理就要由"人"来彰显,即"人"对"天"就有了责任。"天人合一"作为一种世界观和思维模式,它要求人们不能把"人"看成是和"天"对立的,这是由于"人"是"天"的一部分,破坏"天"就是对"人"自身的破坏,"人"就要受到惩罚。因此,"天人合一"学说认为,"知天"(认识自然,以便合理地利用自然)和"畏天"(对"自然"应有所敬畏,要把保护自然作为一种神圣的责任)是统一的。③"知天"而不"畏天",就会把"天"看成一死物,不了解"天"

---

① 《怀德海的〈过程哲学〉》(刊于 2002 年 8 月 15 日上海《社会科学报》)中说:"(怀德海)的过程哲学(process philosophy)把环境、资源、人类视为自然中构成密切相连的生命共同体,认为应该把环境理解为不以人为中心的生命共同体。这种新型生态伦理观,对于解决当前的生态环境危机具有重要的现实意义。过程哲学是生态女性主义的思想之根,因为生态女性主义的哲学基础是彻底的非二元论,是对现代二元思维方式的批判,而怀德海有机整体观念,正好为它提供了进行这种批判的理论根据。"可见,现代一些西方哲学家已经对"天人二分"的二元对立的思维模式做出反思,并且提出了"自然"与"人"构成"密切相连的生命共同体"。
② 《朱子语类》,中华书局 1986 年版,第 387 页。
③ 康德的墓志铭上写着:"有两样东西,我们愈经常愈持久地加以思索,它们愈使心灵充满不断增长的景仰和敬畏:在我们上之的星空和我心中的道德法则。"是不是说,康德也认为应对"天"有所敬畏呢? 这和孔子的"畏天命"是不是有相通之处呢?

乃是有机的生生不息的刚健大流行,所以《周易·乾·象》中说:"天行健,君子以自强不息。"这即是说"天"与"人"为持续发展着的"生命共同体"。"畏天"而不"知天",就会把"天"看成外在于"人"的神秘力量,而使人不能真正得到"天"(自然)的恩惠。所以"天人合一"思想要求"人"应担当起合理利用自然,又负责任地保护自然的使命。"天人合一"这种思维模式和理念应该说可以为解决当前"生态危机"提供某些有意义的思想资源。

(二)"人我合一"(同人我)的观念将会为解决"人与人(社会)"之间的矛盾提供某些有意义的思想资源。"人我合一"是说在"自我"和"他人"之间存在着一种相即不离的内在关系。为什么"自我"和"他人"之间存在着相即不离的内在关系?《郭店楚简·性自命出》中说:"道始于情"。人世间的道理(人道)是由情感开始的,这正是孔子"仁学"的出发点。孔子的弟子樊迟问"仁",孔子回答说"爱人"。这种爱人的品质由何而来呢?《中庸》引孔子的话说:"仁者,人也,亲亲为大。""仁爱"的品德是人本身所具有的,爱自己的亲人是最根本的。但孔子的儒家认为"仁爱"不能停留在只是爱自己的亲人,而应该由"亲亲"扩大到"仁民"以及"爱物"。孟子说:"亲亲而仁民,仁民而爱物。"①所以《郭店楚简》中说:"孝之施,爱天下之民","亲而笃之,爱也;爱父,其继爱人,仁也"。如果把爱自己的亲人扩大到爱他人,那么社会不就可以和谐了?如果一个国家、一个民族把爱自己国家、自己民族的"爱"扩大到对别的国家、别的民族的爱,那么世界不就可以

---

① 《孟子·尽心上》。《中庸》中说:"唯天下至诚,为能尽其性;能尽其性,则能尽人之性;能尽人之性,则能尽物之性;能尽物之性,则可以赞天地之化育;可以赞天地之化育,则可以与天地参矣。"此可以为孟子之"亲亲而仁民,仁民而爱物"之开展。因此,孔孟之"仁爱"学说,不仅可以为解决"人与人"之间关系,也可以为解决"人与自然"之间关系提供有意义的思想资源。

和平了吗？把"亲亲"扩大到"仁民"，就是要行"仁政"。在《论语》中虽然没有出现"仁政"两字，但其中却处处体现着"仁政"思想，如"博施于民而能济众""举贤才""泛爱众""导之以德，齐之以礼"等都是讲的"仁政"。孔子的继承者孟子讲"仁政"，意义也很广泛，我认为最重要的是他说："民之为道也，有恒产者有恒心，无恒产者无恒心。"意思是说，对老百姓的道理，要使老百姓都有一定的固定产业，他们才能有一定的道德观念和行为准则。没有一定的固定产业，怎么能让他有相应的道德观念和行为准则呢！所以孟子说："夫仁政，必自经界始。""仁政"，首先要使老百姓有自己可以耕种的土地。我想，我们今天要建设"和谐社会"，首要之事就是要使我们的老百姓都有自己的固定的产业，过上安康幸福的生活。就全人类说，就是要使各国、各民族都能自主地拥有其应有的资源和财富，强国不能掠夺别国的资源和财富以推行强权政治。所以"人"与"人"，"国家"与"国家"之间的协调和相互爱护的"人我合一"思想对建设"和谐社会""和谐世界"应是有意义的。

（三）"身心合一"（一内外）将会为调节自我身心内外的矛盾提供某些有意义的思想资源。"身心合一"是说肉体生命与精神生命之间存在着一种相即不离的和谐关系。儒家认为达到"身心合一"要靠"修身"。《郭店楚简·性自命出》中说："闻道反己，修身者也。"意思是说，知道了做人的道理，就应该反求诸己，这就是"修身"。所以《大学》认为，"修身""齐家""治国""平天下"，"自天子以至于庶人，壹是皆以修身为本，其本乱而末治者否矣"。《中庸》里面也说："为政在人，取人以身，修身以道，修道以仁。"社会靠人来治理，让什么人来治理要看他自身的道德修养，修养是以符合不符合"道"为标准，做到使社会和谐就要有"仁爱"之心。这里，把个人的道德修养（修身）与"仁"联系起来，正说明儒家思想的一贯性。《郭店楚简·性自命出》

中说:"修身近至仁"。修身是为达到实现"仁"的境界的必有过程。因此,儒家讲"修身"不是没有目标的,而是为了"齐家""治国""平天下",即希望建设"和谐社会"。《礼记·礼运》中所记载的"天下为公"的"大同"社会就是儒家理想中和谐社会的蓝图。如果一个社会有了良好的制度,再加之以有道德修养的人来管理这个社会,社会上的人都能"以修身为本",那么这个社会也许就可以成为一个"和谐的社会",世界就可以成为一个"和谐的世界"吧!

冯友兰先生把"人生"分成四种"境界":自然境界,功利境界,道德境界,天地境界。所谓"自然境界",是说人和动物一样,只是为活着,对于人生的目的没有什么了解(觉解)。所谓"功利境界",是说一切为了"利益",为他自己的利益(私利)。所谓"道德境界",是说他的行为是为了"行义",也就是为了"公利",也可以说他的行为是为了"奉献"。"天地境界"的人,他的行为也可以说是"奉献",但他不仅是"奉献"于社会,而且"奉献"于宇宙。如果人能达到"道德境界""天地境界",那么他不仅与"他人"(社会)和谐了,与宇宙和谐了,而且"自我身心内外"也和谐了。孔子有一段话,也许可以作为"修身"的座右铭,他说:"德之不修,学之不讲,闻义不能徙,不善不能改,是吾忧也。"意思是说,不修养道德,不讲求学问,听到合乎正义的话不能去身体力行(实践),犯了错误而不能改正,是孔子最大的忧虑。孔子的这段话告诉我们的是做人的道理,"修德"并不容易,那就必须有崇高的理想,有为人类长远利益考虑的胸怀;"讲学"同样不容易,它要求人们天天提高自己的知识和能力,这样才可以负起增进社会福祉的责任;"徙义"是说人生在世,听到合乎道义的话应努力跟着做,应日日向着善的方向努力,把"公义"实现于社会生活之中;"改过",人总是会犯这样那样的错误,问题是要勇于改正,这样才可以成为合格的人。"修德""讲学","徙义""改过",是做人的道理,是使人自我身心内外和谐的路径。这就要求"修身",以求得一"安身立命"处。①

在儒家看,解决上述的种种矛盾其中"人"是关键。因为,只有人才可以"为天地立心,为生民立命,为往圣继绝学,为万世开太平"。是不是我们可以说,当今人类社会遇到的问题,儒学可以为其提供某些有意义的思想资源?善于利用儒学的思想资源来解决当今人类社会存在的种种问题,是不是可以说为儒学的复兴提供了机会?当然,我们必须注意到,孔子的儒家思想并不十全十美,它并不能全盘解决当今人类社会存在的诸多复杂问题,它只能给我们提供思考的路子和有价值的理念(如世界观、人生观、价值观等理念),启发我们用儒学的思维方式和人生智慧,在给这些思想资源以适应现代社会和人类社会发展前途新诠释的基础上,为建设和谐的人类社会作出它可能作出的贡献。

司马迁说的"居今之世,志古之道,所以自镜也,未必尽同"是很有道理的名言。我们生活在今天,要了解自古以来治乱兴衰的道理,把它做一面镜子,但是古今不一定都相同,需要以我们的智慧在传承前人有价值的思想中不断创新。因此,我们今天的任务是对自古以来的有价值的思想(包括儒家思想)进行现代诠释,创造适应现代社会需要的新学说、新理论。

选自《汤一介集》第五卷。原为九卷本《中国儒学史》总序的第一节的上半部分,北京大学出版社 2010 年版。

---

① 朱熹《四书或问》中说:"但能致中和于一身,则天下虽乱,而吾身之天地万物,不害而安泰,其不能者,天下虽治,而吾身之天地万物,不害而乖错。其间一国一家,莫不皆然,此又不可不知耳。"盖人生在世,必有一"安身立命"之原则和境界。

儒学与建构性后现代主义

一 当前我们处在一个什么样的时代?

我们知道,西方资本主义自18世纪启蒙运动到现在已有近三百年的历史,这三百年的历史也是西方取得辉煌的现代化的历史。但到现在,现代化社会的矛盾日益显露,出现了许多深层的难以克服的问题。康德(1724—1804)提出的"要敢于用理性"曾作为启蒙运动的口号,但是理性现在发生了问题。本来理性包含着两个相互联系的方面:工具理性和价值理性,它们对人类社会的发展有着极大的推动作用,然而现在的情况是科学万能的工具理性一枝独秀,而具有人文精神的价值理性被边缘化了。这样使一切都变成了工具,不仅人对人是一种工具,而且人把自然界也变成了可以任意宰割的工具。这说明,启蒙运动提出的理性已被西方国家的某些主政者变成非理性的功利化工具。自由经济(自由的市场经济)曾使工业化以来人类社会的财富极大增长,人们在物质生活上受益巨大。但不可讳言,自由经济发展到现在却使贫富两极分化日益严重。如果自由经济不受到一定程度的有效监督和控制,将会像贪婪的猛兽一样不受约束的发展,定会引起经济危机和社会混乱。美国耶鲁大学教授保罗·肯尼迪说:"自由主义使人们免于市场经济之前时代的束缚,也使人们承受着金融和社会灾难的危机。"[1]启蒙运动的另一口号"个性解放",

---

[1] 保罗·肯尼迪:《资本主义形成会有所改变》,见于《参考消息》,2009年3月16日。

这本来是针对宗教的迷信和世俗的蒙昧,使人认识到自我的力量,以便使自由的创造力得到充分发挥,但是个性解放发展到今天也异化成对他人宰制的工具,特别是帝国主义依仗他们的霸权,强行把他们的价值观加给其他国家和民族,推动普遍主义。① 资本主义现代社会的畸形发展,导致人们追求的不再是"理性",而是权力欲望的放纵和对金钱的崇拜。因而使各个人群都生活在矛盾与痛苦之中,各阶层、各人群希望得到幸福生活的到来似乎遥遥无期,大家都不快活。这不是哪个人的问题,而是人类社会一次重大转型时期的不可避免的阵痛。

二 20世纪90年代两种思潮在中国的兴起

20世纪90年代在中国思想文化界出现了两股反对一元化的思潮。一股是来自西方消解现代性的后现代主义。后现代主义在20世纪80年代初已经进入中国,但在那时没有什么影响,而到90年代突然被中国学术界关注了。另一股是追求复兴中国传统文化的国学热思潮。其实,在80年代中国学术思想界已经提出应重视中国的传统文化,但并未形成热潮,90年代国学在燕园悄然兴起而渐渐形成热潮。这两股思潮的兴起,说明什么问题?

为了挽救人类社会,消除现代化带来的负面影响,因而20世纪60年代在西方有以消解现代化发生弊病的后现代主义思潮的出现。

---

① "普遍主义"(universalism)是某些西方学者和政客认为,只有西方帝国鼓吹的价值观才具有"普遍价值"的意义,其他民族的思想文化中对当今人类社会没有"普遍价值"的意义,只有作为博物馆陈列品的价值。因此,我们必须对"普遍主义"与"普遍价值"问题区分开来。关于这个问题可以参见汤一介:《中国儒学史·总序》,北京大学出版社2011年版。

初期的后代主义是解构性的后现代主义,它是针对现代社会发展过程中所产生的缺陷提出的,他们所做的是对现代性的解构,反对一元代,主张多元化,要求粉碎一切权威,使现代性的权威性和宰制性的黯然失色,但是解构性的后现代主义却并未提出新的建设性主张,也没有策划一个新时代。

在 20 世纪末,将进入 21 世纪之初,以过程哲学(process philosophy)为基础的建构性的后现代主义提出将第一次启蒙(即 18 世纪的启蒙运动)的积极因素与后现代主义整合起来,召唤第二次启蒙。例如,怀德海的过程哲学认为,不应把"人"看成一切的中心,而应把"人和自然视为密切联系的生命共同体"。[①] 建构性的后现代主义的创始人小约翰·柯布说:"建构性的后现代主义对解构性的后现代主义的立场持批判态度……我们明确地把生态主义引入后现代主义中,后现代是人与人,人与自然和谐共处的时代。这个时代将保留现代性中某些积极性的东西,超越其二元论、人类中心主义、男权主义,以建构一个所有生命共同福祉(For the common good)都得到重视和关心的后现代世界。"[②]他们还提出,如果说第一次启蒙的口号是"解放自我",那么第二次启蒙的口号是"关心他者""尊重差异"(指进入后现代社会)。他们认为,当用自身的自由专权削弱共同体的时候,其结果一定会削弱其自身的自由。因此,必须拒绝抽象自由观,走向有责任的深度自由,要把责任和义务观念引入自由中,揭示出自由与义务的内在联系。目前建构性的后现代主义在西方仅仅是一股

[①]《怀德海的〈过程哲学〉》中说:"(怀德海)的过程哲学(process philosophy)把环境、资源、人类视为密切相连的生命共同体。"见上海《社会科学报》2002 年 8 月 15 日。甚至早期斯多葛学派也有"人是自然的一部分"的论述。

[②]《为了共同的福祉——小约翰·柯布访谈》(王晓华访问记),上海《社会科学报》,2002 年 6 月 13 日。

涓涓细流，影响很小，但却被为中国的一批祈望民族复兴的学者所关注。

在20世纪90年代，即将进入21世纪之际，由于中华民族正处在伟大的民族复兴的过程之中，民族的复兴必须由民族文化的复兴来支撑，因此，国学热的出现是必然的。我认为正是中国的传统文化（国学）经过了一百多年西方文化的冲击，使我国学术界得到一个对自身传统文化自我反省的机会。我们逐渐知道，在我们的传统文化中应该发扬什么和应该抛弃什么以及应该吸收什么。因此，在一百多年中，我们中国学术界一直在努力吸收和消化西学，这为国学从传统走向现代奠定了基础。新的国学必须是能为中华民族在当代得以复兴、能为当今人类社会和平与发展的前景提供有意义的精神力量的国学。它将是使我国全面实现现代化，而又可以避免陷入当前西方社会的困境的"国学"。也就是说，新的国学应该是"反本开新"的国学。"反本"才能"开新"，"反本"更重要是为了"开新"。"反本"要求我们对国学的真精神有深刻的领悟，坚持自身文化的主体性。"开新"要求我们全面系统地了解当前中国社会和人类社会所面临的亟待解决的新问题。"反本"和"开新"是不可分割的，只有深入发掘国学的真精神，我们才可能适时地开拓国学发展的新局面；只有敢于面对当前人类社会存在的新问题，我们才能使国学的真精神得以发扬和更新，使国学在21世纪的"反本开新"中重新燃起火焰，以贡献于人类社会。

这两股新的思潮在中国的兴起，它们的发展前景如何，对中国社会和人类社会能否起决定性的积极作用？为此，我们必须全面考察这两股思潮能否有结合的可能性。

三 中国传统文化在中华民族伟大复兴的历史新时期，它面对全球化的态势下很可能对人类社会作出划时代的新贡献

中华民族正处在伟大民族复兴的过程之中，民族的复兴必须由民族文化传统的复兴来支撑。但是在全球化的时代，中华民族的传统文化复兴不仅要面对自身社会的问题，而且要面对当前世界存在的问题，这样就要求我们在发展中华民族传统文化的同时，必须注意到它既是民族的，又是世界的。因此，我们不仅要关注中国社会文化自身文化发展的现实，同时我们必须关注当前西方社会文化发展的苗头。在这里我们提出一种可供讨论的可能的趋势，即中国传统的国学与西方刚刚萌芽的建构性的后现代主义思潮的结合，是否能对当今中国和世界的健康、合理发展有所贡献。

(一) "人与自然是一生命共同体"与"天人合一"理论

建构性后现代主义的代表人物柯布说："今天我们认识到人是自然界的一部分，我们生活在生态共同体中"，这个思想是从哪里来的呢？虽然直接来自怀德海，但它无疑是和中国的"天人合一"理念有着密切的关系。"天人合一"是中国传统思想的核心价值理念之一。它和在西方长期流行的"天人二分"理论是两种不同的思维模式。1992年世界1575名科学家发表了一份《世界科学家对人类的警告》，在开头有这样一句话："人类和自然正走上一条相互抵触的道路。"自然界为什么惨遭破坏，这不能不说它与在西方长期有着影响的"天人二分"的思维模式有着密切

的关系。① 与西方这种思维定式不同的"天人合一"思维方式可以说正是为解决自然界惨遭破坏提供了可行的思路。我们可以看到,早在2500多年前的孔子提出既要"知天",又要"畏天"的思想。"知天"是要求人们认识自然界,以便使人们可以自觉地利用自然界为人类社会谋福祉;"畏天"是要求人们对自然界有所敬畏,认识"天"的神圣性,要自觉地尽到保护自然的责任。朱熹对"天人合一"思想的解释说:"天即人,人即天。人之始生得之于天,即生此人,则天又在人矣。"意思是说,在"天"把"人"产生之后,"天"和"人"就存在着一种相即不离的内在关系,因而"天"的道理就要由"人"来彰显,"人"对"天"就有了不可推卸的责任。我们可以看到,在解决"人"与"天"(自然界)的关系上,中国传统哲学和建构性的后现代主义走着相同的道路。所以正如法国大儒汪德迈说:"曾经给世界完美的人权思想的西方人文主义面对近代社会以降的挑战,迄今无法给出一个正确答案。那么,为什么不思考一下儒家思想可能指引世界的道路,例如'天人合一'提出的尊重自然的思想,'远神近人'所倡导的拒绝宗教的完整主义以及'四海之内皆兄弟'的博爱精神呢?可能还应该使儒教精神在当今世界诸多问题的清晰追问中重新认识。"② 为什么汪德迈把西方的"人权"思想和中国的"天人合一""远神近人""四海之内皆兄弟"联系起来考虑?我们知道,"人权"对人类来说无疑非常重要,这是由于"人"的自由权力是不应被剥夺的,社会发展只能靠"思想自由""言论自由""信仰自由""迁徙自由"等来实现。但是如何保障"人权",往

---

① "笛卡尔的哲学……它完成了,或者说极近乎完成了自柏拉图开端而主要因为宗教上的理由经由基督教哲学发展起来的精神、物质二元论。……笛卡尔体系提出来精神界和物质界两个平行而彼此独立的世界,研究其中之一能够不牵涉另外一个。"[英]罗素著,马元德译:《西方哲学史》下册,第91页。
② 汪德迈:《〈儒藏〉的世界意义》,《光明日报》,2009年8月31日。

往受到外在的力量干扰,甚至剥夺,无论中外都有这种情况。西方某些思想家或政客把"人"的权力无限扩大,以至于把"人"的权力扩大至可以去无序地破坏自然界。因此,汪德迈认为"人"对自然界的权力应该受到限制,这样就应该从中国的"天人合一"思想中取得有意义的思想资源。在西方由于基督宗教认为上帝已经把世界完整地创造了,似乎"人"再无能为力了。汪德迈则认为虽然上帝把世界完整地创造好了,剩下的事就是"人"的问题,要"人"来做主了。正如法国文学家安德烈·纪德所说:"神出主意,人做主意。"在中国儒家所说的"四海之内皆兄弟"是和中国传统思想的"天下观"相联系的,它认为,人类最高的理想是"天下大同"(协和万邦),《大学》说:修身、齐家、治国、平天下,因此任何民族和国家要考虑的不仅是自己的国家(治国),而且最终要考虑"天下太平"(即全人类的共同利益),这应是"人权"中的应有之义。这就是说,西方的"人权"思想应可以在其他民族思想文化传统(如中国的文化传统)中找到某些补充和丰富其原有价值的思想因素,以便人类社会走向更加合理之路。

(二) 建构性后现代主义的"第二次启蒙"与儒家的"仁学"理论

建构性的后现代主义提出,如果说第一次"启蒙"的口号是"解放个人",那么第二次"启蒙"的口号则是"关心他者""尊重差异"。[①] "关心他者"的思想如果用中国儒家思想来表述,那就是"仁者爱人"。"仁爱"是孔子儒家学说的核心价值。儒家提倡的"仁爱"虽是从"亲亲"(爱自己的亲人)出发,如孔子所说:"仁者,人也,亲亲为大。"仁爱之心是人本身所具有的,爱自己的亲人是"仁爱"精神的出发点和基础。但是孔子认为,"仁爱"不能只停留在爱自己的亲人上面,要推己

---

① 参见王治河:《后现代化呼唤第二次启蒙》,《世界文化论坛》,2007年2月。

及人,"老吾老以及人之老,幼吾幼以及人之幼"。孟子也说"亲亲而仁民,仁民而爱物"。从爱自己的亲人出发必须推广到对老百姓的"仁爱",由爱护他人才会对一切事物都有爱心。这样的思想又可以和建构性的后现代主义"关心他者"接轨。建构性的后现代主义认为,他们的哲学是在"保留现代性某些积极的东西"(主要是西方思想家依据理性提出的极有价值的"自由""民主""人权"等理想性思想)的基础上"以建构一个所有生命共同体福祉都得到重视和关心的后现代世界",①这正是对"关心他者"的更为全面的表述。因为,人类社会的发展,其文化是要不断积累,总是在传承中创新。因此,后现代社会必须是在保留"现代性"社会的"自由""民主""人权"等中的积极因素,这样"建构一个所有生命共同体福祉都得到重视和关心的后现代世界"的意义才得以充分显现。建构性的后现代主义提出的"尊重差异",它正是儒家思想所主张的"道并行而不相悖"的另一种表述。不同的思想文化传统往往是各有其特点而不相同,但这种不同可以说对人类社会都有一定的意义,并不是要相互排斥的。② 例如肯定西方近代提出的"民主"思想在特定的社会条件下的积极意义,并不要否定中国思想文化传统中的"民本"思想在特定的社会条件下也具有某种积极意义,更不应否定中国传统文化中的"己所不欲,勿施于人"对人类社会的"普遍价值"。只有承认在不同思想文化传统中都有其对人类社会有积极贡献的部分,这样在不同国家和民族之间才可以"共存""共荣"。吸收和消化不同文化传统中的优长,以达到"会通"是人类文化发展的必由之路,正如罗素所说:不同文明之间的交流,

---

① 《为了共同的福祉——小约翰·柯布访谈》(王晓华访问记),上海《社会科学报》,2002年6月13日。
② 张载《正蒙·太和》中说:"有象斯有对,对必反其为;有反斯有仇,仇必和而解。"

过去已经多次证明是人类文明发展的里程碑。① 我们应该看到,同为人类就有着共同要解决的问题,如何解决人类所面对的共同问题,道路可能不同,方法可能有异,但往往目标是殊途同归的。所以"尊重他者"和"道并行而不相悖"有同等的价值。

(三) 如何定义"人"与中国传统文化中"礼"的"人权"观

"人权"观念对现代社会说是非常重要的,但如何使"人权"观念真正对建设健康、合理的社会起积极作用是应该在不同的思想文化传统中进行深入讨论的。美国著名哲学家郝大维、安乐哲写了一本书叫作《通过孔子而思》,这本书中有以下一段话:"我们要做的不只是研究中国传统,更要设法使之成为丰富和改造我们自己的一种文化资源。儒家从社会角度来定义'人',这是否可用来修正和加强西方的自由主义模式? 在一个以'礼'建构的社会中,我们能否发现可以利用的资源,以帮助我们可以更好地理解我们的根基不足却富有价值的人权观念?"② 这段话大体上说,讨论了以下三个问题:第一,西方不应仅仅研究中国思想文化,而且应用中国思想文化来"丰富和改造"西方的思想文化;第二,要理解中国传统文化是"从社会角度来定义'人'"的意义;第三,在中国的"礼"文化中包含着极富有价值的"人权"观念的可资利用的因素。我认为,安乐哲提出的三个问题正是为了对治"西方哲学的根基不足"而发的。正是近现代社会特别重视人的自由权利(第一次启蒙后的历史),才使得人类社会有了长足的发展。这是因为"人"的"自由权利"是一种巨大的创造力。但是,个人的"自由权利"和某一国家和民族"自由权利"的滥用,在一定情

---

① [英] 罗素:《中西文化之比较》,此文收入罗素著,胡品清译:《一个自由人的崇拜》,时代文艺出版社1988年版,译文稍有改动。
② [美] 郝大维、[美] 安乐哲著,何金俐译:《通过孔子而思》,北京大学出版社2005年版。

况下对其他人的"自由权利"或者其他国家和民族的"自由权利"将构成威胁和遏制,甚至侵犯。中国传统文化中的"从社会的角度定义'人'",意思是说"不是从孤立的'个人'的角度来定义'人'",因为"人"一出生就是在各种关系中生活和成长,这颇有点像马克思在《关于费尔巴哈的提纲》中说的:"人的本质不是单个人所固有的抽象物,实际上,它是一切关系的总和。"①那么,如何处理这种种复杂的"人的社会关系"呢? 在中国古代社会特别注意用"礼"来处理"人"在社会中的种种关系。"礼"虽然是观念形态的东西,但它带有对"人"的行为有着约束性的意义。在《论语·学而》中说:"礼之用,和为贵。""礼"的作用最重要之点就在于促使社会和谐,这就是说中国传统文化中的"礼"是一种带有对社会规范性的力量。在《礼记·坊记》中说:"君子礼以坊德,刑以坊淫",君子制"礼"是为了防止败坏社会的道德规范,制刑(刑法)是为了防止犯祸乱社会秩序。汉贾谊《陈政事疏》中说:"夫礼者禁于将然之前,而法者禁于已然之后,是故法之所用易见,而礼之所生难知也。"可见,在中国传统中,对"礼"是特别重视的。这是因为中国儒家认为,在人与人之间应有一种相互对应的关系,如《礼记·礼运》中说:"何谓人义? 父慈子孝,兄良弟弟,夫义妇听,长惠幼顺,君仁臣忠,十者谓之人义。"这是说,什么是人与人之间的道义关系,儒家学说认为在人与人之间应有一个权利和义务(责任)相对应的关系,不应只有单方面的权利而不需对所应承担的相对应的义务负责任。中国的"礼"正是为协调社会关系的权利和义务所设。因此,我认为中国前现代社会是不是可以称为"礼法合治"的社会,这当然是一种儒家的理想。从这里,我们可以设想,在确立"人权

---

① 《马克思恩格斯全集》第三卷,第5页。

公约"的同时是否应有一"责任公约",以便使得"权利"和"责任"之间得到平衡。这也就是安乐哲他们所说"礼"对西方颇有价值的"人权"观念可以起着"丰富和改造"的作用。从这里,甚至可以看到"责任公约"或许会对"人权公约"起着保护和提升的作用。小约翰·柯布说:"中国传统思想对建构性的后现代主义非常有吸引力,但我们不能简单地回到它。它需要通过认真对待科学和已经发生的变革的社会来更新自己。前现代传统要对后现代有所裨益,就必须吸收启蒙运动的积极方面,比如对个体权利的关注和尊重。"①柯布的这段话对我们研究中国思想文化应说是颇有意义。作为前现代的中国传统文化是需要认真吸收启蒙运动以来现代社会的一切积极成果,如自由、民主、人权等"对个体权利的关注和尊重"的思想,我们决不能企图排斥"自由""民主""人权"等"极富有价值"的思想,而且必须认真实现"第一次启蒙"有积极意义的理念,这样前现代的中国传统文化才能和建构性的后现代主义结成联盟推进现代社会向后现代社会的转型。

我们已经注意到,中国一些学者和西方建构性后现代主义的学者之间不仅有了广泛的接触,而且开始了良好的合作。建构性的后现代主义的代表人物已经注意到中国传统文化对建构性后现代主义颇有吸引力,并已从中吸取营养;同样中国的一些学者也已经注意到建构性后现代主义对当前人类社会走出困境的现实意义,并认真地关注着该学说的发展。在中国已经产生广泛影响的"国学热"和建构性的后现代主义这两股思潮的有机结合如果能在中国社会中深入开展,并得到新的发展,也许中国可以比较顺利地完成"第一次启蒙"的任务,实现现代化,而且会较快地进入以"第二次启蒙"为标帜的后现

---

① 《为了共同的福祉——小约翰·柯布访谈》(王晓华访问记),上海《社会科学报》,2002年6月13日。

代社会。如果真能如此，当前中华民族文化的复兴所取得的成果，在人类社会发展史上将是意义重大的。

本文只是一种对当前中西文化交流与会通的可能有的一种趋势的探讨，这一可能的趋势是否能真正出现，无疑要看中国的"国学"如何适应现代社会健康的发展以及建构性的后现代主义能否在西方从涓涓细流变成滚滚大江大河，而得到广大人群的赞同，这样理想才可以成为现实。在这里我必须说明，本文只是一种理论上的尝试，请大家批评指正。

2011 年 12 月 23 日

选自景海峰编《燃薪集——深圳大学国学研究所 30 周年纪念文集》，北京大学出版社 2014 年。

中国的儒道文化可以让文明不再冲突

化解冲突,需要我们从各个不同民族的文化中找出文明共存的资源。中国文化中的儒道两家可以为化解"文明的冲突"、实现"文明的共存"提供有意义的资源。中国文化要对当今人类社会的"文明的共存"作贡献,必须对自身文化有所了解,即对自身文化有一个"自觉"。

所谓"文化自觉",是指一定文化传统的人群对其自身的文化来历、形成过程以及特点、发展趋势等做出认真的思考和反省。应该说,中华民族正处在民族复兴的前夕,我们必须对中国文化有个自觉的认识,必须给中国传统文化一个恰当的定位,认真发掘我们古老文化的真精神所在,以便把我们的优秀文化贡献给人类社会;认真反省我们自身文化的缺陷,以便我们更好地吸取其他国家和民族的文化精华,并在适应现代社会发展的总趋势下给中国文化以现代的诠释。这样,我们国家才能真正走在世界文化发展的前列,与其他各种文化一起共同创造美好新世界。

中国传统文化主要是儒道两家,而且是儒道互补。当然,印度佛教传入后对中国社会和文化也产生重要影响。现在我想讨论一下儒道思想理论能否对"文明的共存"提供有意义的资源。

一 儒家的"仁学"为"文明的共存"提供了有积极意义的资源

《郭店竹简·性自命出》中说:"道始于情。"这里的"道"说的是

"人道"，即人与人的关系的原则，或者说社会关系的原则，它和"天道"不同，"天道"是指自然界的运行规律或宇宙的运行法则。人与人的关系是从感情开始建立的，这正是孔子"仁学"的基本出发点。"仁爱"的精神是人自身所具有的，而爱自己的亲人为最根本。但是"仁"的精神不只于此，爱自己的亲人，这只是爱，而对父母的孝顺放大到爱天下的老百姓，这才叫作"仁"。"仁学"是要由"亲亲"扩大到"仁民"，也就是说要"推己及人"。做到"推己及人"并不容易，必须把"己所不欲，勿施于人"，"己欲立而立人，己欲达而达人"的"忠恕之道"作为"为仁"的准则。如果要把"仁"推广到整个社会，这就是孔子说的："克己复礼为仁，一日克己复礼，天下归仁焉。"自古以来把"克己"和"复礼"解释为两个平行的方面，我认为这不是对"克己复礼"好的解释。所谓"克己复礼为仁"是说，只有在"克己"基础上的"复礼"才叫作"仁"。费孝通先生对此也有一个解释："克己才能复礼，复礼是取得进入社会、成为一个社会人的必要条件。扬己和克己也许正是东西方文化的差别的一个关键。"这是很有道理的。"仁"是人自身内在的品德，"礼"是规范人的行为的外在礼仪制度，调节人与人之间的关系使之和谐相处。要人们遵守礼仪制度必须是自觉的，出乎内在的"爱人"之心，才符合"仁"的要求。所以孔子认为，有了追求"仁"的自觉要求，并把这种"仁爱之心"按照一定规范实现于日常社会之中，社会就会和谐安宁了。孔子和儒家的这套思想，对于一个国家的"治国"者，对于现在世界上那些发达国家的统治集团，不能说是没有意义的。如果把孔子的"仁学"理论用于处理不同文明之间的关系，那么在不同文明之间就不会引起冲突以至于战争，从而实现"文明的共存"。

孔子的"仁学"理论虽然不能解决当今人类社会存在的"文化的

共存"的全部问题,但它作为一种建立在以"仁"为本之上的"律己"的道德要求,作为调节不同文化之间关系的一条准则,使不同文化得以和谐相处,无疑仍有一定的现实意义。

要使不同文化和谐相处并不容易,孔子提倡的"和而不同"可以提供极有意义的资源。孔子认为,以"和为贵"而行"忠恕之道"的有道德有学问的君子应该做到在不同中求得和谐相处;而不讲道德没有学问的人往往强迫别人接受他的主张而不能和谐相处。如果把"和而不同"用作处理不同文化之间关系的原则,对于解决当今不同国家与民族之间的纷争应有非常积极的意义。

现在西方国家的有识之士都认识到不同文明之间应能共存。不同民族和国家应该通过文化的交往与对话,在对话(商谈)和讨论中取得某种"共识",这是由"不同"到某种意义上的相互"认同"的过程。这种相互"认同"不是一方消灭一方,也不是一方"同化"一方,而是在两种不同文化中寻找交汇点,并在此基础上推动双方文化的发展,这正是"和"的作用。其中,德国思想家哈贝马斯提出了"正义"和"团结"的观念,我认为,把它们作为处理不同民族文化之间关系的原则是有意义的。哈贝马斯的"正义"原则可理解为,要保障每一种民族文化独立自主、按照其民族的意愿发展的权利;"团结"原则可理解为,要求对其他民族文化有同情、理解和尊重的义务。不断通过对话和交往等途径,总可以在不同民族文化间形成互动中的良性循环。不久前去世的德国哲学家伽达默尔提出,应把"理解"扩展到"广义对话"层面,主体与对象(主观与客观或主与宾)才得以从不平等地位过渡到平等地位;反过来说,只有对话双方处于平等地位,对话才可能真正进行并顺利完成。可以说,伽达默尔所持的主体——对象平等意识和文化对话论,正是我们这个时代所需要的重要理念。这种理念,对我们正确深入地理解中外文化、民族关系等,具有重要启示。但是,无论是"正义"和"团结"原则,还是"广义对话论",都要以承认"和而不同"原则为前提,这样,不同文化传统的民族与国家才能获得平等的权利和义务。儒家"和而不同"的原则应成为处理不同文化之间的一条基本原则。罗素说:"不同文明之间的交流过去已经多次证明是人类文明发展的里程碑。"当今人类社会需要的正是不同文化在相互吸收和融合中发展不同的文化传统的特色,以期达到在新的基础上的"文化的共存"。

二 道家的"道论"能为防止"文明的冲突"提供有意义的资源

如果说孔子是一位"仁者",那么老子则是一位"智者"。《道德经》中,"道"是基本概念,而"自然无为"(顺应自然规律,不做违背自然规律的事)是"道"的基本特性。今日人类社会之所以存在种种纷争,无疑是由于贪婪追求权力和金钱引起的。那些强国为了私利,扩张势力,掠夺弱国的资源,实行强权政治,这正是世界混乱无序的根源。帝国霸权正是"文明冲突"的根源。老子说:古代圣人曾经说过:"我无为而民自化,我好静而民自正,我无事而民自富,我无欲而民自朴。"意思是说:掌握权力的统治者不应该对老百姓做过多的干涉(无为),不要扰乱老百姓的正常生活(好静),不要做违背老百姓意愿的事(无事),不要贪得无厌地盘剥老百姓(无欲),这样老百姓就会自己教化自己(自化),自己走上正轨(自正),自己富足起来(自富),自己生活朴素(自朴)。如果对这段话给以现代诠释,那就不仅可以使一个国家内部安宁,而且对消除不同文明之间的冲突无疑有着重要意义。为什么今日世界人类社会处在一种十分混乱不安定的状态中？这完全是由人自身造成的，特别是由那些"新帝国"的领导者造成的，他们违背了"天道"，失去了"人心"，奉行的是"损不足以奉有余"。"文明冲突"论与其背后的"新帝国"论有着密切联系。

为了社会的和平与安宁，老子强烈地反对战争。《道德经》第三十一章说："夫兵者，不祥之器，物或恶之，故有道者不处。"（打仗用兵是不吉祥的东西，大家都厌恶它，所以有道德的人不使用它。）战争总要死人，总要破坏生产，破坏社会秩序。老子又说："以道佐人主者，不以兵强天下，其事好还。师之所处，荆棘生焉，大军之后，必有凶年。"（我们应该用道德来告诫领导者，不要用兵力逞强于天下。用兵这件事一定会得到报应。军队每到一个地方，就会破坏一切，使荆棘丛生。大战之后，一定会是荒年。）反观各国历史，无不如此。从历史上看，发动战争的人虽然一时可以得逞，但最终总要失败。世界各国应从《道德经》中吸取智慧，认识到强权政治、霸权主义从长期的世界历史发展看是没有前途的。老子思想对消解"文明的冲突"论、新"帝国论"是十分有价值的。当然，两千多年前的老子思想不可能全然解决当今人类社会的问题（包括各民族之间的矛盾、冲突等问题），但是他的智慧之光对我们应有重要启示。我们应该做的是如何发掘和发挥他的思想精华并给以现代诠释，使之有利于人们得到某些宝贵的启示。

在不同民族和国家之间，由于宗教信仰的不同、价值观念的不同、思维方式的不同可能引起冲突，甚至可能由冲突导致战争。但是，是否必然要引起冲突，能不能化解冲突，使之不因文化的不同而导致战争，这就需要我们从各个不同民族的文化中找出文明共存的资源。如上所述，中国文化中的儒道两家可以为化解"文明的冲突"，实现"文明的共存"提供有意义的资源。我相信,在各民族、各国家的文化中同样有可以化解"文明的冲突"并实现"文明的共存"的有价值的资源。是用"文明冲突"论来处理各民族、国家间的问题,还是用"文明共存"论来引导人类社会走向和平共处,这是当前必须认真考虑和慎重选择的问题。反对"文明冲突"论,倡导"文明共存"论,无疑是人类社会的福祉。《尚书·尧典》说:"协和万邦。"中华民族和其他许多民族一样是伟大的民族,有很长的灿烂光辉的历史文化传统,对人类社会是极为宝贵的财富。我们对这笔财富应善加利用,使之为实现不同文化之间的协调共存、推进世界各种文化之间的交流作出应有的贡献。

2006 年 4 月 16 日

选自《汤一介集》第六卷。原刊于《中国民族报》,2006 年 4 月 18 日。

中国传统文化中的『真』『善』『美』问题

论儒家哲学中的真、善、美问题

一

我们能否用最简单而又最精确的命题把历史上的我国儒家哲学关于真、善、美的问题表述出来，如果能做到这一点，就可以说对儒家哲学有一个总体上的认识。我认为，中国儒家哲学中关于真、善、美的观念集中体现在中国古代思想家长期讨论的三个基本命题之中，即："天人合一""知行合一""情景合一"。"天人合一"是讨论"真"的问题；"知行合一"是讨论"善"的问题；"情景合一"是讨论"美"的问题。

关于"天"和"人"这两概念可以因不同的哲学家而有十分不同的含义，这里不可能详细讨论，但无论如何，"天（道）"总是就宇宙的根本或宇宙的总体方面说的，"人（道）"往往是就人们的社会生活或人本身方面说的。天人关系问题从来就是中国古代思想家所研究的最重要的问题。司马迁说他的《史记》是一部"究天人之际"的书；董仲舒答汉武帝策问时说，他讲的是"天人相与之际"的学问；扬雄说："圣人……和同天人之际，使之无间"；魏晋玄学创始者之一何晏说另一创始者王弼是"始可与言天人之际"的哲学家；中国道教茅山宗的真正创始者陶弘景说，只有顾欢（另一道教领袖）了解他"心理所得"是"天人之际"的问题；唐朝刘禹锡对柳宗元的批评，说柳宗元的《天论》"非所以尽天人之际"；宋朝思想家邵雍说得更明白："学不际天人，不足以谓之学"。在中国传统哲学中对"天人关系"有各种说法，如荀子提出的"明天人之分"，庄子的"蔽于天而不知人"，郭象的"天者，万物之总名"，刘禹锡有"天人交相胜"之说等。而且"天人关系"问题在魏晋时期又常通过"自然"与"名教"的关系表现出来。但儒家的主流却大都把论证"天人合一"或以说明"天人合一"为第一要务。

孔子多言"人事"，而少言"天命"，然而孔子并非不讲"天命"。我们知道，他不仅说过"唯天为大"，而且认为"天命"与"圣人之言"是一致的，他说："君子有三畏：畏天命，畏大人，畏圣人之言。"接触到"天""人"关系问题。然而子贡说："夫子之言性与天道，不可得而闻"，可见当时已把"人性"与"天道"的问题联系起来讨论，只是子贡等没有听到孔子对这个问题的论述而已。孟子可以说开始有了"天人合一"的思想表述，如他说："尽其心者，知其性也；知其性，则知天矣"；又说："夫君子所过者化，所存者神，上下与天地同流"，这表明他把"天"和"人"看成一个统一的整体。荀子虽然讲"明天人之分"，而其根本要求则在"制天命而用之"，即从"人"的方面来统一"天"，因而他把"人"抬高到与"天""地"并列的地位："天有其时，地有其财，人有其治，夫是之谓能参"；"故善言古者，必有节于今；善言天者，必有征于人。凡论者，贵其有辨合，有符验。故坐而言之，起而可设，张而可施行"。这表明荀子认为"天"和"人"是一统一的整体。《郭店楚简·语丛一》中说："易，所以会天道、人道也。"《周易》是一部讲"天道"和"人道"会通的所以然的道理的书。这也许是现在知道的最早"天人合一"的明确表述。董仲舒宣扬"天人感应"，他说："天亦有喜怒之气，哀乐之心，与人相副。以类合之，天人一也。"董仲舒这类言"天人合一"的理论自然是唯心主义的，是一种粗俗的"天人合一"论，且带有神秘主义色彩。

魏晋玄学讨论的中心课题是"自然"与"名教"的关系问题，而实际上也是天人关系问题。而魏晋玄学的主流则是以调和"自然"与"名教"为主题,即欲"以儒道为一"。王弼主张"体用如一",故有"举本统末"之言,谓了解"天道"即可了解"人事",圣人可以"体冲和以通无",体现"天道"以至于同于"天"。郭象也讲"体用如一",以为"用外无体",他认为圣人"常游外以弘内",在现实社会中就可以实现符合"天道"的理想社会,所以"名教"不仅不和"自然"相矛盾,恰恰应在"人间世"中来实现其"逍遥游"。这虽和先秦两汉儒家对"天人合一"的表述不同,但它正是魏晋人所追求的一种特有的"天人合一"的精神世界。

宋儒所讲的身心性命之学,更是以"天人合一"为其所要论证的基本命题。周敦颐明确地说:"圣人与天地合其德""圣希天"。故王夫之说:"自汉以后,皆涉猎故迹,而不知圣学为人道之本。然濂溪周子首为《太极图说》,以究天人合一之原。"张载的《西铭》更谓"天地之塞,吾其体;天地之帅,吾其性";《东铭》则谓"儒者则因诚致明,故天人合一,致学而可以成圣,得天而未始遗人"。二程讲"体用一源",其目的亦在明"天人合一"之理,故说:"在天为命,在义为理,在人为性,主于身为心,其实一也";又说:"天人无二,不必以合言(按:意谓天人本一体);性无内外,不可以分语""圣人之心,与天为一"。朱熹也说:"天即人,人即天。人之始生,得之于天。既生此人,则天又在人矣。""人"及人类社会虽由"天"而有,但既有"人"及人类社会,"天道"将由人来体现,即"天道"通过人的行为实现于社会,而能完全实现"天道"者唯圣人。所以朱熹说:"圣人……与天为一。"程朱理学如此,陆王心学也以阐明"天人合一"之理为己任。陆九渊说:"宇宙内事是己分内事,己分内事是宇宙内事。"王阳明说:"心无体,以天地万物感应为一体""盖天地万物,与人原是一体,其发窍之最精处,是人心一点灵明。雨风露电,日月星辰,禽兽草木,山川木石,与人原只一体。故五谷禽兽之类皆可以养人,药石之类皆可以疗疾。只为同此一气,故能相通耳。"认为"天"与"人"原为一体,"人"的生存、发展不能离开"天",它们在本质上是相通的。所以他说:"大人之能以天地万物为一体,非意之也,其心之仁本若是。""圣人"之所以能与天地万物为一体,盖因其心本"仁",而与"天"心之仁相通。他在解释《大学》中的"亲民"与"明明德"时又用了"体用如一"的观点,他说:"明明德者,立其天地万物一体之体也;亲民者,达其天地万物一体之用也;故明明德必在于亲民,而亲民乃所以明其明德也。"明清之际的重要思想家黄宗羲和王夫之都从不同的方面论证了"天人合一"之理。黄宗羲从"盈天地皆心"的观点出发批评把"理"与"心"析分为二,他说:"夫自来儒者,未有不以理归之天地万物,以明觉归之一己,歧而二之,由是其不胜支离之病。阳明谓良知即天理,则天理明觉,只是一事,故为有功于圣学",故"心无本体,工夫所至,即其本体",这是按照中国传统哲学中"体用不二"来说明"天人合一"。王夫之以"天"与"人"之气化同运,来说明"天人合一"之理,他说:"父母载乾坤之德以生成,则天地运行之气,生物之心在是,而吾之形色天性,与父母无二,即与天地无二也。"因为"天人之蕴,一气而已",所以"道一也,在天则为天道,在人则为人道","天"与"人""惟其一本,故能合","惟其异,故必相须以成而有合"。"天"与"人"本一体之气化同运,所以能"合一",但"天"与"人"又并非等同,正因为有差别才能相补而成为一体之合。王夫之认为,"天道"乃一刚健之气化的流行,而人受之为"仁义之心",故谓"成之者,人也;继之者,天人之际也","天人相接续之际,命之流行于人者也",盖"天人同于一原"也。

中国传统儒家哲学中,虽在立论有所不同,但都以讨论"天人合一"为中心课题,或从"元气"论出发,把整个宇宙视为气化流行,而人即在其中谋求与天地气化流行成为和谐之整体;或以"天"("天道"或"天理")为一超时空的至健的大秩序,而"人"("人道"或"人事")则是依此超时空之至健的大秩序而行事、"体道"以求宇宙之和谐;或以"天"为"心",认为一切道理俱于一心之中,充分发挥"本心"之作用即可"与天同体"。从中国传统哲学上看,虽然各派在论述"天""人"宇宙统一性问题时的立论基础并不相同;但是,在它们之间也有若干共同点。这些共同点,或者可以说表现了我国儒家哲学思维方式的某些特殊性。这就是:第一,所谓"天人合一"的观念表现了从总体上观察事物的思想,不多做分析,而是直接的描述,我们可以称它为一种直观的"总体观念";第二,论证"天人合一"的基本观点是"体用如一",即"天道"与"人道"的统一是"即体即用",此可谓为和谐"统一观念";第三,中国传统哲学,不仅没有把"天道"看成僵化的东西,而且认为"天道"也是生动活泼的、生生不息的,"天行健,君子以自强不息",人类社会之所以应发展、人们的道德之所以应提高,是因为"人道"应适应"天道"的发展,此可谓为同步的"发展观念";第四,"天"虽是客体,"人道"要符合"天道",但"人"是天地之心(核心之心),它要为天地立心,天地如无"人"则无生意、无理性、无道德,此可谓之为道德的"人本观念"。这就是中国儒家哲学中"天人合一"思想的全部内涵。

关于"知行"问题,我国近世学者往往从认识论的角度去分析它,但在儒家哲学中,它更是一个伦理道德问题。认识问题如果不与道德修养问题相结合,就很难成为儒家哲学的一个部分而流传下来,因此认识问题往往与伦理道德是同一问题,故儒家主张在社会生活中不仅应"知"(认识),而且应"行"(实践,身体力行)。

至于"善",虽然各个不同的阶级或阶层、集团的看法不同,所立的标准各异,但在儒家哲学中重要的哲学家大都认为"知"和"行"必须是统一的,否则就根本谈不上"善"。所以,从总体上看,"知行合一"思想实贯穿于儒家哲学之始终。古代贤哲们把"知"和"行"能否统一看作是关系到做人的根本态度问题,知行统一是他们所追求的理想之一。从孔子起就把"言行一致"视为道德上划分君子与小人的一个标准,"君子耻其言而过其行"。孟子讲"良知""良能",虽以恻隐之心、羞恶之心、辞让之心、是非之心四端为人先天所固有的,但要成为道德的仁、义、礼、智,则必须把四端"扩而充之",这点必须在道德实践中方可达到,所以孟子说:"凡有四端于我者,知皆扩而充之矣,若火之始然,泉之始达。苟能充之,足以保四海;苟不充之,不足以事父母。"荀子强调"行"为"知"的目的,但同时也承认"知"对"行"的指导作用,因此他说"不闻不若闻之,闻之不若见之,见之不若知之,知之不若行之。学至于行之而止矣。行之,明也;明之为圣人。圣人也者,本仁义,当是非,齐言行,不失毫厘,无它道焉,已乎行之矣。故闻之而不见,虽博必谬;见之而不知,虽识必妄;知之而不行,虽敦必困。不闻不见,则虽当,非仁也,其道百举而百陷也"。《大学》讲三纲领八条目,也是说的知行的统一过程。至宋儒,程颐虽主张"知先行后",但在道德修养方面则认为"知而不能行,只是未真知",所以黄宗羲说"伊川先生已有知行合一之言"(《宋元学案》卷七五)。朱熹虽继承了程颐"知先行后"之说,但他特别提出"知行常相须""知与行工夫,须着并进",其理由是"论先后,知为先;论轻重,行为重",所以有人说程朱是"重知的知行合一说"。"知"虽是"行"的基础,而"论知之与行,曰方其知之,而行之未及也,则知尚浅","既亲历其域,则知之益明,非前日之意味"。朱熹之所以重"行",则是因为他把"知"与"行"问题从根本上视为道德修养问题,所以他说:"善在那里,自家却去行他,行之久则与自家为一,为一则得之在我。未能行,善自善,我自我。"

"善在那里"是"知"的问题,"自家却去行他"是"行"的问题,是一个道德实践问题,必得"知行合一",才可以体现至善之美德。中国传统哲学中常言"体道"(或"体天道""体天理"),这或有二义:其一是指"以道为体",即圣人应和"道"认同,应同于"天";其二是说实践"道体",即要求依"天道"而身体力行之。至于王阳明的"知行合一"学说自然为大家所熟悉,但看来对他这一学说也有误解之处,往往抓住他的"一念发动处便是行"这句话就断定他"以知代行""销行归知"。其实从一定意义上说,王阳明并没有把"知"和"行"完全等同起来。所谓"一念发动处便是行",正是就人们道德修养上说的,所以在这句话的后面他进而指出:"发动处有不善,就将这不善的念克倒了。须要彻根彻底,不使那一念不善潜伏在胸中。"他又说:"知之真切笃实处便是行,行之明觉精察处便是知。知行功夫,本不可离,只为后世学者分作两截用功,先却知行本体。"王阳明对知行的统一关系也有明确的说明,他说:"知是行的主意,行是知的功夫;知是行之始,行是知之成。"如果从认识论的角度,或者可以说王阳明某些话有"合行于知"的嫌疑,但从道德修养层面上看,强调"知行合一"是有一定的合理因素的。① 到明清之际,王夫之虽主张"行先知后""行可兼知",但他在讲道德修养问题时,仍主张"知行合一",他说:"盖云知行者,致知力行之谓也。唯其为致知力行,故功可得而分;功可得而分,则可立先后之序;可立先后之序,而先后又互相为成,则由知而知所行,由行而行所知之,亦可云并进而有功。"知行之所以是"并进而有功"的,就是因为知行问题归根结底仍是道德问题。在王夫之看来,"智者,知礼者也;礼者,履其知也。履其知而礼皆中节,知礼则精义入神,日进于

---

① 参见王阳明:《传习录下》。

高明而无穷"。故圣人之由明而诚,率性以成己之事;圣人之由诚而明,则修道以成物之教,"诚明合一,则其知焉者即行焉,行焉者咸知矣"。这正是儒家哲学中做人的道理之所在。

目前在中国哲学史的研究中流行着一种观点,认为宋明以来的道学家谈论知行问题,总是把这个认识论问题和道德修养问题混为一谈,并认为这是中国古代哲学家的局限性和错误所在。这虽有点道理,但似有两点可以讨论:第一,宋明以来的理学家本来就不以为知行问题只是认识问题,而认为知行问题之所以重要,正因为它关乎道德修养问题,所以从理学家本身的立论上说,不存在把认识论问题与道德修养问题混淆在一起的问题。第二,作为道德修养方面,"知行合一"的学说或知行统一的观点不能说没有一点合理之处,不能认为全无积极意义。作为道德修养上的知行从根本上说是不应割为两截的。王阳明所说的"知是行的主意,行是知的功夫;知是行之始,行是知之成"应是中国古代哲学家对这一问题的较好总结。

"情景合一"是一个美学问题,王国维在《人间词话》中写道:"词以境界为最上,有境界则自成高格,自有名句。"何谓"境界",王国维说:"境非独谓景物也。喜怒哀乐,亦为人心中之一境界。故能写真景物、真感情者,谓之有境界,否则谓无境界。"所以,"境界"一词,除"景物"外,实当亦兼指"情意"。叶嘉莹在《迦陵论词丛稿》中有段对王国维"境界说"的解释颇有见地,她说:"境界之产生,全赖吾人感受之作用;境界之存在,全赖吾人感受之所及。因此,外在世界在未经吾人感受之功能予以再现时,并不得称之为境界。从此一结论看来,可见静安先生所标举之境界说,与沧浪之兴趣说及阮亭之神韵说,原来也是有着相通之处的。"布颜图在《画学心法问答》中对"境界"的解释也如静安先生,他说:"山水不出笔墨情景,情景者,境界也。"所以王国维说:"昔人论诗词,有景语、情语之别。不知一切景语,皆情语也。"可见王国维认为一切诗词等文艺创作以"情景合一"为上品。但这一"情景合一"的美学观点,并非创始于王国维。中国文学艺术理论真正独立出来成为一门学问,成为较有系统的理论体系,大体上说应该是在魏晋南北朝时期。当时已有"情景合一"的思想,这点在钟嵘的《诗品序》中反映得较为清楚,他说:"夫四言文约意广,取效《风》《骚》,便可多得。每苦文繁而意少,故世罕习焉。五言居文辞之要,是众作之有滋味者也,故云会于流俗。岂不以指事造形,穷情写物,最为详切者邪?故诗有三义焉:一曰兴,二曰比,三曰赋。文已尽而意有余,兴也;因物喻志,比也;直书其事,寓言于物,赋也。宏斯三义,酌而用之,干之以风力,润之以丹彩,使味之者无极,闻之者动心,是诗之至也。"这种认为"至文""神品"当"穷情写物"的思想,即"情景合一"。到明朝,有前后七子多言"情景合一",如后七子之谢榛《四溟诗话》中说:"作诗本乎情景,孤不自成,两不相背",又说:"诗乃模写情景之具,情融乎内而深且长,景耀乎外而远且大。"而与谢榛不同派别的公安派袁中道似乎也以"情景合一"立论,如他在《牡丹史序》中说:"天地间之景,与慧人才士之情,历千百年来,互竭其心力之所至,以呈工角巧意,其余无蕴矣。"明清之际大戏曲家李渔亦谓:"文贵高洁,诗尚清真,况于词乎?作词之料,不过情景二字。非对眼前写景,即据心上说情,说得情出,写得景明,即是好词。"而王夫之在《姜斋诗话》中说得更明白:"情景名为二,而实不可离。神于诗者,妙合无垠。巧者则有情中景,景中情","景中生情,情中生景,故曰景者情之景,情者景之情","情景一合,自得妙语"。所谓"情景一合,自得妙语",也许正是中国传统文艺理论一个基本命题。因此,对"美"的看法也应当由此命题上去寻求。在中国传统思想中有一种倾向,"美"和

"善"往往是联系在一起的,"充实之谓美"是指得到了一种高尚享受的精神境界。孔子听《武》,说它"尽美而未尽善";而《韶》则是"尽善尽美"。"尽善尽美"的音乐才是最高的、最理想的音乐。最高、最理想的音乐如此,其他艺术当然也是一样。"尽善尽美"的艺术即要提高人的精神境界,并使之从中得到最高的美的享受;而创作艺术作品的人必须是"有境界"的,他的艺术作品必须是"情景合一"的。

从儒家哲学的总体上看,可以说"知行合一""情景合一"是从"天人合一"派生出来的。"知行合一"无非是要求人们既要知"天道""人道",又要行"天道""人道",而"人道"本于"天道",故实知且行"天道"即可。"情景合一"无非是要求人们以其思想感情再现天地造化之工,故亦是"天人合一"之表现。儒家哲学之所以在真、善、美的问题上追求这三个"合一",就在于儒家哲学的基本精神乃是教人如何"做人",为此就应有一个"做人"要求,即要有一个理想的真、善、美的境界。达到了这个"天人合一""知行合一""情景合一"的真、善、美的理想境界的人就是所谓的"圣人"。人们的理想所表现的形式和内容虽然千差万别,但总应有一种理想,追求一高尚的精神境界。在儒家思想中有一种理想主义的倾向,从孔子起就向往"天下有道"的社会,并极力想把它实现于现实社会之中,甚至并不认为它肯定能实现,但却认为人们应有这种对理想的追求,应用"知其不可而为之"的精神致力于此。所以当子贡问孔子"如有博施于民而能济众何如?可谓仁乎"的时候,孔子回答说:"何事于仁,必也圣乎!尧舜其犹病诸。"可见孔子也并没有认为尧舜时代的社会就是人类最高的理想社会。因此,对中国古代思想家来说,就有一个对理想社会如何看的问题。在中国古代的一些思想家看来,理想社会就是一种理想,它只有实现的可能性,但并不一定能把这种可能性变为现实性。尽管理想社会从来没有实现过，但要不要追求它却是一个根本性问题，是一个人生态度问题。理想社会虽不一定能在现实中实现，但对于中国古代思想家来说，却可以在他们的个人生活中实现，或者说可以在他们的心中实现。为什么张载的《西铭》那么受后来宋明理学家的重视？我以为就在于《西铭》体现了我国古代哲人追求理想社会的精神，而且在他们的心中已建立了这种精神。张载所理想的"民，吾同胞；物，吾与也"的社会是否能实现，这对他固然很重要；但更重要的是人能不能有一种追求理想社会的人生态度，所以《西铭》以"存，吾顺事；没，吾宁也"一句作为结语。人生在世必须去尽自己的责任，这个责任就是如何为实现理想的"大同世界"而奋斗，为创造一个和谐的社会而尽力。从这里看，儒学思想家的理想社会实际上带有空想的色彩，他们不可能把自己的理想建立在现实的基础上，这是时代和阶级的局限性所致。

儒家哲学中的这种理想主义的倾向又是以人本主义为前提的。在中国古代的一些哲学家看来，"人"在天地之中是最重要的，只有"人"都能"为天地立心，为生民立命，为往圣继绝学，为万世开太平"，所以孔子说："人能弘道，非道弘人。""道"（"天道"）是客观存在的，但"道"要人来发扬光大它，要人在实践中体现它。人怎样才能体现"天道"？中国古代的一些哲人认为，如果懂得了"天人合一""知行合一""情景合一"的根本道理，那么，人就有了一种"做人"的最高境界，也就可以把其美好的理想凝聚心中，而求实现于人间世。

"天人合一"的问题虽然说的是人和整个宇宙的关系，但它把"人"视为整个宇宙的中心。《中庸》中说："诚者，天之道也；诚之者，人之道也。诚者不勉而中，不思而得，从容中道，圣人也。"因此，圣人的行为不仅应符合"天道"的要求，而且应以实现"天道"的要求为己任。人生活在天地之中，不应取消极态度，而应"自强不息"，"天行健,君子以自强不息",体现宇宙大化的流行。这样人就会对自己有个要求,有个做人的道理,有个高尚的精神境界。其中最重要的就是要做到"知行合一",有个道德修养上的知行统一观。《大学》的三纲领八条目就是说的这个道理,它说:"大学之道,在明明德,在亲民,在止于至善","古之欲明明德于天下者,先治其国;欲治其国者,先齐其家;欲齐其家者,先修其身;欲修其身者,先正其心;欲正其心者,先诚其意;欲诚其意者,先致其知;致知在格物。物格而后知至,知至而后意诚,意诚而后心正,心正而后身修,身修而后家齐,家齐而后国治,国治而后天下平"。从"格物致知"到"治国平天下",这是一个认识过程,更是一个实践的过程。人应该有理想,最高的理想是"致太平",使人类社会达到"大同"境地。为此儒家提出一个"大同世界"的理想。而"大同世界"的基本要求首先是每个人都应对自己有个做人的要求,要有个做人的道理,要能"己所不欲,勿施于人"。孔子说:"吾道一以贯之,忠恕而已矣。"理想的"大同世界"能否达到自然是个问题,但人们应有这个要求,并从中得到做人的乐趣。要"做人",也要有"做人"的乐趣,要能在生活中领略天地造化之功;要真正领略天地造化之功,就必须在再现"天地造化之功"中表现人的创造力,表现人的精神境界,表现人之所以为人,使文成"至文",画成"神品",乐成"天籁"。所以艺术的要求应是"情景合一"。当人进入这一创造的境界,将是真、善、美合一的境界,人生的意义、人类最高的理想正在于此。孔子说他自己"七十而从心所欲不逾矩",大概就是中国古代思想家们所追求的这种境界。他们以为自己的一切言行和整个宇宙、人类社会、他人和自我的身心内外都和谐了,这种境界是真、善、美合一的境界,自然也就是所谓"圣人"的境界了。中国儒家哲学如果说有其一定的价值,也许就在于它提出了一种"做人"的道理。它把

"人"(一个在特定关系中的"人")作为自然和社会的核心,因此加重了人的责任感。在中国古代的贤哲看来,"做人"是最不容易的,做到和自然、社会、他人以及自我的身心内外的和谐就更不容易。对这种"做人的责任感"似乎应给以充分的理解并在改造的基础上加以继承。

中国传统哲学对中华民族的民族心理曾有着深刻的影响,它凝结成中华民族的一种特殊的心理特性。这种特殊的心理特性在过去长期影响着我们这个民族的各个方面,它既表现了中华民族思想文化传统的优点,也表现了某些缺点。儒家哲学凝聚而成并长期影响着我们这个民族的或许有以下四个方面,即空想的理想主义、实践的道德观念、统一的思维方式、直观的理性主义。

(一)儒家哲学中的主要哲学家大都对现实社会抱着一种积极的热诚的态度,企图用他们的学说、他们的理想来转化现实政治,然而他们的学说、理想不仅转化不了现实政治,而且往往被用来作为粉饰现实政治的工具。"大同"或"致太平"的思想几乎成了中国古代人们所普遍追求的一种理想。儒家思想中有,道家的思想中也有;统治阶级希望有"太平盛世",被压迫的劳动人民也期望有"太平世界"。儒家的经典《礼记·礼运》勾画出一个"大同世界"的蓝图;有的帝王以"太平"为年号;有的帝王自称为"太平皇帝";有些农民起义也以"太平"相号召,东汉末的黄巾起义以"太平道"为其组织形式;宋朝的农民起义以"杀尽不平,享太平"为宗旨,一直到近代洪秀全领导的农民起义军仍号"太平军",国号"太平天国"。可见,"致太平"的"大同世界"在过去的时代里多么深入人心!但真正的"太平盛世"从来就没有实现过。由此可见中国传统思想的"理想主义"带有很大的空想成分。那些先哲们虽然可能是真诚地提倡他们的"治国平天下"的理想,可是他们的那一套并没有现实的可能性。不仅如此,所谓"治国平天下"的理想归根结底不过是理想化的皇权专制社会。

（二）儒家哲学有着人本主义的倾向，它不仅和"神本主义"占统治地位的西方中世纪不同，而且，也和西方近世的人本主义有区别。西方的人本主义把"人"作为单个的个人，强调个性解放，有强烈的个人主义，而中国过去社会里的"人本主义"可以说是一种"道德的人本主义"。它把"人"放在一定的关系中加以考察。因此，有所谓君臣、父子、夫妇、兄弟、朋友五伦，讲什么"君义臣忠""父慈子孝"等。不仅如此，儒家哲学还把"人"作为核心，从"人"的方面来探讨"人"和"宇宙"（天）的关系，特别强调"天"和"人"的统一性（"天人合一"）。它一方面用"人事"去附会"天命"（天道），要求人去体现"天道"之流行；另一方面又往往把"人"的道德性加之于"天"，使"天"成为一理性的、道德的化身，而"天理"的基本内容则是仁、义、礼、智、信等至善的德行。这样一来，"天"虽然作为客体与"人"相对，但又带有"人"的强烈的主体性。由于儒家哲学讲"知行合一"，即要实现"天理"，而"天理"是一"至善的表德"，所以人们的实践活动最根本的是道德实践。而最高的艺术作品又必须以"至善"为前提，即所谓"尽善尽美"。可见，中国传统哲学注意了伦理道德在社会生活中的重要意义，特别强调"知"和"行"必须统一，这有其可取的一面。但是，赋予"天"以道德性，把道德实践活动作为最根本的实践活动，这就很难解决社会生活中存在的种种矛盾，这是一种历史唯心主义。在中国过去的社会里，往往把医学、天文历算、农业技术等看成是"小技"，而"身心性命之学"才是"大道"。不大重视对客观世界的研究，因此认识论方面的理论不发展，甚至可以说没有建立起完整的系统的认识论体系；对人的心理活动的分析也较为笼统；逻辑学也很不发展，缺少系统的推理理论。

（三）儒家哲学中的重要哲学家（除个别外）大都把建立一个和

谐统一的社会作为自己的责任,因此在中国传统哲学中虽有丰富的辩证法思想,但往往以矛盾的调和为终点。中国传统哲学的理论思维方式,从一开始就注重一对概念的统一关系或诸种概念的相互关系。《易经》系统以乾、坤(后来以阴、阳)为一对对立统一的概念,而《洪范》则以五行之间的对立统一关系立论。特别是到春秋战国时期,"天"和"人"作为一对哲学概念提出后,儒家哲学就较多地注重"天"和"人"的统一的一面。这种思想方式自有其合理性,因为强调统一,强调和谐,而反对"过"与"不及",在一定条件下有利于社会的稳定和发展,有利于人们注意研究事物之间的联系。但是,这种思维方式也有很大的缺陷。过分地强调社会的和谐和统一,是使我们的专制社会长期停滞、资本主义萌芽生长缓慢的一个原因。儒家哲学之所以缺乏系统的认识论和逻辑学,就在于它的理论思维往往是一种没有经过分疏的总体观,它虽包含着相当丰富的真理颗粒,但由于缺乏必要的分析和论证,因而不容易发展成现代科学。因此,必须对儒家哲学的思维方式加以改造,继承和发扬重视事物之间的联系,强调事物之间的统一与和谐等思维传统,并把它建立在坚实的逻辑论证和科学的认识论的基础上。同时应该注意分析,把西方现代哲学(特别是分析哲学)的某些方法吸收过来,取中西哲学之长,避中西哲学之短,建立新的现代儒家哲学体系。

(四)与上述问题相联系,儒家哲学有一种直观的理性主义的倾向。在儒家哲学中,有注重"经验"的,有注重"理性"的,有两者同时并重或有所偏重的。这里说的儒家哲学有一种直观的理性主义的倾向,是就其发展的趋势说的,不是一概而论。中国古代哲学家大都很注重"心"的作用,是从积极方面发挥人的主观能动性方面着眼。在先秦,孟子提出:"耳目之官不思,而蔽于物。物交物,则引之而已矣。

心之官则思,思则得之,不思则不得也。此天之所与我者。先立乎其大者,则其小者不能夺也。此为大人而已矣",所以扩充"心"的作用则"足以保四海;苟不充之,不足以事父母"。荀子说:"心者,形之君也,而神明之主也,出令而无所受令。"但对于为什么"心"有这样的作用问题则没有什么具体的说明。到宋以后,无论是儒家的唯物主义还是唯心主义也都十分重视"心"的作用,唯物主义哲学家张载的《正蒙》中有《大心》一篇专门讨论了"心"的作用,他说:"大其心则能体天下之物。"唯心主义哲学家程颐说:"尽己之心则能尽人尽物。"朱熹认为,"理"俱于"心",如能充分发挥"心"的作用以穷物理,则因物理而可使"心之全体大用无不明",所以他说:"心包万理,万理具于一心,能存心而后可穷理。"至于陆王心学更强调"心"的作用,无复多论。王夫之虽然主张感性认识和理性认识不可偏废,但他也特别强调"心"的作用,如他说:"目所不见之有色,耳所不闻之有声,言所不及之有意,小体之小也,至于心而无不得矣。思之而不至而有理,未思焉耳。故曰尽其心者知其理,心者天之具体也。"他还说:"万物皆有固然之用,万事皆有当然之则,所谓理也。……具此理于中而知之不昧,行之不疑,则所谓心也。……故理者人心之实,而心者即天理之所著存者也。"理就是心的实在的内容,心就是天理所在之处。由此可以看出王夫之仍受朱熹的"理俱于心"的影响。儒家哲学强调"心"(理性)的作用,自有其可取之处。强调"心"的作用,即强调人的主动性,强调人在宇宙中的核心地位,而人之所以能是宇宙的核心,正在于人有"明德"之心。人的理性又是带有道德性的,宋儒认为"仁"是心之体,可见儒家哲学有道德理性主义的倾向。但是,对于为什么"心"有如此之作用、如此之特性的问题,则很少分析;对"心"的作用的过程(心理活动之过程)更缺乏具体分析,致使儒家哲学成为一种直观的道德理性主义。

一个民族既然能长期存在,并有其不间断的历史和思想文化传统,必有其存在的道理,其传统思想文化亦必有其特定的价值,如何把它的思想文化中的优秀方面发扬起来,如何克服和扬弃其消极方面,对这个民族的发展至关重要。

二

四十年前,沈有鼎先生在英国牛津大学做研究时,曾给国内朋友写过一封信,在这封信中他说:

> 康德的价值论和黑格尔的价值论有一个重要不同点,如下图所示:
> 康德:善←美←真
> 黑格尔:真←美←善
> 从这里可以看出康德是中国人,黑格尔是印度人(或希腊人)。①

沈先生这个论断非常有见地,并富有创发性。从中国传统哲学的主流儒家思想看确实如此。现在我想以孔子为例解说沈先生的看法。但是如果从中国传统哲学的不同学派或不同哲学家看就不全然是如此了。

子曰:"知之者,不如好之者。好之者,不如乐之者。"(《论语·雍也》)知,要有对象(客体),求真;知,客体是客体,主体是主体。好,是

---

① 《哲学评论》,十卷六期,1947年8月。

一种享受,客体入于主体;乐,是主体进入客体,必须实践,要"乐善好施",以至于"乐以忘忧,不知老之将至"(《论语·述而》),在实践中要超越自我、世俗,超越生死等,达到与天为一的最高之善的境界。"知"是理智的问题,"好"是情感的问题,"乐"是理智和感情的结合。这大概是孔子对"知""好""乐"的层次高低的看法。在《论语》中记载着孔子的一段话,他说:"吾十有五而志于学,三十而立,四十而不惑,五十而知天命,六十而耳顺,七十而从心所欲不逾矩。"我们知道,孔子和儒家都认为,人们的生死和富贵不是能靠其自身的努力追求到的,但人们的道德和学问高低却是要靠其自身的努力追求而有不同。上面引的孔子那段话可以说是孔子对他一生的生活道路的描述,或者说是他一生修养的过程,成"圣人"的路径,也就是孔子本人对"真、善、美"的追求和了解。从"十有五而志于学"到"四十而不惑"可以说是他成圣成贤的准备阶段,从"知天命"到"从心所欲不逾矩"可以说是他成圣人的一深化过程。"知天命"可以解释为对"天"(宇宙人生的终极关切问题)有了一种认识和了解,这也许可以算是"求真"的范围,因为这一阶段孔子仍然把"天"看成认识的对象,还没有达到"同于天"的阶段,也就是说还没有达到与"天"合一的境界,只是在追求着"天人合一"的境界。郭象在《庄子序》中说:"夫庄子者,可谓知本矣。……言虽无会而独应者也。夫应而非会,则虽当无用。"盖能与天地万物之本体相应者自可谓"知"本,即为"知"本,则仍与天地万物之本体为二,仍把天地万物之本体视为认识之对象,此尚未与天地万物之本体会合为一,故虽"知本"仍未能"从心所欲不逾矩"也。此境界虽已甚高,但"虽高不行",而未能以"体用如一"也。[①]

[①] 参见汤用彤:《向郭义之庄周与孔子》,见《汤用彤全集》,第四卷,河北人民出版社2000年版。

"六十而耳顺"这句话向来有不同解释,杨伯峻先生在《论语译注》中说:"'耳顺'这两个字很难讲,企图把它讲通的人也有很多,但都觉牵强,译者姑作如此解释。"杨先生是做这样解释的:"六十岁,一听别人的言语,便可分别真假,判明是非。"我认为,杨先生的了解大概是符合孔子原意的,但自古以来却也有多种解释,例如晋李充说"耳顺"是"心与耳相从",这也许是杨先生的解释所本。晋孙绰用玄学思想解释说:"耳顺者,废听之理也,朗然自玄悟,不复役而后得,所谓不识不知顺帝之则。"这应是一种非由耳目经验所得,而是由超乎经验的直觉而得宇宙大全之理的境界,是一"内在而超越"的境界。照现在解释学的看法,凡是对前人思想的解释都有解释者的意见在内,不过解释和被解释之间总有某些联系,否则也就无所谓"解释"了。历来的思想家对孔子思想的解释大都是如此。这里,我打算引用朱熹对这句"六十而耳顺"的解释,他说:"声入心通,无所违逆,知之之至,不思而得。"(《四书集注》)"声入心通"当和"声音"有关("有音之声"和"无音之声"都可以包括在内);"知之之至"是智慧的极高层次,是由"转识成智"而得,因此它是超于"知天命"的境界,这种境界与"知天命"的境界不同,它是"不思而得"的,所以是超于知识的。那么这种境界是一种什么样的境界呢?我认为它可以解释为一种直觉的审美境界,所得到的是一种超于经验的直觉意象,也可以说是一种艺术的境界,"美"的境界。这种对"六十而耳顺"的解释或许"牵强",但照伯峻的看法,自古以来对"耳顺"的"解释"大都牵强,我的这一解释无非是在诸种众多的解释中再增加上一种"牵强"的解释而已。但是我的这种解释自信也不能说全无道理,特别是由哲学的观点看它或许是有新意的。而且在解释中,如果是有价值的,它一定为原来的意思增加了点什么,如果不增加点什么,就没有新意了。我们知道,孔子对音乐很有修养,他"在齐闻韶,三月不知肉味","三月不知肉味"自然是"不思而得"的一种极高的审美境界。孔子还对他所达到的这种境界有所说明,他说:"不图为乐之至于斯也。"想不到听音乐竟能达到这种境界。"这种境界"是一种超越的美的享受。

"七十而从心所欲不逾矩,"朱熹注说:"矩,法度之器,所以为方者也。随其心之所欲而自不过于法度,安而行之,不勉而中。"盖此即"体用如一"的圣人境界,其言行即是"法度",自同"天道"。故此"从心所欲不逾矩"的境界是与天地万物为一体的境界,它是在"知真""得美"而后达到一圆满"至善"的境界。孔子把"尽善尽美"看成高于"尽美",《论语》中记载:"子谓韶,'尽美矣,又尽善也';谓武,'尽美矣,未尽善也。'"这里"尽善"是说的"极好",但说事物"极好"或"尽善"总在一定程度上(至少儒家是如此)和道德的价值判断联系在一起。孟子说:"充实之谓美。"此处的"美"实也含有某种道德价值判断的意义。朱熹注说:"力行其善,至于充满而结实,则美在其中,而无待于外。""善"是一种内在的"美",人格美。看来,朱熹认为"善"从某方面说可以包含"美","尽善"之所以高于"尽美",实因"尽善"即是"尽善尽美"。这里我们似乎可以说,孔子的人生境界(或圣人的境界)是由"知真""得美"而进于"安而行之,不勉而中"的"圆满至善"的境界,即由"真"而"美"而"善"。

"善←美←真"正是康德哲学的特点。照康德看,实践理性优于思辨理性。他的《纯粹理性批判》所研究的是以理智行使职能的现象界为对象,它受自然必然律支配;《实践理性批判》所研究的是以理性行使职能的本体为对象,它不受必然律支配,它是自由的。前者是自然,后者是道德。前者属于理论认识的范围,后者属于道德信仰的范围。而两者之间无法直接沟通。因此就有一个问题,如何在理论认识(认识论)与道德信仰(伦理学)两者之间架起一座桥梁,使之得以沟通,这就是康德哲学所必须解决的一个问题,于是他又写了《判断力批判》。在该书的开头处他写道:"在自然概念的领域,作为感觉界,和自由概念的领域,作为超感觉界之间,虽然固定存在着一个不可逾越的鸿沟,以致从前者到后者(即以理性的理论运用为媒介)不可能有过渡,好像是那样分开的两个世界,前者对后者绝不能施加影响;但后者却应该对前者具有影响,这就是说,自由概念应该把它的规律所赋予的目的在感性世界里实现出来;因此,自然界必须能够这样地被思考着:它的形式的合规律性至少对于那些按照自由规律在自然中实现目的的可能性是互相协应的。——因此,我们就必须有一个作为自然界基础的超感觉界和在实践方面包含于自由概念中的那些东西的统一体的根基。虽然我们对于根基的概念既非理论地,也非实践地认识的,它自己没有独特的领域,但它仍使按照这一方面原理的思想形式和按照那一方面原理的思想形式的过渡成为可能。"①康德认为,正是判断力把理智(纯粹理性)与理性(实践理性)联合起来,而判断力既略带有理智的性质,也略带有理性的性质,又不同于两者。康德把人的心灵分为知、情、意三个部分。有关"知"的部分的认识能力是理智,这是纯粹理性;有关"意"的部分的认识能力是理性,这是超于经验之上的实践理性;有关"情"的部分的认识能力,则正是康德所说的"判断力"。由于"情"介于知和意之间,它像"知"一样地对外物的刺激有所感受,它又像"意"一样地对外发生一定的作用,所以判断力就介于理智与理性之间。一方面,判断力像理智,它所面对的是个别的局部的现象;另一方面,它又像理性一样,要求

---

① [德]康德著,宗白华译:《判断力批判》,商务印书馆1964年版,第13页。

个别事物符合于一般的整体的目的。这样,面对局部现象的理解力,和面对理念整体的理性,就在判断力上碰头了。判断力要求把个别纳入整体中来思考,所以判断力能够作为桥梁,来沟通理智和理性。①从而康德就建构了他的哲学"善←美←真"的三部曲。

当然,孔子的哲学和康德的哲学从价值论上看确有其相似之处,但是他们建构他们的哲学目标则是不相同的。孔子无非是建构一套人生哲学境界的形态,而康德则是要求建立一完满的知识理论体系的形态。这也许可以视为中西哲学的一点不同吧!如果我们把孔子这一由"知天命"到"耳顺"而达到"从心所欲不逾矩"的过程和我所概括的中国传统哲学观"真""善""美"的基本命题相对照,也许可以说"五十而知天命"是追求"天人合一"的层次,"六十而耳顺"是达到"情景合一"的层次,"七十而从心所欲不逾矩"则是实践"知行合一"的境界。"天人合一"属于"智慧"(知)的方面,"情景合一"属于"欣赏"(情)的方面,"知行合一"属于"实践"(意)的方面。照儒家看,这三者是不可分的。做人既要了解宇宙大化之流行,又要能欣赏天地造化之功,更应在生活实践中再现宇宙的完美完善。就以上的分析看,孔子的"知天命""耳顺""从心所欲不逾矩"都是就人生境界的追求说的,它是孔子对自己追求"真""美""善"的总结。

选自《汤一介集》第五卷。原题为《论中国传统哲学中的真、善、美问题》,刊于《中国社会科学》,1984年第4期。

---

① 参见李泽厚:《批判哲学的批判》,人民出版社1984年版,第368—370页;蒋孔阳:《德国古典美学》,商务印书馆1981年版,第63—68页。

论"天人合一"

在中国传统哲学中,"天"和"人"可以说是两个最基本、最重要的概念,"天人关系"问题则是历史上我国哲学讨论的最重要的问题。司马迁说他的《史记》是一部"究天人之际"的书;董仲舒答汉武帝策问时说,他讲的是"天人相与之际"的学问;扬雄说"圣人……和同天人之际,使之无间";魏晋玄学的创始者之一何晏说另外一位创始者王弼是"始可与言天人之际"的哲学家;唐朝的刘禹锡对柳宗元的批评,说柳宗元的《天说》"非所以尽天人之际",没有弄清楚"天"与"人"的关系;宋朝的思想家邵雍说得很明白"学不际天人,不足以谓之学",学问如果没有讨论天人的关系,不能叫作学问。可见,自古以来中国的学者都把天人关系作为最重要的研究课题。在中国传统哲学中,对天人关系问题有种种不同的理论,例如荀子提出"明天人之分",他把"天"看成是和人相对立外在的自然界,因此他认为"天"和"人"的关系,一方面"天"有"天"的规律,不因"人"而有所改变,"天行有常,不为尧存,不为桀亡";另一方面"人"可以利用"天"的规律,"制天命而用之",使之为"人"所用。荀子批评庄子说:庄子"蔽于天而不知人",是说庄子只知道"天"的功能(顺自然),而不知道"人"的功能。刘禹锡提出"天人交相胜"的思想,他认为"天"和"人"各有各胜出的方面,不能互相代替。还有如道教提出的"我命在我不在天",成仙只能靠自己修炼,不是天生的,也不能靠外力等,都是讨论的"天人关系"问题。这些学说,在中国历史上虽有一定影响,唯有"天人合一"学说影响最大,它不仅是一根本性的哲学命题,而且构成了中国哲学的一种思维模式。

在中国哲学史上,讲"天人合一"的哲学家很多,而儒家学者讲此学说最多,但如果我们做点具体分析,也许可以看到他们中间也颇有不同。根据现在我们能见到的资料,也许《郭店楚简·语丛一》中"易,所以会天道、人道也",是最早最明确的"天人合一"思想的表述。它的意思是说,《易》这部书是讲会通天道(天)和人道(人)的关系的书。《郭店楚简》大概是公元前300年前的书,这就是说在公元前300年前已经把《易》看成是一部讲"天人合一"的书了。为什么说《易》是一部会通"天道"和"人道"的书?这是因为《易经》本来是一部卜筮的书,它是人们用来占卜、问吉凶祸福的。而向谁问?是向"天"问。"人"向"天"问吉凶祸福,所以说《易经》是一部"会天道、人道"的书。《易经》做占卜用,在《左传》中有很多记载,如庄公二十二年"周史有以《周易》见陈侯"条;昭公七年"孔成子以《周易》筮之"条等,均可证。《易传》特别是《系辞》对《易经》所包含的"会天道、人道"的思想做了哲学上的发挥,阐明"天道"和"人道"会通之理。

《周易》(主要是由《系辞》所阐发的"易理")的"天人合一"观念是要说明"天"和"人"存在着一种相即不离的内在关系,不能研究"天道"而不涉及"人道",也不能研究"人道"而不涉及"天道",因此它作为一种思维模式,应有着极有意义的正面价值。为了把"天人关系"问题弄清,也许应该对"天"这个概念在中国历史上的含义有个全面的了解,至于"人"这个概念,可能没有多少要讨论的地方,但是"人性"问题则是儒学讨论之重要问题,此问题在《论"道始于情"与儒学的性情说》中有所论述。

在中国历史上,"天"有多种含义,归纳起来至少有三种含义:(1) 主宰之天(有人格神义);(2) 自然之天(有自然界义);(3) 义理之天(有超越性义、道德义)。"主宰之天"(如皇天上帝)和西周的"天命"信仰有密切联系,如《大盂鼎》:"丕显文王,受天有大命。"光辉的文王,被"天"授予统治天下的命令。《周书·召诰》:"皇天上帝,改厥元子兹大国殷之命。"皇天上帝,更换了他的长子大国殷统治四方的命令。"皇天上帝"或"皇天""上帝"都是指的最高神,这说明"天"是主宰意义的"天",含有人格神的意思,对人间具有绝对的权威。在《诗经》中,"天"也是主宰意义的"天",如"不吊昊天,乱靡有定,式月斯生,俾民不宁"(《小雅·节南山》)。不善良不仁慈的天,祸乱没有定规的发生,月甚一月,使老百姓不得安宁。"浩浩昊天,不骏其德,降丧饥馑,斩伐四国。"(《小雅·雨无正》)浩大的天呀,不施它的恩惠,而降下死亡饥馑的灾祸,杀伐四方国家的人民。这里的"天"除有"主宰之天"的意义,而且有高高在上的"自然之天"的意思,"天"可以降自然灾祸。这种"天"可降自然灾祸,早在殷墟卜辞中已有,不过是"帝"或"上帝"降灾祸,例"帝其降堇"(《卜辞通纂》363),"上帝降堇"(胡厚宣《甲骨续存》1.168)。卜辞中还有"帝"(上帝)降风、降雨等的记载。看来在殷也许还没有以"天"为最高神的意思。因此,到西周"天"既是"主宰之天",又有高高在上"自然之天"的意思。同时,我们还可以说当时的"天"还有道德的意义,"天"以其赏善罚恶而表现着一定的道德意义。如《周书·召诰》中说:"唯王其疾敬德?王其德之用,祈天永命。"帝王只有很好地崇尚德政,用道德行事,才能得到天的保佑。这就是说,在春秋战国前"天"的含义很含混,有着多重的意义。

春秋战国以降,"天"的上述三种不同含义在不同思想家的学说中才渐渐使其内涵明确起来。墨子的"天志"思想,更多"意志之天"的意思。如说:"天之行广而无私,其施厚而不德,其明久而不衰。"(《法仪》)这就是说,天具有最高的智慧、最大的能力,"赏善而罚暴",

没有偏私。在《天志》中还明确地讲,"天"有"意志","吾所以知天之爱民之厚者,有矣","天之意,不欲大国之攻小国",如果违背了"天"的意志,就要"得天之罚",叫作"天贼"。由此可见,墨子的"天"基本上是继承着传统的"主宰之天"的意思。其后到汉朝有董仲舒,他所讲的"天",一方面继承着传统的"主宰之天"的意义;另外一方面又把春秋战国以来的"自然之天"神秘化,使之与"主宰之天"相结合。① 他提出的"天人感应"论可以说是"天人合一"的一种形式,受着当时流行的阴阳五行机械论的影响,与《周易》传统的有机论或有所不同。其实孔子、孟子也没有完全摆脱"主宰之天"的影响,如孔子说:"获罪于天,无所祷也。"(《八佾》)孟子说:"莫之为而为者天也,莫之致而至者命也。"(《万章上》)非人力所为而做成的是天的力量,非人力所能达到而达到的是命定的。但是孔孟说的"天"已有较强的道德意义

---

① 董仲舒以气候的变化来说明"天"的意志,如他说:"春气暖者,天之所以爱而生之;秋气清者,天之所以严而成之;夏气温者,天之所以乐而养之;冬气寒者,天之所以哀而藏之。"(《春秋繁露·王道通三》)由于战国时有些思想家把"天"看成是"自然界",如荀子等,他们把四时变化、日月递炤、列星随旋、阴阳大化、风雨博施、万物生长都看成是"天"的自然表现。董仲舒同样也认为上列诸现象是"天"的表现,不过这些不是"天"的自然表现,而是"天"的意志表现,是"天"的仁爱之心表现,"天,仁也。天覆育万物,既化而生之,又养而成之;事功无已,终而复始"(《王道通三》)。基于这样一种对"天"的认识,董仲舒的"天人合一"学说主要论述的是"天人感应"问题。自战国以来,机械感应已相当流行,如"类固相召,气同则合,声比则应"等,并以此推出"帝者同气,王者同义,霸者同力",再推出"凡帝王者之将兴也,天必先见祥乎下民"(均见《吕氏春秋·应同》)。董仲舒也是从物类感应推出天人感应,如他说:"琴瑟择弹其宫,他宫自鸣而应之,此物之以类动者也。其动以声而无形……则谓之自然,其实非自然也,有使之然者。物固有实使之,其使之无形。"(《同类相动》)使之者为"天"。照董仲舒看,"天"与"人"之所以有感应,因"以类合之,天人一也"。为什么"天"与"人"是一类? 他认为:"人之受命于天,取仁于天而仁也。""为生不能为人,为人者天也。人之人本于天,天亦人之曾祖父也。此人之所以乃上类天也。"(《为人者天》)就此我们可以说董仲舒的"天人合一"思想实是一种"天人机械感应合一论"。这种"天人合一"思想或与《周易》开创的直至宋人所发挥的"天人有机相即合一论"的意义颇不相同(可参见拙作《董仲舒的哲学思想及其历史评价》,载《北京大学学报》,1963年第3期)。

了。① 这种"主宰之天"的影响甚至到宋儒也还存在,《朱子语类》卷七九"或问:天视自我民视,天听自我民听,天便是理否？曰:若全做理,又如何说自我民听视,这里有些主宰底意思"。盖因朱子认为"天即理";《中庸章句》"天以阴阳五行化生万物,天即理也",故他的"天"大体上都是说的"天理",即"天"为"义理之天"。朱熹还进一步认为"天"有道德意义,如他说:"仁者,天地生物之心。"(《朱子语类》卷五三)但在解释经典时,又不能全然不顾原有的"主宰之天"义。同卷又有:"天固是理,然苍苍者亦是天,在上而有主宰者亦是天,各随他所说。今既曰视听,理又如何会视听？虽说不同,又却只是一个。知其同,不妨其为异。知其异,不害其为同。"这就是说,对"天"可以从不同方面说,可以是"义理之天",也可以是"自然之天",亦可以是"主宰之天",但都是指同一个"天"。朱熹的"天即理"说明超越性的"天"具有某种神圣性,故有"主宰义",且为高高在上之苍苍者,亦有超越义,且"天"有"盎然生物之心"的道德义,故"天"是一含义非常丰富的概念。在宋朝也有把"天"看成是自然界,如张载他说:"太虚即气","由太虚有天之名"(《正蒙·太和》)。如果说,在西方"上帝"和"自然界"为二(但斯宾诺莎的"God is nature"又当别论),在中国"天"往往是合"主宰"与"自然(界)"为一,而后更赋予"天"以"性理义",所以朱熹说:"天之所以为天者,理而已。天非有此道理,不能为天。故苍苍者即此道理之天。""天下只有一个正当道理,循理而行,便是天。"(《朱子语类》卷二五)看来,到宋儒更重视"天"为"义理之天"的方面。照我看,正是由于在中国历史上"天"这个概念有着上述的多重含义,这

---

① 《论语·述而》:"天生德于予,桓魋其如予何？"《孟子·尽心上》:"尽其心者,知其性也;知其性,则知天矣。存其心,养其性,所以事天也。"此"天"均有道德意义。

样就使"天"不只是指外在于人的自然界,而是一有机的、连续性的、生生不息的、能动的、与"人"相关联的不可分的("天行健,君子以自强不息")存在。基于此,"天"这一概念在中国是指与"人"有着内在联系的有机体。

在我们了解了中国哲学中"天"的含义的复杂性的基础上,来讨论由《周易》开启的"天人合一"学说或者能较好地揭示其重要的哲学意义。如果我们从科学的意义上了解中国哲学中的"天",无疑会提出种种问题。但是,在中国哲学中的"天"只是一哲学概念,因而体现"天人关系"的"天人合一"命题,也只能从哲学意义上了解它。关于"天"在中国哲学中的含义,在上面我们做了分析。下面我们讨论"天人合一"这一中国哲学的重要命题。

为什么现在"天人合一"思想受到大家的重视,我想和当今发生的"生态"危机有关。科学的发展无疑会造福人类社会,但也有可能危害人类社会。近世以来,由于对自然的无量开发,资源浪费,臭氧层变薄,海洋毒化,人口暴涨,环境污染,生态平衡的破坏,已经严重地威胁着人类自身生存的条件。1992年世界1575名科学家发表了一份《世界科学家对人类的警告》,开头就说"人类和自然正走上一条相互抵触的道路"。造成这种情况不能说与西方哲学曾长期存在"天人二分"的思维模式没有关系。罗素在《西方哲学史》中说:"笛卡尔的哲学……完成了,或者说极近乎完成了由柏拉图开端而主要因为宗教上的理由经基督教哲学发展起来的精神、物质二元论……笛卡尔体系提出来精神界和物质界两个平行而彼此独立的世界,研究其中之一能够不牵涉另一个。"[①]西方哲学这种把精神界和物质界看成

---

① [英]罗素著,马元德译:《西方哲学史》下册,第91页。

是各自独立的,是互不相干的,因此其哲学是以"精神界"与"物质界"的外在关系立论,或者说其思维模式是以"精神界"与"物质界"为独立的二元,可以研究一个而不牵涉另外一个。(现代西方哲学一些派别对这种二元思维已有所批评,如怀德海的过程哲学。)[①]然而中国哲学及其思维模式与之有着根本的不同,中国哲学(特别是儒家思想)认为研究"天"(天道)不能不牵涉"人"(人道);研究"人"也不能不牵涉"天"。这就是中国哲学的"天人合一"思想。而这一思想早在春秋战国时期就为中国哲学家提出,这就是《郭店楚简·语丛一》中所表达的"易,所以会天道、人道也"。下面我们来分析一下《周易》中所包含的"天人合一"思想。

(一)我们知道《系辞》是对《易经》做哲学解释的"传",在其中深刻地阐明"天道"和"人道"相会通之理。《系辞》中说:"《易》之为书也,广大悉备,有天道焉,有人道焉,有地道焉。兼三才而两之。"王夫之《周易外传》卷六谓:"三才之道,大全统乎一端,而一端领乎大全也。非达天人之际者,无以喻其深矣。""道"是贯通"天道""地道""人道"的,"道一成而三才备";"大全"者"道"也,由"道"则可以统一三才的任何一个,而且由三才之一也可以领会(统领三才的)"大全"。不懂"天人关系"是无法使之理解《易》的深奥的道理的。("易之为书也,广大悉备",王夫之《周易外传》谓:"悉备者,大全统乎一端,而一

[①] 《怀德海的〈过程哲学〉》(见 2002 年 8 月 15 日上海《社会科学报》)中说:"(怀德海)的过程哲学(process philosophy)把环境、资源、人类视为自然中构成密切相连的生命共同体,认为应该把环境理解为不以人为中心的生命共同体,这种新型生态伦理观,对于解决当前的生态环境危机具有重要的现实意义。过程哲学是生态女性主义的思想之根,因为生态女性主义的哲学基础是彻底的非二元论,是对现代二元思维方式的批判,而怀德海有机整体观念,正好为它提供了进行这种批判的理论根据。"可见,现代一些西方哲学家已经对"天人二分"的二元对立的思维方式做出反思,并且提出了"自然"与"人"构成"密切相连的生命共同体"。

端领乎大全也。")《易经》这部书,广大无所不包,它既包含着"天地"(天)的道理,也包含着"人"的道理。另一解释《易经》的《说卦》中说:"昔者圣人之作《易》也,将以顺性命之理,是以立天之道,曰阴与阳;立地之道,曰柔与刚;立人之道,曰仁与义。兼三才而两之。"古代的圣人做《易》是为了顺乎性命的道理,所以用阴和阳来说明"天道",用刚和柔来说明地道,用仁和义来说明仁道,把天、地、人统一起来看都表现为乾坤。所以宋儒张载注说:"三才两之,莫不有乾坤之道也。易一物而合三才,天(地)人一,阴阳其气,刚柔其形,仁义其性。"[1]天、地、人三才都是说的乾(—)、坤(--)两两相对即的道理。《易》是把天、地、人统一起来看的,所以天人是一体的。在这里张载用的是"天(地)人一",这是有道理的,因为"天"可以包含"地",所以《易经》讲的"三才"实际上是认为"人"和与人相对应的"天地"是统一的一体。这种"天人合一"的思维模式到宋朝的理学家就更加明确了,例如程颐说:"安有知人道而不知天道者乎?道,一也。岂人道自是一道,天道自是一道?"照儒家看,不能把"天""人"分成两截,更不能把"天""人"看成是一种外在的对立关系,不能研究其中一个而不牵涉另外一个。朱熹说:"天即人,人即天。人之始生,得之于天。既生此人,则天又在人矣。"天离不开人,人也离不开天。人之初产生虽然是得之于天,但是既生此"人",则"天"全由人来彰显,"人"对"天"就负有神圣的责任。如无人则如何体现"天"的活泼泼的气象,如何"为天地立心"?"为天地立心"就是"为生民立命",不得分割为二。孔子说:"人能弘道,非道弘人。"只有人才可以使"天道"发扬光大,如果人不去实践"天道","天道"如何能使人完美高尚呢?孔子说:"知天命。""知天

---

[1]《张载集》,235页,中华书局,1978。

命"即是了解"天"的运行发展的趋势。因此,在中国传统哲学中,"天"是有机的、连续性的、有生意的、生生不息的,与人为一体的。王夫之的《正蒙注·乾称上》中说:"抑考君子之道,自汉以后,皆涉猎故迹,而不知圣学为人道之本。然濂溪周子首为《太极图说》,以究天人合一之原,所以明夫人之生也,皆天命流行之实,而以其神化之粹精为性,乃以为日用事物当然之理,无非阴阳变化之秩叙,而不可违。"(我们考察学者的学说,从汉朝起,都只是抓到先秦学说的外在的现象,而不知道《易经》是"人道"的根本,只是到宋朝的周敦颐开始提出了《太极图说》,探讨了天人合一的道理,阐明了人之始生是"天道"变化产生的结果,在"天道"变化中把它的精粹部分给了人,使之成为"人性",所以"人道"的日用事物当然之理,是和"天道"阴阳变化的秩序一致的,"人道"和"天道"是统一的,这点是不能违背的。)王夫之这段话,可以说是对儒家"天人合一"思想,也是对《易经》的"所以会天道、人道也"很好的解释。"人道"本于"天道"(因为"人"是"天"的一部分),讨论"人道"不能离开"天道",同样讨论"天道"也必须考虑到"人道",这是因为"天人合一"的道理既是"人道"的"日用事物当然之理",也是"天道"的"阴阳变化之秩序"。张载对《易》的解释说:"儒者则因明致诚,因诚至明,故天人合一,致学可以成圣,得天而未始遗人,《易》所谓不遗,不流,不过者也。"王夫之注说:"诚者,天之实理;明者,性之良能。性之良能出于天之实理,故交相致,而明诚合一。"所谓"不遗"是据《系辞》"与天地相似,故不遗",意思是说《易》这部书包括了天地万物的道理而无遗漏;所谓"不流"是据《系辞》"旁行而不流",韩康伯注谓:"应变旁通而不流淫",意思是说天地万物在变化中而有秩序;所谓"不过"是据《系辞》"知周乎万物,而道济天下,故不过",意思是说对万物普遍地施予而没有差错。王夫之对张载关于

《易经》的解释,应该说能抓住要旨,他把儒家的"诚明合一"解释为"天人合一"应说很高明,因为"诚"是"天之实理"("天"的实实在在的道理、规律),"明"是人性中最智慧的能力,"明"则可以成圣,而"圣学"为"人道"之本,故《易》"得天而未始遗人",《易》讲"天道",同时也是讲"人道"的。这说明《易》确乎是阐明"天人合一"的道理的经典。我们讨论"天人合一"这样一种思维模式,是要说明"人"和"天"存在着一种内在的关系,我们必须把"人"和"天"的关系统一起来考虑,不能只考虑一个方面,不考虑另外一个方面。"天人合一"这一由《周易》所阐发的命题,无疑是儒家思想的重要基石。因此,我们说"天人合一"作为一个哲学命题、一种思维模式对今天解决"人"和"自然"的关系应该说有着正面的积极意义。

(二)《郭店楚简》有一篇《性自命出》,其中说:"性自命出,命由天降。"这里的"命"是指"天命"之所"命","性"是出自于"天"之所"命","命"是由"天"赋予的;《礼记注疏·中庸》"天命之谓性",注曰:"天命,谓天之所生人者也,是谓性命。"《朱子语类》卷六二谓:"命虽是恁地说,然亦兼是付与而言。""性"是由"天"决定的,非人力所及,因此"天命"是一种超越的力量,"人"应对"天"有所敬畏,"畏天命",应"知命",但"天"并非死寂的,而是活泼泼地,是无方所的。故《系辞》上谓:"神无方而易无体。""天"虽是超越的,又是内在的,内在于"人",孟子曰:"存其心,养其性,所以事天也。夭寿不贰,修身以俟之,所以立命也。""养性",即是"事天";"修身",即是"立命",故"天"又内在于"人"。合而言之,"天"之与"人"是一种内在超越的关系。所以《语丛一》中又说:"知天所为,知人所为,然后知道,知道然后知命。"知道"天"的道理(运行规律),又知道"人"的道理(为人的道理),即"社会"运行的规律,合两者谓之"知道","知道"然后知"天"之所以是推动"人"的内在力量(天命)之故。这是由于"人"是内在于"天"的。故孔子说:"五十而知天命。""知天命"即是依据"天"的要求而充分实现由"天"得来的"天性"。《朱子文集》卷六七谓:仁者,"在天地则盎然生物之心,在人则温然爱人利物之心,包四德而贯四端者也"。"天道"生生不息,以仁为心,"天"有使万物良好的生长发育的功能,故"人"也应效法天,要爱护一切。这是因为"天人一体","人"得"天"之精髓时为"人",故人生当在实现"天"之"盎然生物之心",而有"温然爱人利物之心",天心人心实为一心。人生之意义就在于体证"天道",人生之价值就在于成就"天命",故"天""人"之关系实为一内在关系。"内在关系"与"外在关系"不同,"外在关系"是说在二者(或多者)之间是各自独立的、不相干的,而"内在关系"是说在二者(或多者)之间是不相离而相即的。"天人合一"这一《易》所阐发的命题,是中国儒家思想的重要基石。儒家哲学认为,在"天"和"人"之间存在着一种"内在关系",两者是相即不离的。因此,研究其中之一不能不牵涉另一个。依据"天人合一"的哲学命题和思维模式,我们在考虑人类自身问题的同时,必须要考虑"自然界"的问题,忽略了这一点,人类就要受到惩罚。当今人类不正是由于严重地忽略了这种"天"与"人"相即不离的内在关系,而使"人类和自然正走上一条相互抵触的道路"吗?

由《易经》开出的"天人合一"思想(即"易,所以会天道、人道也"的思想)对解决当前"生态问题"作为一种哲学的思考、一种思维模式,或可对我们有几点启发:(1)我们不能把"人"和"天"看成是对立的,这是由于"人"是"天"的一部分,"人之始生,得之于天"。作为"天"的一部分的"人",保护"天"应该是"人"的责任,破坏"天"就是对"人"自身的破坏,"人"就要受到惩罚。因此,"人"不仅应"知天"(知道"天道"的规律),而且应该"畏天"(对"天"应有所敬畏)。现在人们强调"知天"(所谓掌握自然规律),只是一味用"知识"来利用自然,以至于无序地破坏自然,把"天"看作是征服的对象,而不知对"天"应有所敬畏,这无疑是"科学主义"极端发展的表现。"科学主义"否定"天"的神圣性,从而也否定了"天"的超越性,这样就使人们在精神信仰上失去了依托。中国人的"天人合一"学说认为,"知天"和"畏天"是统一的,"知天"而不"畏天",就会把"天"看成是一死物,而不了解"天"乃是有机的、生生不息的刚健的大流行。"畏天"而不"知天",就会把"天"看成外在于"人"的神秘力量,而"人"则不能体现"天"的活泼泼的气象。"知天"和"畏天"的统一,正是说明"天人合一"的一个重要方面,从而表现着"人"对"天"的一种内在的责任。(2)我们不能把"天"和"人"的关系看成是一种外在关系,这是因为"天即人,人即天","天"和"人"是相即不离的。"人"离不开"天",离开"天"则"人"无法生存;"天"离不开"人",离开"人"则"天"的活泼泼的气象无以彰显。这种存在于"天"和"人"之间的内在关系正是中国哲学的特点。如果"人"与"天"是一种外在关系(即它们是相离而不相干的),那么"人"就可以向"天"无限制的索取,而把"天"看成敌对的力量,最终人将自取灭亡。"易,所以会天道、人道也"正是要说明"天道"和"人道"之所以是统一的道理,不能在"天道"之外去说"人道",同样也不可以在"人道"之外说"天道",宋明理学对这点看得很明白。程朱的"性即理"和陆王的"心即理"虽然对"天""人"关系入手处不同,程朱的"性即理"是由"天理"的超越性而推向"人心"的内在性,"天理"不仅是超越的而且是内在的,同样"人性"不仅是内在的而且是超越的。陆王的"心即理"是由"人心"的内在性而推向"天理"的超越性,"人心"不仅是内在的而且是超越的;"天理"不仅是超越的而且是内在的。因此，我们可以说，中国哲学是以"内在超越"立论的。既然中国哲学是从其"内在超越性"方面讨论"天人关系"的哲学，也就是说"天"和"人"不仅不是对立的，而且存在着内在的相即不离的关系。不了解一方，就不能了解另一方；不把握一方，就不能把握另一方。所以说，"为天地立心"就是"为生民立命"，不可分为两截。（3）"天"和"人"之所以有着相即不离的内在关系，因为"天"和"人"皆以"仁"为性。"天"有生长养育万物的功能，这是"天"的"仁"的表现。"人"既为"天"所生，又与"天"有着相即不离的内在关系，那么"人"之本性就不能不"仁"，故有"爱人利物之心"。如果"天"无生长养育万物的功能，"人"如何生存，又如何发展？如果"人"无"爱人利物之心"，无情地破坏着"天"的"生物之心"，同样"人"又如何生存？从"天"的方面说，正因为其有"生物之心"，它才是生生不息的、活泼泼的、有机相续的。从"人"的方面说，正因为其有"爱人利物之心"，人才与天、地并列为三才。因此，中国哲学认为，不能把"天"和"人"看成是不相干的两截，不能"研究其中之一能够不牵涉另一个"。（4）"天人合一"这一哲学命题体现着"天"与"人"之间的复杂关系，它不仅包含着"人"应如何认识"天"的方面，同样也包含"人"应该尊敬"天"的方面，因为"天"有其神圣性（神性）。这也许正是由于中国哲学（主要是儒家哲学）虽然不是纯粹意义上的宗教（如基督教、佛教），但它却有着强烈的宗教性。也许正因此，在中国儒家思想可以起着某种宗教的功能，也就是说"天"和"人"存在着一种超越的内在关系；"天人合一"不仅是"人"对"天"的认知，而且是"人"应追求的一种人生境界。因为"天"不仅是自然意义上的"天"，而且也是神圣意义上的"天"，"人"就其内在要求上说，以求达到"同于天"的超越境界。就这个意义上说，"人"和"天"不仅不是对立的，而且"人"应该与"天"和谐共存，以实现其自身的超越。这就是说,"天人合一"作为一种哲学思想,它表达着"人"与"天"有着内在相即不离的有机联系,而且在"人"实现"天人合一"的境界过程中达到"人"的自我超越。这样一种思维路径无论如何对我们走出"天人二分"(或"天人对立")的困境是十分有意义的。

从以上四点,我们可以看出对"天人合一"思想应该做哲学的理解,这样才能认识其真精神和真价值。它作为一种思维方式对解决"天人关系"无疑是有其正面的积极意义,而更为重要的是它赋予了"人"以一种不可推卸的责任,"人"必须在追求"同于天"的过程中,实现"人"的自身超越,达到理想的"天人合一"的境界。

当然,儒家的"天人合一"思想不可能直接解决当前人类社会存在的"生态"问题。但是,"天人合一"作为一个哲学命题、一种思维模式,认为不能把"天""人"分成两截,而应把"天""人"看成是相即不离的一体,"天"和"人"存在着内在的相通关系,无疑会对从哲学思想上解决"天""人"关系,解决当前存在的严重"生态"问题提供一有积极意义的合理思路。盖因"哲学"不可能直接解决人类社会存在的具体问题,就这方面说,它可以被视为"无用之学"。但它思考问题的路子却可启迪人们的智慧、提高人们的境界,故又可被视为"大用之学"。我们研究中国哲学就是要从中发掘出其无用之大用,以贡献于人类社会。

选自《汤一介集》第五卷。原刊于《中国哲学史》2005年第2期。

论"知行合一"

"知行合一"作为一哲学命题,虽然是王阳明明确提出来的,但自孔子以来,儒家各代都对"知""行"问题有过讨论。为什么儒家重视"知""行"关系?这是由于儒家的精神是入世的,要"明明德"于天下。要"明明德"于天下,就不仅是个理念的问题,必须实践,必须身体力行,必须见于事功。所以孔子说:"吾岂匏瓜也哉?焉能系而不食?"孔子周游列国,是要"治国平天下"的。我认为,这就是儒家重视"知""行"关系问题的道理。

《尚书·说命》中说:"非知之艰,行之惟艰。"《左传·昭公十年》中说:"非知之实难,将在行之。"都说到"知""行"难易问题,把"行"看得比"知"更困难。这说明,中华民族在上古就是一个重视践行的民族。儒家就是继承着这个传统。在《论语》中没有直接说到"知""行"关系问题,但有几处说到"言"与"行"的关系问题。如:"子贡问君子。子曰:先行其言,而后从之。"(《为政》)意思是说:作为一个君子应对你要说的,先实行了,再说出来。"君子欲讷于言,而敏于行。"(《里仁》)君子言语要谨慎木讷,而行动要快捷。《学而》中说:"君子……敏于事而慎于言","君子耻其言而过其行"(《宪问》)。这几句话虽非直接讨论"知"和"行"的关系,但都是说孔子把"言行一致"视为道德上划分君子与小人的一个标准,从道德修养上看,君子应当言行一致。可见孔子更看重"行",在这点上和"知之非艰,行之惟艰"的思想是一致的,可以说孔子教导人们应该首先做践行者。当然孔子本人不仅是一位道德上的践行者,而且是一位要使"天下有道"的圣人。

所以孔子说:"如有用我者,吾其为东周乎!"假若有人用我,我将使周文王、周武王之道在东方复兴。孟子和孔子一样也没直接说到"知""行"关系问题,而只是肯定"言,将行其言者",而反对"言不顾行,行不顾言"的说大话者。如果我们从孟子的"性善论"看,他讲"良知""良能",虽以恻隐之心、善恶之心、辞让之心、是非之心四端为人先天所固有的,但如何成为道德的仁、义、礼、智,则必须把四端"扩而充之",这是要在道德实践中才能达到,所以孟子说:"凡有四端于我者,知皆扩而充之矣,若火之始然,泉之始达。苟能充之,足以保四海;苟不充之,不足以事父母。"人之善性,必须在实践中发挥出来才有意义。所以孟子特别强调要"行仁政"。孟子和孔子一样到各诸侯国想说动国君实行他的理想。有一次到齐国,齐滕文公问孟子如何治理国家,孟子说:"《诗》云:'周虽旧邦,其命维新',文王之谓也。子力行之,亦以新子之国!"意思是说,如果滕文公能像周文王那样,使国家充满新气象,努力实行,那你的国家也会气象一新。据此,我们可以知道孟子主张"知"必见之于"行"。就先秦儒家看,荀子可以说是真正讨论到"知""行"关系的第一人。他在《儒效》中说:"不闻不若闻之,闻之不若见之,见之不若知之,知之不若行之。学至于行之而止矣。行之,明也;明之为圣人。圣人也者,本仁义,当是非,齐言行,不失毫厘,无它道焉,已乎行之矣。故闻之而不见,虽博必谬;见之而不知,虽识必妄;知之而不行,虽敦必困。不闻不见,则虽当,非仁也,其道百举而百陷也。"这段话可以说是荀子关于"认识论"的论述,可注意有三:(1)荀子描述了"认识"的深化过程:闻到的东西不如亲自看见,"百闻不如一见",闻、见还只是感性的;只有"知"才能对认识的对象有更深入的了解;而"知"必须"行",才能说是一个完整的认识过程。《性恶》中说:"凡论者,贵其有辨合,有符验。"人们所掌握的认知重要的是在于合乎实际,能得到实践的检验。(2)把学得的学问知识用于实践,才能使认识真正明确起来。("行之明也")能使认识(所提倡的学问)在实践中明确起来的是"圣人"。"圣人"的责任就是要以"仁义"为根据,判别是非,言行一致,做到完全没有差错,没有其他任何办法,只有学问知识落实到身体力行上才算完成。这里可以看出,荀子认为从"知""行"关系看"行"是目的。因为实践了,才可以知道是否真的"本仁义,当是非,齐言行"。(3)荀子还对"闻之而不见""见之而不知""知之而不行"的弊病做了说明。"知之而不行"的毛病是,虽然知道得很多,但不能见之于行动,必定会困惑糊涂。由以上三点看,荀子也是在"知""行"关系上更重"行"的。《郭店楚简·成之闻之》中有:"农夫务食,不强耕粮弗足矣。士成言不行,名弗得矣。"农夫所务在生产粮食,如果不勉力而耕,粮食的收获就不会很富足;士人只是说而不行,那么也就不能有什么好名声。这都说明先秦儒家大都以"知"必见之于"行"。

汉朝儒家学者对"知""行"关系问题的讨论较少,扬雄有段话似可注意:"学,行之,上也;言之,次也;教人,又其次也。咸无为,为众人。"(《法言·学行》)这里也只是说"实践"比著述、教授更重要。我们是否可说,从先秦至汉众多儒家对"知""行"关系问题其实都和上引《尚书》和《左传》的意思大体相同,即认为"行"比"知"更重要。据此,我们可知先秦至汉,儒家关于"知""行"问题基本上是从道德修养的提高或事功的践行方面考虑,除荀子外,很少涉及"知""行"的认识理论问题。但到宋朝以后,宋明儒家学者则较为深入地讨论了理论问题。

张载认为,知识有两种,一是"见闻之知",即感性认识;一是"德性所知",即以理性为基础的超经验的认识,这种认识不依靠于感觉经验,主要依靠道德修养。程颐在继承张载把"知""行"分为"见闻之知"和"德性之知"的基础上讨论了"知""行"问题。他说:"闻见之知,非德性之知,物交物则知之,非内也,今所谓博物多能者是也。德性之知不假见闻。"(《二程遗书》卷二五)"见闻之知"是通过耳目等感官而对外界事物的认识,大体相当于感性认识;而"德性之知"则是人内在所具有的不依靠感官而有的"知",这或者可以说是一种理性认识,而这种理性认识是带有先验性的。由于人有"德性之知",这种"知"是关乎伦理道德的认识和事物根本原理(理)的认识。因此,程颐对"知"特别重视,提出了"知先行后"的演说。他认为"知"是"行"的前提,先有"知",然后才会照着"知"去"行"。他说:"须以知为本,知之深则之必至,无有知之而不能行者。知而不能行,只是知得浅。饥而不食鸟喙,人不蹈水火,只是知。人为不善,只为不知。"(《二程遗书》卷十五)他认为,"知"是根本,深刻的认知是一定能行的,没有"知"而不能"行"的,人不吃有毒的东西,因知它有毒;人不向水火走,因为水火可以让人丧生。人做坏事,就是因为他不知分别善恶。所以"知之不能行,只是未真知"。由于程颐强调"知"对"行"的作用,他认为,"非惟行难,知亦难也。《书》曰:非知之艰,行之惟艰。此故是也,然知之亦自艰"。这就是说,不仅"行"很难,"知"同样很难,所以黄宗羲说:"伊川先生已有知行合一之言。"(《宋元学案》卷七五)我们可以说,程颐是重"知"的"知行合一"说。

朱熹继承程颐"知先行后"之说,《朱子语类》卷九:"问致知、涵养先后。曰:须先致知而后涵养。""致知"是"知","涵养"是"行"。但他特别提出"知行常相须"的知行并进说。"知与行工夫,须着并进。知之愈明,则行之愈笃;行之愈笃,则知之益明。二者皆不可偏废。"(《朱子语类》卷十四)"知行常相须,如目无足不行,足无目不见。论先后,知为先;论轻重,行为重。"致知、力行,用功不可偏。偏过一边,则一边受病。如程子云:"涵养须用敬,进学在致知。分明自作两脚说,但只要分先后轻重。论先后,当以致知为先;论轻重,当以力行为重。"(《朱子语类》卷九)朱熹认为,"知""行"虽有先后、轻重之分,但都不可偏废,他说:"涵养、穷索,二者不可废一,如车之两轮,如鸟之两翼。"故有谓程朱是"重知的知行合一说"。在讨论"论知之与行"的关系问题上,朱熹还认为:"方其知之,而行之未及也,则知尚浅。既亲历其域,则知之益明,非前日之意味。""知"虽是"行"的基础与前提,但在"行"(实践)的过程中会加深"知",人们会对道理更加明白起来。朱熹所以重"行",则是因其把"知"与"行"的问题视为道德修养问题,所以他说:"善在那里,自家却去行他,行之久则与自家为一,为一则得之在我。未能行,善自善,我自我。"(《朱子语类》卷十三)"善在那里"是"知"的问题,"自家却去行他"是"行"的问题,是一个道德修养问题,是一个必之于事功的问题。如何成圣成贤,必得"知行合一",才可以成就至善之美德。在中国儒家学说中常言"体道"(或体认"天理"),此或有二义:一为"以道为体",即圣人和"道"认同,而"同于道";另一则是说圣人实践"道体",即依"天道"身体力行之,它不仅是"知"的问题,而且更是"行"的问题,这或是朱熹之所以重视"行"之故。盖儒家自古皆以通过自身的道德修养而实现其"治国平天下"之理想。

"知行合一"作为一明确的命题是由王阳明提出的,这在《传习录》中多处载有:

> 知之真切笃实处便是行,行之明觉精察处便是知。若行而不能明觉精察便是冥行,所以必须说个知,知而不能真切笃实便

是妄想,所以必须说个行。原来只是一个工夫。凡古人说知行,皆是就一个工夫上补偏救弊说,不似今人截然分两件事做。如今说知行合一,虽亦是今时补偏救弊说,然知行体段亦本来如此。①

王阳明认为,能够做到明觉精察(即是说"有自觉")的"行"就是"知",这样的"行"才不是盲目的"行";能够做到"真切笃实"(即是说"真实无妄")的"知"就是"行",这样的"知"才不是虚妄的"知"。所以说"行"必须和"知"一起来说,说"知"必须和"行"一起来说,无所谓"先后"。因此他的"知行合一"学说是为了纠正程朱的"知先行后"说的。关于"知行合一",王阳明解释他为什么要提出"知行合一",他说:"今人学问,只因知行分作两件,故有一念发动,虽是不善,然却未曾行,便不去禁止。""我今说个知行合一,正要人晓得,一念发动处,便即是行了,发动处有不善,就将这不善的念克倒了。须要彻根彻底不使那一念不善潜伏在胸中,此是我立言宗旨。"(《传习录》)王阳明说,他之所以立"知行合一"学说是为了反对把"知"和"行"分割为二。为什么不能把"知"和"行"分割为二,他有个前提就是要存善、去不善。对于一个人的道德修养说,不仅见之于日用伦常中的"不善"要克倒,而且潜藏于胸中的不善念头也要克倒,而且"须要彻根彻底不使那一念不善潜伏在胸中"。如果我们说,知善知恶是"知",似乎在胸中而未实现在日用伦常中的善或不善的念头也应属于"知"或"不知"(知善知恶

---

① 《传习录》:"知行原是两个字说一个工夫。这一工夫须着此两字,方说得完全无弊病。"又说:"若会得时,只说一个知,已自有行在,只说一个行,已自有知在。""知不行之不可以为学,则知不行之不可以为穷理矣。知不行之不可以为穷理,则知行合一并进,而不可分为两节事。"

或不知善恶）。但王阳明却认为善的或恶的念头就是"行"了。这看来似乎说不通，但从儒家的道德修养上说则有其合理性。在《论语》中有条记载："吾日三省吾身，为人谋而不忠乎？与朋友交而不信乎？传不习乎？"（《学而》）省者，反省此或可有两解：一所行之事是否合乎道义，应该时时反省；二自己心中的念头是否合乎道义，应时时反省。就前者说，是"行"；就后者说则是尚未见之于外的行，而似王阳明之"一念"之发动。《朱子语类》卷十二《持守》谓："圣贤千言万语，只要人不失其本心。""未有心不定而能进学者。人心万事之主，走东走西，如何了得。""学者为学，未问真知与力行，且要收拾此心，令有个顿放处。若收敛都在义理上安顿，无许多胡思乱想，则久久自于物欲上轻，于义理上重。"此即孟子的"收其放心"。禅宗有"不是风动，不是幡动""人者心动"之说，"心动"即"一念发动"，则有善有恶，"有恶"就必须克倒。人心为万事之主，"心"不可走东走西、不可胡思乱想；心走东走西，胡思乱想必须克倒它。照王阳明看，心的走东走西、胡思乱想，就是"一念发动"，这便是"行"，应该克倒。就这点说，把"一念发动处"看成是"行"，对人之道德修养应说是极有意义的，此或是"自律"之极致。《大学》《中庸》皆言"慎独"，阳明之"一念发动处便是行"和"慎独"应有密切之关系，《辞海》"慎独"是说：

> 中国儒家道德修养用语。指在无人察觉的闲居独处时，尤须谨重地对待自己的行为，自觉遵守道德要求。《礼记·中庸》说："道也者，不可须臾离，可离非道也。故君子戒慎乎不睹，恐惧乎其所不闻，莫见乎隐，莫显乎微，是故君子慎其独也。"东汉郑玄注："慎独者，慎其闲居之作为。"《大学》说："戒于中，形于外，故君子必慎其独也。"以为慎独要"诚其意"而"毋自欺也"，从

道德心理对"慎独"作了阐发。南宋朱熹则以理学的观点进行发挥。认为对待人所不知而己所独知的细微之事,君子之心应"常存敬畏",不敢疏忽,此"所以存天理之本然而不使离于须臾之顷","所以遏人欲于将萌而不使其滋长于隐微之中"(《中庸章句》),将"慎独"作为"存天理"的重要方法。……"千古相传只慎独二字要诀,先生(指王守仁)言致良知,正指此。"(《刘子全书》卷十三《阳明传习录》)……①

按:此条谓"慎独"是"须谨重地对待自己的行为",但"慎独"是否仅仅关乎"行"? 我认为,也关乎"知",因念头之不善亦应克倒。《大学》:"所谓诚意者,毋自欺也。如恶恶臭,如好好色,此之谓自谦,故君子必慎其独也。"朱熹注说:"诚其意者,自修之首也。毋者,禁止之辞。自欺云者,知与善以云恶,而心之所发,有未实也。慎,便也,足也。独者,人所不知,而己所独知之地也。言欲自修者,知为善以去其恶,则当实用其力,而禁止其自欺,使其恶恶则如恶恶臭,好善则如好好色,皆务决去而求之必得之,以自快足于己,不可徒苟且以徇外而为人也。然其实与不实,盖有他人所不及知而己独知之者,故必谨之于此,以审其几焉。"朱熹这段对"慎独"的注可注意者有二:"慎独"是要求其"思想"和"行为"在别人不察知而只有自己心知肚明的情况下,也要"知为善以去其恶""而禁止其自欺"。这就是说对善、恶的取舍应有一"自觉",应自觉地"使其恶恶则如恶恶臭,好善则如好好色"。王阳明说:"人但得好善如好好色,恶恶如恶恶臭,便是圣人。"(《传习录》)这样就可以彻底防止做出不符合道德规范的事。第二,

---

① 关于"慎独",在《礼记·礼运》《荀子·不苟》以及马王堆帛书《五行篇》《郭店楚简·五行》均有所论,兹不录。

朱熹认为,君子之心应常存敬畏,不疏忽,"所以遏人欲于将萌而不使其滋长于隐微之中"(《中庸·章句》)。这就是他所说的"故必谨之于此,以审其几焉",要防止于萌芽状态的"动机"。我想,这也许正是王阳明据此可以发挥成"一念发动处便是行"的原因,也就是说王阳明的这一命题应和"慎独"有着密切的关系。就这方面看,王阳明在"知行合一"问题上特别重视其道德上的意义。王阳明说:"《大学》指个真知行与人看,说如好好色,如恶恶臭。见好色属知,好好色属行,只见那好色时已自好了,不是见了后又立个心去好;闻恶臭属知,恶恶臭属行,只闻那恶臭时已自恶了,不是闻了后另立个心去恶。"(《传习录》)于是他提出"一念发动处便是行"的论断,这就是说他提倡"知行合一"的目的是要从思想上防止对道德规范的违背。

那么也许我们要问,王阳明的"知行合一"学说除了道德上的意义之外,是否也有"认识"上的意义呢?不过道德上的"知""行"问题应是和"认识"上的"知""行"问题分不开的。王阳明说:"真知即所以为行,不行不足以为知。"(《传习录》)意谓,"真知"应是见之于"行"之"知",不身体力行不能被认为是"真知",所以王阳明说:"知之真切笃实处便是行,行之明觉精察处便是知。知行工夫,本不可离。"(《答顾东桥书》)据此他论证说:"如言学孝,则必服劳奉养,躬行孝道,然后谓之学,岂徒悬空口耳讲说,而遂可以谓之学孝乎?学射必张弓挟矢,引满中的;学书则必伸纸执笔,操觚染翰。尽天下之学,无有不行而可言学者,则学之始固已即是行矣。"(《答顾东桥书》)王阳明的"知行合一"是把"知"和"行"看成是统一的,"知"必见之于"行",离开了"行"的"知"不是"真知",即实是"不知";"行"必是自觉的"知",这样的"行"才不是妄行,而是真切笃实的行。所以王阳明反对知先行后论,他强调"知"和"行"不能分离。他说:"知是行的主意,行是知的工夫；知是行之始，行是知之成。若会得时，只说一个知，已自有行在；只说一个行，已自有知在。"(《传习录》)知是行的主导，行是知的体现，知是行的开端，行是知的完成。知中有行，行中有知，两者不能分离，它是一个统一的过程。王阳明的这个"知行合一"学说，应说作为一种道德学说是十分有价值的，它体现着中国传统美德，即所知必须见之于行，才是做人的道理。

但是，王阳明的"知行合一"学说是否也存在一些问题呢？这点贺麟先生在他的《知行合一新论》(以下简称《新论》)中有所讨论。贺先生说："王阳明之提出知行合一说，目的在为道德修养，或致良知的工夫，建立理论的基础。"他又说："不批评地研究知行问题，而直谈道德，所得必为武断的伦理学(dogmatic ethics)。因为道德学研究行为的准则，善的概念，若不研究与行为相关的知识，与善相关的真，当然会陷于无本的独断。"为此，在《新论》中贺麟先生企图为王阳明的"知行合一"学说建立一知识的基础。《新论》首先利用西方哲学对概念分析的方法对"知"和"行"进行知识性的分析，他说："'知'是意识活动，'行'是生理活动，所谓'知行合一'就是两种活动同时产生或同时发动。"贺先生把这种"知行合一"称为"自然的知行合一论"。这个"知"与"行"同时产生或同时发动虽是源自西方哲学家斯宾诺莎，而贺先生进一步解释说："知行合一乃指与行为同一生理心理活动的两面而言。知与行既是活动的两面，当然两者是合一的。"这可以说是利用近代心理学和生理学的知识而得出的结论。所以贺先生认为，王阳明的"知行合一"是一种"价值的知行合一观"，它自有其德行和涵养心性方面的价值，但是这种"价值的知行合一观"应有知识论的基础，而他的"自然的知行合一论"可以包含王阳明的"价值的知行合一观"又为其提供了合理的知识基础。

关于"知""行"关系问题在儒家的演说中是一重要的问题,儒家所重视的经典《尚书》就讨论了这个问题,而且总的倾向是认为"知"必须"行",所以儒家没有把这个问题看成只是一个"知识"的问题,而认为它从根本上说是一个道德上的身体力行的问题,是一个基于心性的修养的道德实践问题。虽然,不同的儒家思想家在论证"知""行"关系时或者有所偏重,但总体上说都认为"知"和"行"是一统一的过程,两者不能截然分开。而王阳明的"知行合一"学说就其价值说为儒家的"道德修养"建立了较为完整的理论基础。当然,就"知""行"作为"知识"的(认识论的)问题来探讨,从中国传统哲学(特别是儒家哲学)说仍然有许多问题有待进一步研究,以使儒家的道德学说能有一更加完满的"认识论"基础。

选自《汤一介集》第五卷。原题《论儒家的"知行合一"》,刊于《儒家典籍与思想研究》第一辑,北京大学出版社2009年版。

论"情景合一"

"情景合一"作为一重要的美学命题,它的意思是说好的文学艺术作品是"情"和"景"结合的产物;"情景合一"作为一美学命题在宋元明清时期已有许多论述,特别是近代王国维的《人间词话》论之颇详。但关于美感的表述早在先秦就已经有了。孔子说:"仁者乐山,智者乐水",已接触到"情""景"问题。人之所"乐"为人之感情,所乐者或山,或水则为"景"矣。"乐山""乐水"正是人之"情"与山水之"景"会合而发生的。我们知道,孔子是一感情丰富的人,他在齐国听相传是虞舜时代的"韶"乐,很长的时间尝不出肉的味道,他说:想不到听音乐竟能达到这样的境界(子在齐闻韶,三月不知肉味,曰:"不图为乐之至于斯也。")。孔子站在奔流的河边,他叹息着说:消失的时光像河水一样呀!日夜不停地流去(子在川上,曰:"逝者如斯夫,不舍昼夜。")。这都说明孔子的触景生情,它虽表现了"情""景"关系,但只是说外在的"景"可以引起内在的"情"的发生或变化,当然还说不上是对"情""景"关系问题的理论论述。荀子说:"乐者,乐也,人情之所必不免也,故人不能无乐。乐则必发于声音,形于动静;而人之道,声音动静,性术之变尽是矣。"第一句的前面一"乐"字是指音乐,后面一"乐"字是指人的"喜乐",对于人说"喜乐之情"总是人们所要求的,所以不能没有"音乐"来满足人们这方面的要求。"音乐"必然是表现为发出的外在的声音动静;而又由于声音动静引起人心内在感情的变化,这是"音乐"的功能。为什么"音乐"有上述这方面的作用?这是由于荀子认为,"琴瑟乐心",音乐使人快乐,在于"其清明象天,其广大象地,其俯仰周旋,有似于四时"。荀子这个看法应说很有意义,说明他注意到"音乐"和"大自然"的关系,能使人心喜乐的美好音乐应是能再现"大自然"的清明广大。"音乐"表现的"大自然"为"景",而"音乐"感动人心而为"情",这就是说"音乐"是实现"情""景"交融、体现着"情景合一"的一种境界。荀子的这段论述虽说包含着"情景合一"的思想,但这也还不能说是对"情景合一"的理论表述。中国的美学或文学艺术理论真正成为一门独立的学问,成为有系统的理论体系,大体上说应该是在魏晋南北朝时期,那时不仅有表现"情景合一"的许多文学艺术作品,而且已经有了"情景合一"的理论表述。刘勰《文心雕龙·物色》说:"春秋代序,阴阳惨舒,物色之动,心亦摇焉。……岁有其物,物有其容;情以物迁,辞以情发。"春与秋更迭着季节的次序,阴和阳影响着人事的哀乐,自然物的声色稍有变动,人的心情就会随之而摇荡。四时各有其物,万物各有其容;心情随物而变化,言辞依情而触发。① 此处刘勰已接触"情""景"关系问题,或如杨牧《陆机〈文赋〉校释》说"物色"有感于物而兴起的意思,即所谓"即物起兴"或"既境生情"。② 其后,在钟嵘的《诗品序》中说:"气之动物,物之感人,故摇动性情,形诸舞咏。"大气使景物千变万化,景物的变化感荡着人们,激发了人的感情,而有歌舞之表现。"景物"和人的情感一结合就会产生文学艺术作品,钟嵘的这段话可以说是"情景合一"思想之滥觞。在《诗品序》中还有一段话或更好地表达了"情景合一"的思想:"夫四言文约意广,取效《风》《骚》,便可多得。每苦文繁而意少,故世罕习焉。五言居文辞之要,是众作之有滋味者也,故云会于流俗。岂不以指事造形,穷情写物,最为详切者耶? 故诗有

---

① 此"译语"据李蓁非:《〈文心雕龙〉释译》,江西人民出版社1997年版。
② 参见杨牧:《陆机〈文赋〉校释》,台北洪范书店1985年版。

三义焉：一曰兴，二曰比，三曰赋。文已尽而意有余，兴也；因物喻志，比也；直书其事，寓言于物，赋也。宏斯三义，酌而用之，干之以风力，润之以丹彩，使味之者无极，闻之者动心，是诗之至也。"意思是说：四言诗文字少，含义广，只要效法《国风》《离骚》，便可写出很多作品。但在创作实践中，却往往苦于文字写得很多而含义甚少，所以很少人能够熟练地运用它。于是，五言诗便跃居主要地位，成为各类作品中最有滋味的，所以很合乎世俗所好。岂不是因为它指说事情，创造形象，畅抒感情，描写景物，最为详明而贴切吗？因之，诗有三种表现手法：一是兴，二是比，三是赋。文字已尽而余意无穷，这是兴；借助外物来喻说情志，这是比；直截了当地叙述事情，有所寄托地描写外物，这是赋。综合这三种表现手法，斟酌情况而加以运用，以"风力"为作品的骨干，以"丹彩"为作品的润饰，使欣赏者感到意味无穷，听诵者觉得动人心弦，是诗歌无上的境界了。[①]"穷情写物"，作诗必穷尽其"感情"来描写"景物"才是"神品""至文"，这是一境界问题，不能"穷情"如何能写得好"景物"呢！照钟嵘看，"兴""比""赋"虽都是用文字表现出来，但都必是"穷情写物"的。"兴"之用文字写，必其意不穷，"无穷之意"是"穷情"而有；不是穷尽其情的写物，不能成"神品"。"比"是要借助外物以抒发其感情，只有体外物之深而所发之感情才可"尽善尽美"，而有"至文"。"赋"则必须寄托其感情于景物，才能再现造化之功。因此，诗之佳作要靠诗人内在的性情涵养，以及对外在"景物"描写的神功，才可以"动人心弦"，成"无上之神品"。就此，我们可以说"穷情写物"正是"情景合一"的极好的表述。

　　自宋以后，在文学艺术方面讨论"情""景"问题的渐多，初有宋代

[①] 此处据周伟民、肖华荣《〈文赋〉〈诗品〉注译》的译文，中州古籍出版社1985年版。

范晞文在《对床夜话》中提出诗有"景中之情"和"情中之景"之分,如杜甫之"水流心不竞,云在意俱迟"为"景中之情";如杜甫之"卷帘唯白水,隐几亦青山"为"情中之景"。虽然有的诗在情中现景,有的诗在景中现情,但在诗的创作中情和景是不能分割的,"景无情不发,情无景不生",故"情景相触而莫分也"。自此以后,"情""景"关系作为一种文学艺术理论问题的论述渐渐多了起来。元方回在《瀛奎律髓》中也认为杜甫的诗如"云片天共远,永夜月同孤"是"景在情中""情在景中",好诗"情""景"是融为一体的。明朝论述"情景合一"更为普遍、更为系统。如前后七子多言"情景合一",谢榛在《四溟诗话》中说:"作诗本乎情景,孤不自成,两不相背。""诗"作为一种文学艺术作品应是由"情""景"两个方面结合而成,只有一个方面不能成为佳作。又说:"夫情景相触而成诗,此作家之常也。"谢榛还说:"子美曰:细雨荷锄立,江猿吟翠屏。此语宛然入画,情景适会,与造物者同其妙……"谢榛的意思是说杜甫这两句诗就如造物者所就一样奇妙,是"情"和"景"的巧妙完美的"合一",真得"原天地之大美"也。所以他说:"诗乃模写情景之具,情融乎内而深且长,景耀乎外而远且大。"就诗是模写情景的一种文学艺术形式说,其"情"是内在于人的,"景"是外在于境的,合内外而有诗之作。但作成好的"情景合一"的诗是不容易的,谢榛说:"凡作诗要情景俱工,虽名家亦不易。"与谢榛不同派别的公安派袁中道也以"情景合一"立论,如他在《牡丹史序》中说:"天地间之景,与慧人才士之情,历千百年来,互竭其心力之所至,以呈工角巧意,其余无蕴矣。""情""景"相融的作品是千百年来文学家、艺术家用尽心思,以各种技巧所追求的,这点是毫无疑义的。

清初戏剧理论家李渔在《窥词管见》中说:"文贵高洁,诗尚清真,况于词乎?作词之料,不过情景二字。非对眼前写景,即据心上说情,说得情出,写得景明,即是好词。情景都是现在事,舍现在不求,而求诸千里之外,百世之上,是舍易求难,路头先左,安得复有好词!"李渔认为,词也和诗文一样应在"高洁""清真"求得。"词"无非是由"情""景"而成,无论是据"眼前之景",还是发自"心上之情",只要能在作品中把"情""景"很好地表现出来,就是好词。而无论"说情""写景"都是词人的当下感悟,不应有时空之隔绝,如果有时空之隔,非在当下,那么作词就走错了路,是无好词的。这里李渔着重的是说,作词离不开"情""景",能把当下之"情""景"表现出来才可能是好词。而"写景"应是"情中之景","说情"应是"景中之情",都和当下之感受有关,离当下之感受而求之"千里之外,百世之上",是出不了好词的。如果说此前的诗文论者对"情景合一"有很多精彩论说,那么我们可以说到王夫之则使我国文学艺术"情景合一"的理论更为圆满。王夫之在《姜斋诗话》中说:"情景名为二,而实不可离。神于诗者,妙合无垠。巧者则有情中景,景中情","景中生景,景中生情,故曰景者情之景,情者景之情","情景一合,自得妙语"。王夫之认为,好的诗必是情景相融,这两方面是不能分离的。有的诗虽是写"景",但其实是"情"在"景"中;有的诗虽是写"情",但实是"景"在"情"中。好的诗词总是"情景相融",写"景"而"情"在其中,而写"情"则"景"藏其后,所以王夫之说:"情景虽有在心在物之分,而景生情,情生景,哀乐之触,荣悴之迎,互藏其宅。"他评张治《秋郭小寺》[①]说:"龙湖(按:张治有《龙湖诗集》)高妙处,只在藏情于景。间一点入情,但就本色上露出,不分涯际,真五言之圣境。'远树入孤烟',即孤烟藏远树也,此法创自盛唐,偶一妙耳,必融目警心时方如此耳云云,乃是情中景。"诗有

[①] 张治《秋郭小寺》:"短发行秋郭,尘沙记旧禅。长天依片鸟,远树入孤烟。野旷寒沙外,江深细雨前。马蹄怜暮色,藤月自娟娟。"

藏情于景者,亦有藏景于情者,但都是"情景合一"的,是"孤不自成"的。在评李白《采莲曲》①中说:"卸开一步,取情为景。诗文至此,只存一片神光,更无形迹矣。"此说李白《采莲曲》虽写采莲女之"情",而实是"取情为景""景在情中",真是"情景交融"之神笔,在《采莲曲》中"情""景"妙合无垠,了无形迹。王夫之认为上等文学艺术作品应是"情景相入,涯际不分"。因此,他认为好的文学作品无论是表现为"情中景""景中情"还是"情景相入",都是"情景合一"的。所以他说:"夫景以情合,情以景生。初不相离,唯意所适,截分两橛,则情不足兴,而景非其景。"朱庭珍的《筱园诗话》卷四也颇有相似说法:"律诗炼句,以情景交融为上,情景相对次之,一联皆情,一联皆景又次之。……情景交融者,景中有情,情中有景,打成一片,不可分拆。"这也是说能表现"情景合一"之诗文为文学艺术之上品。王夫之在对帛道猷的《陵峰采药触兴为诗》②的评论中说:"宾主历然,情景合一。升庵欲截去后四句,非也。"盖帛道猷的这首诗,前部分六句主要是写"景"的,后四句主要是写诗人之情的,但就全诗看是写"情景合一"的,如果像杨慎那样主张把后四句截去,那么这诗就不完整了,就体现不了帛道猷"情景合一"的用心。看来,王夫之在评论文学作品时处处都以"情景合一"作为标准。有清一代,讨论文学作品的"情""景"问题的文学评论家有很多,如方东树说:"诗人成词,不出情、景二端……尤在情景交融,如在目前,使人津咏不置,乃妙。"(《昭昧詹言》卷七)朱庭珍说:"夫律诗千态万变,诚不外情景、虚实二端。然在

---

① 李白《采莲曲》:"若耶溪边采莲女,笑隔荷花共人语。日照新妆水底明,风飘香袖空中举。岸上谁家游冶郎,三三五五映垂杨。紫骝嘶人落花去,见此踟蹰空断肠。"
② 帛道猷《陵峰采药触兴为诗》:"连峰数千里,修林带平津。云过远山翳,风生梗荒榛。茅茨隐不见,鸡鸣知有人。闲步践其径,处处见遗薪。始知百代下,故有上皇民。"

大作手,则一以贯之,无情景虚实之可执也。写景,或情在景中,或情在言外。写情,或情中有景,或景从情生。断未有无情之景,无景之情也。"(《筱园诗话》卷二)施补华说:"景中有情,如'柳塘春水漫,花坞夕阳迟';情中有景,如'勋业频看镜,行藏独依楼';情景兼到,如'水流心不竞,云在意俱迟'。"(《岘佣说诗》)这些都是从诗词方面论说"情景合一",而其时还有从作画方面论说"情景合一"者,如清中布颜图在《画学心法问答》中说:"山水,不出笔墨、情景。情景者,境界也。古云:'境能夺人。'又曰:'笔能夺境'。终不如笔、境兼夺为上……吾故谓笔墨、情景,缺一不可,何分先后?""情景入妙,为画家最上关捩,谈何容易?宇宙之间,唯情景无穷……"绘画要在能画出真景物、真感情,合真景物、真感情而成境界,此作品体造物之妙,而成"神品"。故布颜图认为画之上品以"情景入妙"最为关键。

王国维把美学的"情景合一"论与中国的"境界"论联系在一起,可以说把这一美学理论提升到"天人合一"论的哲学高度。王国维在《文学小言》中说:"文学中有二原质焉:曰情,曰景。"意思是说,构成文学作品的最根本要素是"情"和"景",这个观点和他在《人间词话删稿》中所说"昔人论诗词,有景语,情语,不知一切景语,皆情语也"的思想是相关联系的。意思是说,虽然文学有"情""景"二原质,但"景语"要以"情语"而再现,盖"情语"尝寓于"景语"之中。这个观点在王夫之《姜斋诗话》中也有所论说:"不能作景语,又何能作情语邪?古人绝唱多景语,如'高台多悲风'……'池塘生春草'……皆是也,而情寓其中矣。"而王国维从境界论上讨论"情""景"问题,他说:"词以境界为最上,有境界则自成高格,自有名句。"何谓"境界"?王国维说:"境非独谓景物也,喜怒哀乐,亦为人心中之一境界。故能写真景物、真感情者,谓之有境界,否则谓无境界。"所以在王国维看"境界"

一词,除"景物"外,实当亦兼指"情意"。叶嘉莹对此解释说:"境界之产生,全赖吾人感受之作用;境界之存在,全赖吾人感受之所及。因此,外在世界在未经吾人感受之功能予以再现时,并不得称之为境界。从此一结论看来,可见静安先生所标举之境界说,与沧浪之兴趣说及阮亭之神韵说,原来也是有着相通之处的。"(《迦陵论词丛稿》)王国维所注重的"境界"是词人之"境界",其要在词人能否以其感情再现天地造化之功,而成"神品";而词成"神品"之关键则在能否"情景合一",故王国维说:"'红杏枝头春意闹',著一'闹'字,而境界全出。'云破月来花弄影',著一'弄'字,而境界全出矣。"此"闹"、此"弄"正是他所说之"人心中之一境界",而"红杏枝头春意闹""云破月来花弄影"正是体现着"情景合一",而为词人所得一"情景合一"之境界。诗词中的"情景合一"的境界,实是"天人合一"在审美意向上之表现。为什么王国维要从"境界"的角度来说"情景合一",这正因为"情景合一"实是"天人合一"问题。如果我们以"真""善""美"来讨论"天人合一""知行合一""情景合一"问题,也许这三者都是一"境界"问题。①

从中国传统哲学的总体上看,我们可以说"情景合一"和"知行合一"一样,都是从"天人合一"派生出来的。"知行合一"无非要求人们既要知"天道""人道",又要在生活实践中行"天道""人道",而"人道"本乎"天道",所以知且行"天道",也就是知且行"人道"了,这就是说做到"知行合一"就能达到"天人合一"之境界,故实践"知行合一"要以"天人合一"为前提。"情景合一"要求人们以其思想感情再现天地造化之功,如庄子所说"圣人者,原天地之大美"。人们的思想感情于

---

① 参见拙作《论中国传统哲学的真善美问题》(《中国社会科学》,1984 年第 5 期)和《再论中国传统哲学的真善美问题》(《中国社会科学》,1990 年第 3 期)。

再现天地造化之功,必以"人"与"天"为一体而可能。因此,"知行合一""情景合一"均须是"人"主动的与"天"的"合一"。人生活在天地之中,要"做人",也要有"做人"的乐趣,孔子说:"知之者,不如好之者。好之者,不如乐之者",乐山、乐水均在当下领略天地造化之功。人要能在生活中领略天地造化之伟大功力,就必须能有再现天地造化之功力,于此而表现人之创造力,人的与天地上下同流之精神境界,而使"文"成"至文",画成"神品",乐成"天籁"。所以文学艺术的要求、"美"的要求应是"情景合一"的,在"景中生情,情中生景""情景一合,自得妙语",在此文学艺术家即可达"天人合一"之境界,而与天地万物为一体。

"天人合一"是要求"人"在生生不息的"天道"变化中实现自我与"天"的认同,这是"人"对"真"的探求的过程,它体现着"天""人"之间的内在"合一"。"知行合一"要求"人"在生活中认知并实践"天人合一",即在生活实践中体现"天道""人道"(即天人合一之道),这是"人"在修身养性、身体力行中自我完成其"善"的成圣成贤的路径。"情"是人之情,"景"是"原天地"而为景,"情景合一"是要求"人"在不断深化其思想感情而感受天地造化之功,"原天地之大美",而达到"情景交融"美的境界。中国哲学关于"真""善""美"之所以可用"天人合一""知行合一""情景合一"来表述,这正体现着中国传统哲学以追求一种理想的人生境界为目标,而"天人合一"正是中国的一种在"人"与天地万物之间有着相即不离的内在关系的世界观和思维方式。

选自《汤一介集》第五卷。原刊于《北京大学学报》2008年第2期。

中国传统哲学的理论体系

中国传统文化的特质

关于"中国传统文化的特质"或"中国传统文化的特点",现代许多学者都提出过种种不同的看法,而且有不少很有意义、很有价值的见解。近现代的一些国学大师或著名学者如梁启超、熊十力、钱穆、冯友兰、唐君毅等都曾讨论过这个问题。梁启超说:"'内圣外王之道'一语,包举中国学术之全体,其旨归在于内足以资修养而外足以经世"(《论语考释》中之《庄子天下篇释义》)。熊十力在《读经示要》中据《大学》首章,而对"内圣外王之道"有一种解释,他说:"君子尊其身,而内外交修,格、致、诚、正,内修之目也;齐、治、平、外修之目也。"并以此为中国文化之精神所在。冯友兰有一本书叫《新原道》,一名《中国哲学之精神》,在《绪论》中说:"在中国哲学中,无论哪一派哪一家,都自以为是讲'内圣外王之道'";又说:"圣人的人格,是内圣外王的人格。照中国哲学的传统,哲学是使人有这种人格底学问。所以哲学所讲的就是中国哲学家所谓内圣外王之道。"并以为这"真是中国哲学的精神"。当然,"学术"不等于"文化",但它体现着一种文化的精神;"哲学"也不等于"文化",但它是文化的核心。从中国传统文化的发展史看,"内圣外王之道"确实表现了中国文化的一个重要方面,最早虽然见于《庄子·天下篇》,但它似乎更是儒家思想的精神。钱穆在他的《中国文化特质》中说:"中国文化特质,可以'一天人,合内外'六字尽之。"这似乎也是儒家思想的特质。唐君毅在《与青年谈中国文化》中说:"我们中国文化的精神,在根本上一言以蔽之,即重人的精神。"这个看法也是有根据的,但是否仅仅如此,似乎也有可以讨论之处。这种精神也主要是指在我国历史上有最大影响的儒家的精神，因为荀子就曾批评过庄子"蔽于天而不知人"。不过我们知道，在中国历史上起过重大作用的还有道家，而道家则更重视"自然"；在印度佛教传入以后，特别是禅宗也对中国文化产生过大影响。因此，在我们讨论"中国传统文化的特质"时，就不能不考虑到道家和佛教中禅宗的影响。这就是说，我们是否应找到一种说法来表现"中国传统文化的特质"，它既能包含儒家思想的特质，又能包括道家，甚至中国化的佛教禅宗的特质，这样也许更有意义。

在我考虑"中国传统文化的特质"时，使我想到1983年在加拿大举行的第十七届世界哲学大会，这次大会第一次设了"中国哲学的圆桌会议"，在会上，国际现象学会女哲学家田缅尼卡（Tyminecka）有一段发言。田缅尼卡说："西方常常在不知不觉间受惠于东方而不自觉，像莱布尼兹之重视普遍和谐观念即是一个例证。"她甚至认为当前中国哲学比西方哲学幸运，未曾走上西方目前分崩离析的道路。当前的西方至少有三点可以向中国哲学学习：（1）崇尚自然；（2）体证生生；（3）德性实践。但西方文化必须自求多福，浮泛地向东方借一些东西来充门面是不行的，因此文化之间的对话则是绝对必要的。这是一位西方学者对东方文化、中国文化的看法。她强调的是西方应向东方学习，而且"西方文化必须自求多福"，不能只是"浮泛地向东方借一些东西充门面"。这正表现了西方学者中的一些有识之士看到了他们文化发展到现代所产生的弊病，而希望认真吸收某些东方文化的有益成分，以便他们的文化更好更健康地发展，而能继续在世界上起主导作用。那么我们中国学术界应该如何呢？我想，在我们讨论中国文化问题时，不仅应看到我们文化传统的优秀方面，也应看到它的缺陷；对西方文化应认真吸取，也不能浮泛地向西方借一些东西充门面。不过，田缅尼卡对中国文化的看法，似乎值得我们重视，对我们或有启发。有时从外面来看中国文化的特点可能对我们有帮助，"不识庐山真面目，只缘身在此山中"。因此，我想我们可以从这位女哲学家提出的三个方面加以发挥来说明中国文化的特质。

下面我们的讨论将从"崇尚自然"开始，再谈到"体证生生"，最后谈到"德性实践"，这不是就这三者在时间发展上的先后说的，也不是就他们的重要性上说的，而是就理论上看、逻辑上看或应如此，也就是说我们以今天的眼光看中国传统文化的特质可以照这样的排列来进行讨论。说到中国传统文化，它是历史已经形成的，它虽然是已存的、过去的，但它在今天我们的社会生活中又表现为一种现实存在的"文化传统"，仍然在起着作用。这里，我们在分析和描述这个"文化传统"时，是从特点上说的，即是着重讨论它的正面意义，这决不意味着我们的文化传统只有正面意义的，恰恰相反，在我们的文化传统中确实有许多东西在今天的社会中起着负面的作用，而应该被我们所否定。不过，我们这里讨论的"崇尚自然""体证生生""德性实践"是认为它们在过去中国文化中有着某些正面的价值，而且今天经过我们给以现代的解释，它或者仍然有其正面的价值，甚至也许对人类文化的发展有着重要的意义。当然，我并不认为，中国传统文化中关于"崇尚自然""体证生生""德性实践"或者说"中国文化的特质"只有正面的价值，而无负面的作用，但我们要发掘的则是它的正面价值。

这里我想借用田缅尼卡所提出的关于中国文化的三点意见加以发挥来说明中国文化的特点。我认为，"崇尚自然"可以解释为，在中国文化中把"自然（宇宙）"看成是一和谐的整体，这说明它有着一种追求"自然和谐"的观点；"体证生生"可以解释为，在中国文化中把"人"和"自然"看成是和谐的，或者说有着一种追求"人"和"自然"和谐的观点;"德性实践"可以解释为,在中国文化中认为"人"和"人"之间应该是和谐的,即有着一种追求"人"与"人"(即"社会")的和谐的观念。这就是说,在中国传统文化中存在着一种非常突出的"普遍和谐"的观念,而且它体现在儒道或者儒释道三家的思想之中。虽然儒释道在这个问题上的具体看法不同,但它们在主张"自然的和谐""人与自然的和谐""人与人的和谐"问题上却有着共同的趋向。把追求"普遍和谐"作为中国文化的特点,我认为也许更能全面地体现中国文化的本质。

一 崇尚自然

一般认为"崇尚自然"是道家思想的特色,这点我想是没有问题的。但是,是否儒家就没有"崇尚自然"这一方面吗?照我看,如果把"崇尚自然"了解为追求"自然的和谐",也许情况就不大一样了,儒家也有"崇尚自然"的观念,甚至禅宗也有"崇尚自然"的观念。

老子可以说是最早明确地提出"崇尚自然"的哲学家,他提出:"人法地,地法天,天法道,道法自然。"人应该效法地,地应该效法天,天应该效法道,道则是自然而然的。归根结底人应该效法"道"的自然而然,即效法自然。为什么人要效法"自然"?这就因为"自然"是和谐的。照老子看,"自然"是和"人为"相对的,而老子反对破坏自然和谐的"人为"。体现自然的"道"是一和谐的整体,人们应该照着"道"的要求行事。破坏了自然的和谐,人就要受到报应。《老子》第十六章中说:"致虚极,守静笃,万物并作,吾以观复。夫物芸芸,各复归其根。归根曰静,静曰复命。复命曰常,知常曰明。不知常,妄作凶。""道"(宇宙的全体)是无所不包的和宁静的,因此万物才可以一起发生而不互相妨碍。万物是自然而然的存在着,又自然而然的回到它的根本,复其本性,这是它们的常态。知道万物的自然状态(即常态),才是明智的。破坏万物自然而然的"常态",轻举妄动就要受到惩罚,所以应"崇尚自然"。在《老子》第三十九章中说:"昔之得一(按:林希逸注:一者,道也。)者:天得一以清,地得一以宁,神得一以灵,谷得一以盈,万物得一以生,王侯得一以为天下正。"天得到了道就清明,地得到了道就安宁,神得到了它就灵验,山河得到了它就充满生气,万物得到了它就生生不息,王侯得到了它就天下太平。可见老子所追求的"崇尚自然"正是一个安详宁静的和谐世界。老子之所以追求和谐的世界,正是因为他认为"自然"本来就是和谐的。

庄子把"天"或"天地"看成是"自然"(宇宙之全体),他说:"天即自然。"(据王叔岷辑《庄子》佚文柳宗元《天爵论》谓:"庄周言天曰自然,吾取之。")他认为,一切事物都由天地产生,都包括在天地之中,如他说:"天地者,万物之父母也。"(《达生》)但天地不是故意这样做的,而是自然而然如此的,所以他又说:"天无为以之清,地无为以之宁,故两无为相合,万物皆化(生)。"(《至乐》)由于所有的事物都在天地之中,看起来它们有着各种各样的差异,但是它们实为一体之自然,故曰:"自其异者视之,肝胆楚越也。自其同者视之,万物皆一也。"(《德充符》)庄子认为,从根本上说天地是一和谐之整体。特别是庄子把"天地"看成是最高的"美",他称之为"大美"。而"大美"正是一种"自然之美",最无做作的美,最和谐的美。他说:"天地有大美而不言,四时有明法而不议,万物有成理而不说。圣人者,原天地之美而达万物之情,是故至人无为,大圣不作,观于天地之谓也。"(《知北游》)这里所谓的"大美""明法""成理"都是说的"自然的法则",与"人为"相对;所谓"不言""不议""不说"都是说"任自然",自己并不以此来夸耀。因此,圣人应根据天地大美的要求来通达万物之情,效法天地,任自然无为。由此可见庄子所追求的也是"自然的和谐""天地之大美"。

到魏晋,以老庄思想为骨架的玄学兴起,有嵇康、阮籍师法老庄,"老子庄周是吾师"。他们提出"越名教而任自然"。照他们看,自然原初是一和谐之整体,但后来由于人为破坏了自然的和谐,因此他们主张应恢复自然之和谐。所谓"自然",它是一无分别的统一体,"混一不分",但它又是很有秩序的,就时间上说"四时有常序",就空间上说"方圆有正体",就人类社会说本来也是有秩序的,"圣人明乎天人之理""以建天地之位"。"自然"是和谐的,这正因为它是统一体,所以"和";又因为它是有秩序的,所以"谐"。由于嵇康、阮籍都是当时著名文学家,因而他们常常用艺术家的眼光来看"自然",他们用音乐的和谐来说明宇宙的和谐,或者说正因为宇宙是和谐的才有音乐的和谐。嵇康在《声无哀乐论》中说:"音声有自然之和"。阮籍在《乐论》中说:"夫乐者,天地之体,万物之性也。合其体得其性则和。"阮籍把音乐看成是"天地之体""万物之性"的表现。宇宙本身就像和谐的音乐一样,它超乎利害得失,既无利害得失,从根本上说则无矛盾冲突,因此它是一和谐整体。不仅嵇康、阮籍把宇宙看成一和谐整体,就是王弼、郭象也是如此,虽王弼对这个问题所言甚少。王弼《老子指略》中说:"论太始之原以明自然之性。"这是说老子讨论宇宙开始的情况来说明它的"自然之性"。在《论语释疑》中说:"则天成化,道同自然。"宇宙的变化是自然而然的,所以"任其自然,而物自生;不假修营,而功自成"。一切应任自然无为,这样一切就"自生""自成"而和谐宁静。郭象之《庄子注》则讨论宇宙之和谐较多。照郭象看,"天"之特性为"不为而自然","凡所谓天者,皆明不为而自然"(《山木注》)。"自然"与"人为"相对。在宇宙中的万事、万物都是依其"自性"安排好了的,每个事物都应按其"自性"的要求去做,这样自然而然就形成一和谐的整体。所以郭象说:"苟足于天然(按:《齐物论》注:"自已而然,则谓之天然,天然耳,非为也"),而安其性命,故虽天地未足为寿,而与我并生;万物未足为异,而与我同得。则天地之生又何不并,万物之得又何不一哉!"事物各安其性命,则可以并存,可以为一统一的和谐整体,这是郭象所追求的。可见,魏晋玄学家们大都沿着先秦道家"任自然无为"的思想而"崇尚自然"。

如果说道家是"崇尚自然"的,那么儒家又对"自然"是如何看法呢?由于在中国哲学中常常把"天"或"天地"作为"自然"(或"宇宙")的代名词,如孔子说的"天无私覆,地无私载"。这里的天地就是指"自然"(自然界),荀子的"天行有常"的"天"也是指"自然界"。但儒家对"天"确有不同的解释,例如在《论语》中"天"就有不同的含义:(1)"畏天命""获罪于天无所祷也",这是说"天"是有意志的,可以主宰人事的;(2)"五十而知天命",这里"天"有宇宙规律(或必然性)的意思;(3)"天生德于予",则"天"有道德的意思;(4)但"天"还有一种重要的意义就是指"自然",孔子说:"天何言哉,四时行焉,百物生焉,天何言哉!"孔子也认为,"天"的运行是自然而然的,百物的生长也是自然而然的。再如孔子说:"逝者如斯夫,不舍昼夜。"这里也透露出他通过对自然现象的观察而对人生和宇宙的领悟。朱熹注说:"天地之化,往者过,来者续,无一息之停,乃体道之本然也",这都说明孔子对自然和谐的认识和向往。如果我们再看看《易传》,就更可以看出儒家也把宇宙(自然)看成是一和谐的整体①。《系辞》中说:"一阴一

---

① 关于《易传》是属于儒家思想系统,还是属于道家思想系统,目前学术界有不同看法。余敦康的《〈周易〉的思想精髓与价值理想——一个儒道互补的新型的世界观》认为:"《易传》根据一致百虑、殊途同归的包容原则,把儒道两家的思想整合为一个新型的世界观。"这个看法比较公允、平实。但自汉以后的儒家都把《周易》作为自己的经典,并对《易传》思想作了很多重要的发挥,因此说《易传》是儒家思想也不为过。

阳之谓道",在阴阳的变化中体现了宇宙运行的规律,这一规律又由"元亨利贞"来表现,"元者善之长,亨者嘉之会,利者义之和,贞者事之干也"(《乾卦·文言》)。就"自然"说,元者是说万物的开始,亨者是说万物的生长,利者是说万物的成熟,贞者是说万物的完成,因此"元亨利贞"象征着"春夏秋冬",它表现了自然界万物生长和谐统一的全过程。从"天道"运行方面看,则表现为"大哉乾元,万物资始,乃统天……乾道变化,各正性命,保和太和,乃利贞"。意谓:伟大的"天"的开始运行,也就是万物滋生的开始,天道的变化,使万物有秩序地正常发展,常存常合(保和),融洽无偏,达到最完美的和谐(太和),事物顺利完成。由此可见,《易传》中也把"天"(自然)看成是一和谐的整体。至宋儒,讨论"天"(自然)之特性较少,但似仍把"天"看成一自然和谐之体。如程颢说:"言天之自然者谓之天道。"(《遗书》卷十一)周敦颐谓:"天道行而万物顺。"(《通书·顺化》)朱熹亦谓:"天命即天道之流行而赋于万物者,乃事物所以当然之故也。"(《论语集注》)此皆可见,宋儒亦以"自然"为一和谐之整体也。

由于佛教把世界视为"虚无",因此,中国之佛教不会直接讨论"自然"之问题,但在魏晋时往往以老庄解佛法,有所谓"格义"或"连类",故在生活态度上,也是把"自然"视为和谐之整体。晋孙绰《喻道论》谓:"夫佛也者,体道者也。道也者,导物者也。应感顺通,无为而无不为者,无为故虚寂自然,无不为故神化万物。""无为而无不为"本老子所倡导,意谓顺应自然。孙绰借此意以明佛法,谓佛法之本"虚寂自然",佛法之用"神化万物";"虚寂自然",故当为一澄清虚灵之境界;"神化万物",故当化万物而顺通。据此,可知孙绰之谓佛法亦视"自然"为一和谐之整体也。据云僧肇为魏晋玄学之终结者,中国佛学之开创人,其思想亦多受老庄之影响,其《涅槃无名论》有云:"然则玄道在于妙悟,妙悟在于即真,即真则有无齐观,齐观则物我不二,所以天地与我同根,万物与我一体。"这是僧肇用庄子"天地与我并生,万物与我为一"来对"不离烦恼,而得涅槃"的解释。盖谓得道成佛在于玄妙的觉悟,所谓"妙悟"就是在烦恼中觉悟到真实,对真实的觉悟是把有无看成并无分别,物我没有二致,从而我与天地万物为一体。"与天地万物为一体"即是把物我看成一和谐之整体。而僧肇之同学道生更有"真理自然""冥合自然"之说,均与道家之"自然无为"有深切之关系也。中国化之佛教禅宗在生活态度上更与老庄"顺应自然"相契合。据云禅宗三祖僧璨有《信心铭》一首,文谓:"大道体宽,无易无难……放之自然,体无去住,任性合道,逍遥绝恼。"这就是说,佛法本来是无所不包的,生活在天地自然之中,使自己与天地自然相合,那么就是自由自在、无忧无虑的天上人间。有位禅宗大师叫慧棱(长庆慧棱),他每日坐禅修行,二十多年坐破了七个蒲团,仍然对佛法没能觉悟,直到有一天,他偶然卷起窗帘,才忽然大悟,便作颂说:"也大差,也大差,卷起帘来见天下,有人问我解何宗,拈起拂子劈口打。"(《五灯会元》卷七)这意思是说,我大错特错了,三千大千世界原来如此,本是美好和谐的世界,我们看到的这个和谐世界就是佛的世界,你要再去在这个世界之外寻找佛国净土,那我只有打你这个糊涂虫了。因为照禅宗看,悟道成佛不要去故意作什么,应该是平平常常、自自然然,在平常生活中自然悟道,就像"云在青天,水在瓶"那样自然然、平平常常。这显然是受老庄"顺应自然"思想之影响。有一位叫无门的和尚作过一首颂:"春有百花秋有月,夏有凉风冬有雪,若无闲事挂心头,便是人间好时节。"春天看百花齐放,秋天赏月色美景,夏天享凉风暂至,冬天观大雪纷飞,一切听任自然,自由自在,不要去刻意追求,这样便"日日是好日""夜夜是良宵"。禅宗这种精神境界正是基于把他们的生活处看成一和谐整体,人在此和谐体中,不要执着什么而自自然然生活,那就是把"人间"变成了"天堂"。

从以上所说,我们可以看出,影响中国传统文化的儒家、道家和禅宗的思想中,都包含着"崇尚自然"的观念。因此,我们可以说"崇尚自然"表现了中国传统文化的一个方面。

二 体 证 生 生

所谓"体证生生",意谓人应体现、证悟"生生之道"。《周易·系辞》中说:"生生之谓易。"这是说《易经》是讲"生生不息"的。这"生生不息"是指"宇宙"("天地"或"自然")而言。故又说:"天地之大德曰生",也就是说天地的根本性质是"生生不息"。因照《易传》看,宇宙是一刚健的大流行,因此人也应该据此而自强不息,《周易·易·象传》中说:"天行健,君子以自强不息。"

《易传》中的"生生不息"的观念可以说与道家思想有若干关系,但又与道家思想不大相同。就其"人"应该根据"天"("天道",自然规律)来要求自己,应该说是与道家思想有关。但由于道家主张"顺应自然",而相对地忽视了"天道"是一刚健之大流行,忽视了人应不断发展自己这一方面。然而道家主张"贵柔","柔"者"柔顺"意,因此重"顺应自然"。《易传》虽以"天"的刚健在自然界(宇宙)中起主导作用,但也以"地"的柔顺可以起辅助作用,在《坤卦·象辞》中说:"至哉坤元,万物资生,乃顺承天。"天是无所不包的,地是无所不载的,故是"至哉"。万物从"地"得到生存的条件,它是顺承"天"的,而与"天"配合。所以就《易传》看,它并不否认"柔顺"的作用,不过"刚健"是起主导作用的方面。就这点看,或者可以认为《易传》系统更接近儒家思想。

《乾卦·文言》中说:"夫大人者,与天地合其德,与日月合其明。""人"之所以能与天地合其德是基于儒家的"天人合一"思想。所谓"天"指"天道"(宇宙的规律、自然的法则),"人"是指"人道"(人和社会的道理)。孔子有一段话说明他一生所追求者或者说他一生的总结,他说:"吾十有五而有志于学,三十而立,四十而不惑,五十而知天命,六十而耳顺,七十而从心所欲不逾矩。"在五十岁以前是孔子认识"天道"的准备过程,五十岁时他对"天命"(宇宙的必然性)有了认识,六十岁时则可以据此明辨是非、美丑,七十岁时则可以做到做什么事都符合"天道"的要求,也就是说孔子到七十岁才达到了"天人合一"的境界。所谓"天人合一",就是说"人"和"天"(自然)成为一和谐的整体。要实现"天人合一"的境界,是要靠人的努力。孔子说:"人能弘道,非道弘人。"人的努力可以使"天道"发扬光大,而"天道"并不能使人变得高尚美满,所以要使"人"与"天"(自然)和谐是靠人的努力来实现。虽说孔子到七十岁时才达到了"天人合一"的境界,但他并没有直接提出"天人合一"的思想。最早提出"天人合一"思想的是孟子,他说:"尽其心者,知其性也;知其性,则知天矣。"照孟子看,人本有四种心:恻隐之心、羞恶之心、辞让之心、是非之心,这叫"四端",它是"仁""义""礼""智"的萌芽状态。如果能把这四种心充分发挥起来,"扩而充之",那么就可以表现为"仁""义""礼""智",这叫"四德",就是人的"善性"的表现,所以说"尽其心者,知其性也"。如果能使人的本性(善性)得到充分发挥,那么就是"与天合其德"了。孟子说:"君所过者化,所存者神,上下与天地同流。"君子对社会的影响就像天地对人世的影响一样,使之和谐无间。从上述可见,儒家的孔子和孟子都把"天"和"人"看成一和谐之整体,都追求着"人"与"天"(自然)之间的和谐。

宋儒继承了孟子的传统,也把"天人合一"作为他们哲学论证的主题。周敦颐继承《易传》,再次提出"圣人与天地合其德",故王夫之说:"自汉以后,皆涉猎古迹,而不知圣学为人道之本。然濂溪周子首为《太极图说》,以究天人合一之源。""人道"本于"天道",它本来是"天道"的体现,而自汉以来儒者虽然研究古代典籍,但他不了解圣人的学问是"人道"的根本,这是因为他们不了解"天人合一"的道理,周敦颐作《太极图说》就是让人们了解"人道"本于"天道"的道理。张载有一篇文章叫《东铭》,他说:"儒者则因诚致明,故天人合一,致学可以成圣,得天而未始遗人。"儒者可以由"天道"("诚者,天之道")来明了"人道"("思诚者,人之道"),因此"天"与"人"是合一的,致力于圣人之学的可以成为圣人,了解"天道"并不要求离开"人道"。二程讲"体用一源"以明"天人合一"之理,如说:"圣人之心,与天为一""在天为命(指必然性、规律性),在人为性(指内在性、本然性),主于身为心(指主动性、主体性),其实一也"。"天"和"人"虽然表现的功能不同,但实为一体,它们是相通的。朱熹于"天人合一"之理说得更为透彻,他说:"天即人,人即天,人之始生,得之于天也。既生此人,则天又在人矣。""即"者,不离义。"人"不能离开"天","天"也不能离开"人","人"及人类社会虽因"天"而有;但有了"人"及人类社会,"天道"(天理)就要由人来体现,"天道"要通过"人"的行为来实现于社会,而能完全体现"天道"的是圣人,所以朱熹说:"圣人……与天为一。"程朱理学如此,陆王心学也是一样,他们亦以阐明"天人合一"之理为己任。陆九渊说:"宇宙内事是己分内事,己分内事是宇宙内事。"这就是说"天"和"人"、"天道"和"人道"是一回事,尽了做人的职责就是实现了"天道"的要求,这正是一种"天人合一"的表现形式。王阳明说:

"大人之能以天地万物为一体,非意之也,其心之本仁若是。"觉悟了的人(大人、圣人)之所以能和天地万物为一体,并不需要故意去追求,只要发挥其内在的本心的作用就可以达到,因为"仁"是人内在本心所具有的。由孔孟到程朱陆王都在追求"天"(自然)与"人"的和谐统一,这正是基于他们都以"天人合一"立论。

从儒家思想的这种"天人合一"观念可以看出,他们把"人"看得非常重要,"人"和"天""地"并列为"三才",在宇宙中只有"人"才能体现"天道"的要求,因此"人"是整个宇宙的核心,"人"可以而且应该为天地立心,在天地间如无"人",则无法体现宇宙之生生不息,无法体现宇宙活活泼泼的气象,所以"人"应努力追求与"天"(自然)的和谐,这就是"体证生生"的意义。

儒家讲"天人合一",道家是否也有类似的观念呢?我认为,道家也有相类似的看法。如老子说:"人法地,地法天,天法道,道法自然。"这就是说,"人""地""天"归根结底要统一于"道",效法"道"的自然而然。照老子看,天地如"道"一样对万物无所偏爱,因而万物自然生长;圣人效法天地对老百姓无所偏爱,因而老百姓可以安居乐业。"道"的特性是"自然无为","道之尊,德之贵,莫之命而常自然"(道之所以尊贵,德之所以重要,就在于它对事物不加干涉,而顺任自然),"是以圣人……以辅万物之自然而不敢为"(所以圣人只是应万物的自然发展而不加干预)。按照"道"("道法自然")办事的,就可以"与道同体"(王弼注);能做到"与道同体",则"道"就不会离开他而与道合一。"从事于道者,同于道……同于道者,道亦乐得之。"[①]荀子批评庄子"蔽于天而不知人",那么是否说"人"与"天"不能达到和谐呢?

———————————

① 《老子》第二十三章。

我认为不是如此。荀子说"庄子蔽于天而不知人",只是说庄子认为要"以人合天",要"人"来顺应"天"(自然)的要求。庄子的这个思想当然是不全面的,因而荀子的批评也是正确的。因为"人"与"天"的关系应有两个方面,一方面应顺应"天"(自然的规律);另一方面也可以利用自然、改造自然。而庄子只强调了一面,这就不对了。《秋水》篇中说:"牛马四足,是谓天;落马首,穿牛鼻,是为人,故曰无以人灭天……谨守而勿失,是谓反其真。"牛马天生有四足,这叫作天然。如此用辔头络在马头上,用缰绳穿牛的鼻子,这叫作人为。所以说,不要用人为去破坏天然……谨守这个道理而不违背,这叫作返回到天然的本真。照庄子看,"天"(自然)本来是一和谐整体,如果人不去破坏自然的和谐,那么就可以达到"人"与"天"和谐无间的状态。所以庄子主张人应该忘记那些"人为"的"仁义""礼乐"等,甚至应该忘记自己外在的身体和破坏"自然"的聪明智慧,这样就可以达到"天地与我并生,万物与我为一"的天人和谐的境界。由此可见,老庄都认为,"人"如果能效法"天"(道),任自然无为,那么"人"就可以与"天"(自然)成为一和谐无间之整体。魏晋玄学(或称新道家)讨论的中心课题也是"天"与"人"的关系问题。玄学的创始者之一何晏说另一位玄学的创始者王弼是一位"始可与言天人之际"的哲学家。王弼认为,"名教"(人类社会的规范)出于"自然"(宇宙之规律),圣人可以"体冲和以通无",体现"天道"以至于同于天(自然,"道同自然")。另一重要玄学家郭象认为,在现实社会中就可以实现符合"天道"的理想社会,所以"名教"不仅不和"自然"相矛盾,恰恰应在"人间世"实现其"逍遥游"。嵇康、阮籍等追求"人"与"自然"的和谐则较之王弼、郭象更为突出,如前所述,兹不赘述。

至于中国佛教,特别是禅宗实多对"天人合一"有所论述。有道生者主"真理自然"[①]，他说："夫体法（按：指佛法）者，冥合自然，一切诸佛，莫不皆然，所以法为佛也。"[②]能体会佛法的人，与自然冥合；这不是就某一具体者言，而是就"一切诸佛"言。而所谓"自然"者，无妄而如如也，超乎虚妄，湛然常真；体法者当确然象外，以体会宇宙之真，故天人不得为二也。在禅宗的大师中也有不少在个人生活上抱有与"自然"和谐的态度，不赞成用人为破坏自然。《五灯会元》卷四有一段记载："雪峰因入山采得一枝木，其形似蛇，于背上题曰：'本自天然，不假雕琢'寄与（大安禅）师，师曰：'本色住山人，且无刀斧痕。'"大安禅师的意思是说：这树枝的本色自在山中，没有什么刀斧的痕迹，雪峰把它折下来，又刻上八个字，这就破坏了它的自然本色了。可见大安禅师比雪峰对"自然"有更深的理解，合乎"自然"就不应对之作人为的加工。在《指月录》中有一段故事或者更能说明禅宗所追求的"人"与"自然"的和谐。青源惟信有一次对他的门徒说："老僧三十年前未参禅时，见山是山，见水是水。乃至后来亲见知识，有个入处，见山不是山，见水不是水。而今得个休歇处，依然见山只是山，见水只是水。"这说明，惟信在没有进入禅门时，是用肉眼来看万物，万物是认识的对象，没有忘掉外物是外物，物我是相隔离的。后来入了禅门，有了一点觉悟，"见山不是山，见水不是水"。可以说是忘掉了外物，超越了外物，不受外物束缚了。但自我在什么地方？自我似乎没有一个安立处。这实际上是没有忘掉"自我"。最后达到大彻大悟，"见山只是山，见水只是水"，这时自己就是山，自己就是水，不忘而自忘，已经物我两忘而与自然化为一体了。禅的境界就是"人"与"自然"合一的境界。禅宗这类故事很多，都说明禅宗的精神

[①] 见《涅槃集解》卷一。
[②] 《涅槃集解》卷五四。

也是和庄子思想相类,在追求着一种"自我"与"自然"和谐的物我两忘的境界。

由以上可知,儒家、道家和禅宗在"人"与"自然"的关系问题上虽说法不同,甚至在如何实现"人"和"自然"的和谐在态度和方法上很不相同,如儒家是积极追求,道家是消极的顺应,禅宗是物我两忘,但在主张"人"与"自然"的和谐问题上确有共同的趋向。

三 德性实践

所谓"德性实践",我们可以把它了解为人对和谐社会的追求,也就是人对人与人之间的和谐的追求。

儒家在先秦时,虽有孟子主张人性善,荀子主张人性恶的不同,但后来的儒家、特别是宋明的理学家大都沿着孟子的"性善"思想发展的。既然人性本善,那么只要充分发挥人之善性,而使之实践于社会,这样就可以使社会成为一理想的和谐社会。因此儒家特别强调道德实践的意义。儒家的重要经典《大学》中说:"大学之道在明明德,在亲民,在止于至善……古之欲明明德于天下者,先治其国。欲治其国者,先齐其家。欲齐其家者,先修其身。欲修其身者,先正其心。欲正其心者,先诚其意。欲诚其意者,先致其知。致知在格物。物格而后知致,知致而后意诚,意诚而后心正,心正而后身修,身修而后家齐,家齐而后国治,国治而后天下平。自天子以至于庶人,壹是皆以修身为本。"《大学》的这一套社会政治哲学深深地影响着以后的儒家思想,其中"壹是皆以修身为本"为儒学大师们奉为令律,这就是说社会政治生活的一切方面都以修养自己的道德作为根本。如果每个人通过自我修养,把他的善性充分发挥出来,社会就完美了,天下就太平了。儒家一向重视自身的道德修养。孔子说："为仁由己，其由人乎？"做到"仁"（道德上的完美）完全靠自己，哪里能靠别人呢！如果人能加强自身的道德修养，而且身体力行，使之实践于社会，那么社会就是一和谐的社会。对这个建立在自我道德修养基础上的社会，儒家称之为"大同"社会，在《礼记·礼运》中，儒家对"大同"社会有如下的描述：

> 大道之行也，天下为公。选贤与能，讲信修睦。故人不独亲其亲，不独子其子；使老有所终，壮有所用，幼有所长，矜、寡、孤、独、废疾者，皆有所养。男有分，女有归。货，恶其弃于地也，不必藏于己力，恶其不出于身也，不必为己。是故谋闭而不兴，盗窃乱贼而不作，故外户而不闭。是谓大同。

这是儒家所追求的理想的和谐社会；它是一个天下为公的社会，是一个有着和谐的人际关系的社会，富足公平的社会，和平宁静的社会，夜不闭户的社会等。这大概就是孔子所向往的"天下有道"的社会，孟子所追求的实行"仁政"的社会，宋儒张载所提倡的"民胞""物与"的社会。自古以来，儒家的大师们都在为实现这种理想的和谐社会而奋斗。孔子因此而被当时人讥笑为"知其不可而为之"的人；孟子也被视为"愚阔"（不切实际），但是继承孔子理想的儒者都以此为己任，要求"为天地立心，为生民立命，为往圣继绝学，为万世开太平"。追求理想的和谐社会，从某个方面说，其精神也许是可贵的，但他们所谓的和谐的大同世界，不过是对小农经济的理想化，而且其基础是一种泛道德主义，因而也只能是空想的理想主义。

那么道家是否也有一个对和谐社会的追求呢？照我看，也是有的,尽管道家的理想的和谐社会的蓝图和儒家的很不相同。道家认为,事物都有其自然本性,这种自然本性来源于"道",或者说事物的自然本性是根据"道"而有的,它叫作"德"(德性,得之于道的性)。"道"的特性是"自然无为",因此,人的本性也应是"自然无为"。《老子》第五十七章说:"故圣人云:我无为,而民自化;我好静,而民自正;我无事,而民自富;我无欲,而民自朴。"能效法"道"的圣人是懂得"无为"的意义,据此以实践之,则可建立起和谐、安宁、无争、富足的社会。这样的理想的和谐社会在《老子》第八十章中有一描述:

> 小国寡民,使有什佰之器而不用;使民重死而不远徙。虽有舟舆,无所乘之;虽有甲兵,无所陈之。使民复结绳而用之。甘其食,美其服,安其居,乐其俗。邻国相望,鸡犬之声相闻,民至老死,不相往来。

道家的这一和谐社会的理想不是要求通过道德的实践来实现,而是要求人们顺应自然。这种和谐社会的理想和儒家的和谐社会的理想相比,它具有"反文化"的性质,可以说是一种更为原始的以自然经济为基础的部落社会的理想化,它无疑也是一种空想的理想主义。

我们说禅宗是中国化的佛教宗派,这不仅表现在它深受道家老庄"顺应自然"的思想影响,而且也表现在,它在一定程度上受儒家"心性"思想的影响。本来在六朝时,外来的印度佛教和中国传统的儒家思想在"忠孝"问题上有很大矛盾。佛教要求佛教徒出家,出家则不得拜敬君王和父母,因此也就没有"忠君""孝父"的问题。但是,儒家则认为"忠孝"为社会生活中的大问题,晋郑鲜之《滕羡仕宦图》中说:"名教大极,忠孝而已。"因此,在要不要拜父母、敬君王曾在佛教徒与士大夫之间引起了大争论。可是到唐朝以后,禅宗的一些大师们却认为佛教并不排斥"忠孝"。例如大慧禅师说:"予虽学佛者,然爱君忧国之心,与忠义大夫等。"这就是说,禅师的尊敬君王、爱国忧民的心和士大夫一样,对此大慧禅师并作论证说:"父子天性一而已,若子丧而父不烦恼,不思量;如父丧而子不烦恼,不思量,还得也无?若硬止曷,哭时又不敢哭,思量时又不敢思量,是特欲逆天理,灭天性,扬声止响,泼油止火耳。""父慈子孝""君义臣忠"等本来也是人的天性的自然流露,因此不应该去故意否定;如果去故意否定那不仅违背"天理",而且也是违背"人性"。所以,禅师认为得道成佛并不须在现实生活之外去追求什么特殊的生活,在现实社会生活中同样可以得道成佛。照禅宗看,所谓"得道成佛",就是把自己所生活的现实社会改变成为一理想的和谐社会。在《坛经》中有一首颂,为我们提供了一禅宗追求的理想和谐社会的蓝图:

   心平何劳持戒,行直何用修禅,
   恩则孝养父母,义则上下相怜。
   让则尊卑和睦,忍则众恶无喧,
   若能钻木取火,淤泥定生红莲。
   苦口的是良药,逆耳的是忠言,
   改过必生智慧,护短内心非贤。
   日用常行饶益,成道非由施钱,
   菩提只向心觅,何劳向外求玄。
   听说依此修行,天堂只在眼前。

这样的一幅和谐社会的景象，自然是来自儒家，它表现着一种追求"人"与"人"之间的"和谐"关系，而这种和谐关系又是与儒家所提供的道德理想主义有着密切的关系。这首颂充分体现了禅宗的特点，它排除了一切形式主义的东西，人们只要通过内心修养就可以得道成佛，而得道成佛并不要求在现实社会生活之外去追求什么佛国净土，而是要求在现实社会之中实现其超现实的和谐社会生活。这种对和谐社会生活的追求，是必须建立在可以有理想的和谐社会的前提之上的。如果说，禅宗仍有一超现实的佛国净土，那么它的"佛国净土"也必然是一人间的理想的和谐社会。

如何实现理想的和谐社会，儒、道、禅虽然不相同，儒家要求修养心性，道家要求顺应自然，而禅宗则要求在顺应自然中修养心性，或在修养心性中顺应自然，但是，它们都要求通过人来实现理想的和谐社会。就这个意义上说，它们都是要以"德性实践"来实现和谐社会的理想。

从以上三个方面，我们可以看出，中国文化的特点大体上可以说：由把宇宙（"自然""天"）看成一和谐的整体，而有"崇尚自然"的观念；由追求"人"与"自然"的和谐，而有"体证生生"的观念；由希求建立一理想的和谐社会，而有"德性实践"的观念。"自然的和谐""人和自然的和谐""人与人的和谐"就构成了"普遍和谐"的观念。这一"普遍和谐"的观念，如果能给它以现代意义的解释，我认为它或者可以为今日世界提出一有积极意义的路径，可以起着对治今日社会所发生的种种弊病。我们知道，随着科学的高度发展，作为自然界一部分的人，在他征服自然的过程中，不仅掌握了大量毁坏自然界的工具，而且也掌握了毁灭人类自身的武器。对自然的过量开发，所造成的环境污染，生态平衡的破坏，造成了"自然和谐"的破坏，也造成了

"人和自然和谐"的破坏,从而已逐渐威胁着人类自身生存的条件。由于片面物质利益的追求,对自然资源的争夺,造成了国与国之间、民族与民族之间的对立和战争。过分地重视物质利益,造成了人与人之间的关系的紧张,社会的冷漠,心灵的孤寂,使人们的失落感日甚。在人类社会生活中,现在儿童有儿童的问题,青年有青年的问题,老年有老年的问题,人与人之间在心灵上的隔膜、在日常生活中的互不了解,这样就使人们失去了对"人与人之间和谐"的追求。因此我想,如果我们能使人们更加注意"普遍和谐"这一中国文化特有的观念,并对它作出更符合现代社会生活的解释,不能说对今日和将来的人类发展是无益的。

中国传统文化中的这一"普遍和谐"观念,虽然我们可以给它以现代的解释,而使它有利于今日和将来人类自身的发展,但我们也应清醒地看到它在历史上对中国社会进步所产生的负面作用。这种"普遍和谐"的观念作为一种思维方式,它所注意的是"和谐"和"统一",而往往忽略"矛盾"和"对立"。从哲学上看,正是因为有"矛盾"才有"和谐",有"对立"才有"统一"。必须认识"分化"才能更好地认识"合一"。由于过分地强调了和谐和统一,而使我们的封建社会长期停滞,资本主义萌芽生长缓慢,作为一种民族心理,使我们在相当长的一个时期里,自视过高而缺乏进取精神。我们的传统哲学之所以缺乏系统的认识论和逻辑理论,正表明我们的传统哲学理论思维往往是一种没有经过分疏的总体观,它虽然包含着相当丰富的对事物本质认识的真理的颗粒,但是由于它缺乏必要的分析和论证,因而它自身不容易发展出现代科学。由于过分注重事物之间的和谐关系、事物之间的统一性,而往往忽视对事物本身作深入地解剖和量的分析,致使我们没有能经过近代的实验科学而进入现代科学。我认为,从科学的发展史上看,必须经过形而上学阶段,经过经典力学发展阶段,才可能进入今天的量子力学,这样才是合乎规律的。因此,我们必须对中国传统哲学的思维方式加以改造,继承和发扬它重视事物之间的联系,注意事物之间的统一性以及对宇宙和谐的认识,而把它建立在坚实的逻辑论证和科学的认识论的基础上。中国文化应充分吸收今日西方哲学和科学思想以及它们的方法,取中西哲学之长,避中西哲学之短,建立我们的新的哲学体系,使我们中华民族的学术文化走在世界的前列。

一个民族之所以能长期存在,并有其不间断的历史和文化传统,必有其存在的道理,其传统文化必有其特定的价值。如何把它的文化中的优秀方面发扬起来,如何克服和扬弃其消极方面,对这个民族的发展至关重要。对我们中华民族说,了解中国文化的优秀方面固然重要,但是了解我们文化中的不足和缺陷则更为重要,这样我们才可以清醒地面对今日的世界,放眼未来的世界。现在不能不承认,我们在经济、文化的许多方面都落后于西方发达国家。落后当然不是好事,但落后也并不可怕,可怕的是落后又不承认自己落后,而仍然抱着一种盲目的自大心理,这样就会使我们的国家长期处于落后地位。如果我们能承认我们在经济、文化许多方面都处于落后的地位,但并不因此自卑而无所作为,而是认真地向西方学习他们先进的东西,这样才有可能使我们国家在较短时期内赶上西方先进国家。英国大哲学家罗素于1921年来中国,1922年写了一篇题为《中西文明比较》的文章。文章中说:"不同文明之间的交流过去多次证明是人类文明发展的里程碑,希腊学习埃及,罗马借鉴希腊,阿拉伯参照罗马帝国,中世纪的欧洲又模仿阿拉伯,而文艺复兴时期的欧洲仿效拜占廷帝国。在许多这种交流中,作为'学生'的落后国家最终总是超过作为老师的先进国家。在中国与外来文化交流过程中,假若中国是学生,那么中国最后也会超过她的先进老师的。"20世纪即将过去,在这一百年中,由于种种内外的原因,使我们国家失去了赶上西方先进国家的机会;21世纪即将到来,我想我们中华民族应不会再失去赶上西方先进国家的机会吧!"周虽旧邦,其命维新。"(《诗经·大雅·文王》)我们的国家虽是一个有着几千年历史的古老的国家,但是我们正在为全面实现现代化这一新的历史使命而奋斗。古老而又常新,将是所有中国人所向往的。

原刊于《国故新知:中国传统文化的再诠释——汤用彤先生诞辰百周年纪念文集》,北京大学出版社1993年版。

对中国传统哲学的哲学思考

今天的讲座,原来拟定的题目是《儒学能否现代化》,或《中国传统哲学的真善美问题》。后来我考虑这两个题目以前已讲过好多次了,而且也收到我的那两本论文集中,都已分别发表过了,再讲就不一定有意思了。我想换两个题目,这是我目前正在考虑的问题,一个问题是"对中国传统哲学的哲学思考",一个问题是"现代与后现代"。我们刚刚开了一个现代与后现代问题的讨论会,在会上和以前在别的会议上我都谈过对这个问题的看法。现在来讲前一个问题。

台湾的一家出版社约我写一本书,叫《我的学思历程》,其中有一章,主要讲我对中国传统哲学的思考,这本来是去年的事,今年才写完。我对中国传统哲学的一些问题都做过一些思考,我想把它再深化一下,所以写了《我的学思历程》那本书。

大家都知道,从世界的范围看,最近出了一篇相当重要的文章,正在讨论,这就是亨廷顿的《文明的冲突?》。大陆摘译了,但台湾的《时报》译得更详。香港的《二十一世纪评论》全文译载,而且附了三篇文章对他的思想进行回应。亨廷顿的最基本的思想是:20世纪全世界的冲突主要是由意识形态和经济的原因引起的,而21世纪的冲突是由于文化的原因。他的文章中,特别强调的是儒家文化、伊斯兰文化在全世界的影响,它将会构成对西方文化的非常大的威胁,假如儒家文化与伊斯兰文化联手的话,西方文化将会非常困难。亨廷顿的文章总体上还是站在西方中心主义的立场上来考虑的,西方如何在21世纪对遇到的问题加以把握。《文明的冲突?》还是很有意思的,我们可以不同意他的观点,但应该了解。现已有几篇文章表示不同意他的观点,《二十一世纪》有三篇。他的文章引出一个问题,即21世纪文化能越来越会通、融合吗？在上面提到的那次讨论会上,社科院的李慎之就这一问题发表了他的意见。他认为,将来可能是走向融合,而不是越来越对抗。

在亨廷顿的这篇文章中,我们从西方社会看,近四五年,后现代主义非常流行,20世纪80年代末期,在后现代主义流行的同时,后殖民主义的理论出现了,它是针对西方现代主义来的。对现代主义的理论的明晰性、确定性、终极性以及理论体系的完整性,后现代主义均加以否定。后现代主义的理论是基于西方的极端个体化所造成的非常模糊化、不确定性,以反对中心主义和随意性,而且也反对文化传统。这种理论在西方相当流行,它从文学理论发展到整个文化理论。在此同时,出现了后殖民主义,主要的代表是萨义德,他提出了东方主义。萨义德这部分人,反对用西方的理论来解释东方的社会和历史,批评了西方所谓的"东方学"。

从20世纪80年代开始,我逐渐注意到西方有一股思潮,希望从东方文化中吸取营养。如80年代担任世界哲学联合会会长的高启(C.Cauchy),加拿大人,他在第十七届世界哲学大会上发言的主要内容是,在过去的一二百年间,由于西方的技术经济占尽优势,所以在哲学人文领域也就自居领导地位,而现在东方的经济技术赶上来了,这是西方觉醒、虚心向东方智慧学习的时候。美国过程神学家霍桑(C.Hartshorne),80多岁,他也支持这个观点。他特别欣赏中国哲学,如孟子的思想。他认为孟子没有将心脑打成两片、思想和情感不可分割的观点是比较好的。他说,如计算机,不能思,不能感,它的运作是不能与人类思维混为一谈的,他也认为西方要向东方的智慧学习。在那个会上,特别是国际现象学学会的会长、一位女哲学家田缅尼卡,她提出中国至少有三点值得西方学习。第一是崇尚自然。第二是体证生生。生生是从《易经》来的,《易传》讲"生生之谓易",宇宙人生的变化是生生不息的。第三是德性实践。她认为,西方必须自求多福,西方向东方浮泛地吸收一些东西充门面是不行的,文化之间的对话是绝对必要的。她举例说,西方曾经受惠于东方,如莱布尼茨的普遍和谐的观念即是受东方文化的影响。为什么会出现一些西方的学者提出西方应向东方或中国文化吸取一些营养的倾向呢?他们并不是认为东方文化要代替西方文化,而是西方文化要向东方文化吸取营养,继续在世界上占主导地位。

从国内看,最近出现了一个文化热流。前一段时间,《人民日报》以一整版的篇幅登了一篇文章,叫《国学在燕园又悄然兴起》。国学即中国文化,又悄然在燕园兴起。国内也注意到了对传统文化的研究,如有的学者讲,在 20 世纪之前两三个世纪也许是西方文化占主导的世纪,可能 21 世纪以后是东方文化的世纪或东方文化为主导的世纪。所谓三十年河东三十年河西。河西的文化已经过去了,确实西方文化存在着许多的问题,这是不可否认的。在以后,21 世纪东方文化将为主导。香港的《中国社会科学季刊》上有一篇文章认为,我们过去讨论中国文化,比较早的讲中学为体、西学为用,如张之洞等。五四以后再现全盘西化的观念。20 世纪 80 年代又有人提出西学为体、中学为用,还有人提出中西互为体用。文章作者批评了西学为体、中学为用或中西互为体用,他认为,还是应该中学为体、西学为用。任何一个民族都有它的民族魂,它的民族魂即是它的体,其他文化都是拿来为它所用的,为它的体即民族魂所用。从国内看来也是这样一种情况，把国学提出来，把传统文化提出来，而且认为很可能21世纪是以中国文化为主导，我们国家应该中体西用等。

这些问题到底该怎么看？我认为，对中国文化、中国传统哲学到底应该怎么看，是不是应该摆在当前整个世界思潮中来考察，把它置身于这样总的背景下来考察，才有可能看到中国传统文化或中国传统哲学的价值和存在的问题，才能看出它将来的发展趋势。所以，我就这一问题提出一些看法。为什么我把它叫作对中国传统哲学的哲学思考呢？其原因是，从1949年开始，我们对中国传统哲学可以说主要进行了一种政治的思考，而没有做哲学的思考，或很少做哲学的思考。政治的思考也是比较简单化的、教条的，我们这一代人，新中国成立以后接受的是日丹诺夫的哲学史定义，以此来研究中国哲学。按照日丹诺夫的定义，哲学史是唯物主义和唯心主义斗争的历史，唯物主义发生发展的历史，唯物主义是进步的，唯心主义是反动的。同时又学了列宁的《唯物主义和经验批判主义》讲的哲学的党性、恩格斯《路德维希·费尔巴哈与德国古典哲学的终结》讲的思维与存在的关系问题为哲学的基本问题。我们以这些思想剪裁中国哲学史，这显然不符合中国哲学史的面貌。当时研究中国哲学史，就是要最后判定它是唯物主义还是唯心主义，如果判定它是唯心主义，它就是反动的；如果是唯物主义，那它一定就是进步的。这显然是以政治标准代替哲学思考，而且用一些教条主义的方式来加以研究。在中国哲学史上，思维与存在的关系问题是不是基本的问题？恩格斯本来主要也是讲的"近代西方哲学"。我想古代西方哲学也不一定如此。以前在我们哲学系的汪子嵩先生就认为古希腊哲学的基本问题不是思维与存在的关系问题，而是个别与一般的问题，这是古希腊哲学的基本问题。① 当然这是可以探讨的。

从中国哲学史的整体看,思维与存在的关系问题能构成一个基本问题吗？这是不能构成一个基本问题的。在中国,认识论与道德、伦理学说结合在一起,根本没有独立出来,认识论非常不明显。而中国哲学讨论的最主要的实际上是天人关系问题。从孔孟开始到老庄,都是讲天人合一的,这是它所讨论的基本问题,一直贯穿到王夫之、戴震。即使归结上去,也是非常勉强的。这样的框架,一直影响到以后,包括我们系的《中国哲学史》教材,那是较早编的,也是沿着这个框架下来的,并不能真正反映中国传统哲学的面貌。

那么,我们能不能从另外一个角度来考虑中国传统哲学？我想,把中国传统哲学作为一个整体来考察,可不可以这样来考虑。一个哲学,作为整体来看,我想西方大概也一样。如果这个哲学是一个特殊的哲学,像中国哲学、印度哲学、西方哲学,大概总是有它一套概念,一套由概念构成的命题;一些判断,然后由这些判断构造成一个理论体系。在中国哲学中就叫作类、故、理。类概念,相对于命题说总是同一层次的,有了概念,然后把概念联系起来就构成命题,由若干命题就可能构造出一套理论。任何哲学体系,都是由一套概念开始,然后有一些判断,经过推论而成为理论体系。我们把中国哲学作为一个整体来看,它有没有一套概念,形成一些特殊的命题,构成一套理论。大概在1980年,我写过一篇文章《论中国传统哲学范畴体系的诸问题》,曾构造出一个传统哲学的范畴体系。当时写这篇文章的目的是要冲破原来的唯物唯心对立的框架,冲破思维与存在关系的框架。当然,我的那个范畴体系今天看起来是不太成功的。如果

---

① 参见汪子嵩：《亚里士多德提出的哲学问题》,载《中国社会科学》,1983年第4期。

今天写,可能会更好些。当时考虑的基点在于这样做能否冲破原来的框架,把哲学史作为人类认识发展的历史来考察、把握,因为它每一阶段概念的提出都表明了人的认识的深化。

1983年,我在美国碰到了新儒家的问题。以前我对儒学没有兴趣,可以说不研究儒学,我是研究魏晋玄学的,还研究一点佛教、道教。我从1983年开始考虑新儒家问题,新儒家的基本观念。熊十力等去世之后,牟宗三现在是新儒家的大权威,他们的基本观念:第一命题是,认为中国传统哲学的内圣之学,可以开出适应现代民主政治要求的外王之道来;第二命题是,中国的心性之学可以开出符合科学的认识论系统来,他们讲良知的坎陷可以开出一套认知的系统。他们大量采用康德的学说,来讨论中国的传统哲学。当时我想,中国的传统哲学究竟能不能开出科学与民主来,实际上他们是要求中国的传统哲学开出科学与民主,可是五四运动恰恰是用科学民主来反对传统文化,如果他们的理论能够成立,那么五四运动就是完全错误的了。我想,这条路可能是根本不对、走不通的。因此我考虑,能不能从另一个角度考察中国传统哲学的价值,不必要求它开出科学与民主来,但它仍有价值。这样,在第十七届世界哲学大会上,我提交了一篇论文,就叫《关于儒学第三期发展的可能性的探讨》。

为什么讲儒学的第三期发展呢?因为第一期儒学是先秦儒学,第二期儒学是宋明儒学,第三期儒学指现代儒学。现代儒学有无发展的可能性?我当时想,现代儒学只是在一个点上可能有它发展的可能性,也就是说,要给儒学一个定位,把它定在什么位置上。这样,我在原来考虑的范畴的基础上找出了三个命题,认为中国传统哲学的价值,在真善美问题上的价值,可能是"天人合一""知行合一"和"情景合一"。因为中国哲学无论儒家、道家还是后来的禅宗都是讲天人合一的。从孟子开始,讲"尽心",发挥人本心的作用;"知性",那就可以了解人的本性是善的;然后"知天",达到与天为一的境界。道家讲顺应自然,达到"天人合一"。这是中国哲学中最核心的命题。而"知行合一""情景合一"是由它派生出来的。"知行合一"在中国主要不是一个认识论的问题,而是一个道德问题,是说知必须行,知行是统一的。王阳明讲"一念发动处便是行",我们常常批评他销知为行,其实他下面还有一句,"发动处有不善,就将这不善的念克倒",这才是行。所以,他的知行合一主要是一个道德的命题。讲"情景合一"的人非常多,从南北朝的《文心雕龙》一直到王夫之、王国维,特别是王夫之的"情景一合,自得妙语",是说情景一结合,自然就有美妙的语言表现出来。所以我想,是不是可以把中国哲学中的真善美问题归结为"天人合一""知行合一""情景合一"。如果从最基本的命题来考虑,这三个命题可能是最基本的。这三个最基本的命题中,最中心的是"天人合一"。"天人合一",照冯友兰先生的讲法,无非是叫人能够同于天了。在中国哲学里讲同于天,它主要的目的是教你如何做人,达到天人合一的境界。怎么做人,怎么做到人和自然、社会、他人的和谐,人身心内外的和谐,主要的目的在于此。

从这样的基本命题能否推演出一套理论?也许可以推演出三个相互联系的理论体系来。一个是中国的内圣外王之道,这是政治哲学的问题,它是中国哲学的政治教化论;一个是内在超越的问题,这实际上是一个人生哲学问题、境界观的问题,它是中国哲学的修养论;一个是普遍和谐观念,这是中国哲学的宇宙人生论。

第一,中国传统哲学中的内圣外王之道的问题。"天人合一"无非是要求人如何做人,达到超凡入圣。儒佛都讲超凡入圣,道教到宋明以后也讲超凡入圣,儒、释、道都讲超凡入圣,所以圣人是中国人格境界最高的人。由于中国哲学认为圣人是最高人格,是最有道德、最有学问的人,从传统哲学看,这种人最适宜做王,因此就有内圣外王之道。近代的一些学者,很多人认为内圣外王之道是中国哲学的精神,或中国学术的根本,梁启超读《庄子·天下》时就认为内圣外王之道一语最早出现在此篇,内圣外王之道是中国学术的根本。冯友兰先生有本书叫《新原道》,其副标题叫"中国哲学之精神",在冯友兰先生这本书的绪论和结语中都讲内圣外王之道,认为内圣外王之道是中国最高的学问。还有熊十力。熊十力从《大学》的"三纲领八条目"讲"格物、致知、正心、诚意"是修身的功夫,"齐家治国平天下"是外王的功夫,《大学》的下一句是"壹是皆以修身为本",所有的一切都以修身为本,熊十力认为修身与外王是统一的,通过修身可以达到外王。

我想,中国哲学的长处与短处都表现在此。中国哲学的长处是非常强调人的道德修养,主张人应该有很高的道德修养,因为一切皆以修身为本。但是内圣之学能不能推出外王之道来呢?我想是不行的。如果"壹是皆以修身为本",通过"格物致知,正心诚意"必定走向泛道德主义。儒家学说从某个角度来看,具有非常浓厚的泛道德主义的倾向。因此,从中国哲学的过去可以看出一点来,把道德政治化,另一方面把政治道德化。把道德政治化,从中国历史看,往往美化了现实的政治;把政治道德化,使道德屈从于政治。我想,内圣外王之道并不见得是中国学术的精华。内圣是很重要的,把中国传统哲学定在内圣上,非常恰当。由此推出外王之道,可能非常错误,这就导致中国社会是一个人治的社会而缺乏法治,它所考虑的是统治者的品德是否特别高、特别好。依靠这一点,我认为内圣和外王应该包含不同的内容,它应该是两套,不可能是一套。也就是说,新儒学对儒学没有一个定位,它的要求过多了,在内圣之学上发挥就可以了,为什么一定要推出与现代民主政治相适应的外王之道来呢?因此,我把儒学定位在内圣之学上,儒学对现代的意义是内圣之学。我们应把内圣和外王分开,圣王都是假想的,在中国的实际生活中没有圣王,只有王圣,就是统治者把自己认作圣人。为什么会造成这种状况?原因就在于把它们联系在了一起。为什么要使儒学发挥所有的功用呢?只要能发挥应有的功用就可以了。当然,对道家也该如此。现在的误解是,有些学者认为中国古代有民主观念,事实上中国古代只有"民本"思想,那不是现代的民主。中国一直延续到现在,是人治的社会,没有健全的法制,这和中国的传统有很大的关系,现在我们为什么不能吸收西方的呢?

我们再看西方社会,它的毛病也非常多,吸毒、性骚扰、环境破坏、老人孤独等。但从整体上看,它还相对比较稳定,它的稳定是依靠两套而非一套东西,一套是基督教,一套是其政治法律制度。从西方看,它是把基督教定位在自己的范围内,基督教自身也是如此,不涉及政治法律问题,如果它们协调得好,社会就可稳定。中国新儒家或熊十力以来的某些学者,希望推行内圣外王之道,并一直延续到现在,包括牟宗三,这就造成我们社会一直是人治占主导,从而很难建立客观有效的政治法律制度,这在中国传统哲学中是一个问题。

第二,中国传统哲学中的内在超越问题。中国哲学与西方哲学的最大不同可能是它是以"内在超越"为特征的,不论是儒家、道家还是中国化了的佛教,都是内在超越的哲学体系。儒家认为,通过道德修养可达到超凡入圣,从孔孟开始都这样。孔子讲"人能弘道,非道弘人",道是由人发扬光大的,不是人靠了道,人就可以超凡入圣了,人的超凡入圣在于人对道的发扬光大。孔子又讲,"为仁由己",达到仁是靠自己,不是靠别人。儒家的这套主张,都是讲靠自己的内在道德修养，来达到一个理想的境界。宋儒讲得更明确。朱熹讲，在没有人的时候，天理就存在在那儿了，有了人以后，天理就在人了，天理体现在人上面。他认为通过人的道德的提高，道德的升华，达到超凡入圣，这不是靠外力达到的，是靠自己。道家也一样，道家的庄子讲逍遥，《庄子》的第一篇叫《逍遥游》。人如何能达到一个自由的精神境界呢？庄子认为，人不能执著于外在的东西。《庄子》书中有一段孔子与颜回的对话：颜回告诉孔子，我觉悟了。孔子问，你怎么觉悟了？颜回道，我把仁义抛掉了。孔子说，这不够。过几天，颜回又去找孔子说，我这回真正觉悟了，我把礼乐也抛掉了。孔子说，这还不行。过了些时候，颜回再次去找孔子，说我"坐忘"了。什么叫坐忘呢？"黜聪明"，我把这些智慧思考的东西抛掉了，"堕肢体"，我对我的身体也不考虑了，我既不考虑思想性的东西，也不再考虑身体了，什么都不考虑了。孔子讲，你这回真正觉悟了。庄子讲，精神的解放必须把那些外在的东西、外在的力量都抛掉才能获得真正的自由。道家的精神自由境界就是这样，魏晋玄学也如此。中国化的佛教，特别是禅宗讲"一念迷即众生"，一个念头迷失就是众生；"一念觉即佛"，一个念头觉悟了即是佛，完全靠自己内在的修养即可达到最高的境界。中国传统哲学，从儒、释、道看，都是以内在超越为特征的，西方与此不大一样。西方的基督教必须有一外在的超越力量——上帝，人要实现理想，必须有上帝的帮助才可达到。而西方的哲学，从古希腊开始，它的理念的世界不是人可以达到的，人可以解释它，却不能达到，而中国哲学认为可以达到。西方的文化特别是基督教是以外在超越为特征的，依靠外在力量的提升而实现超越，否则很难达到超越的境界。

中国这种以内在超越为特征的哲学当然有它的意义。它比较强调人的主体性、自觉性和主动性,所以,中国哲学对人是非常重视的。这和西方哲学不同,这一点我们下面再予以分析。中国哲学重视人,把人看成是三才之一,认为人是和天地并立的。《易经》讲天地人三才,而且人可以"参天地,赞化育",具有这样的能力。它相当重视人,这和印度不一样。印度把人和众生(动物)是放在一起的,在佛教传入中国后,就有了人和众生问题的争论,中国哲学很看重人在宇宙中的地位和作用。在四百多年前,利玛窦到中国来,他相当欣赏中国儒家思想,把《四书》译为拉丁文。但他反对佛道二教。他认为,中国的圣人,他们讲的道德和西方天主教的道德很相似。但是他在《天主实义》中批评了儒家思想。他说,儒家虽讲"明德之修",但"成德之人"非常少,即真正能够达到很高道德境界的人非常少,原因是什么呢?原因是他们没有一个上帝的观念,不去崇拜一个外在的力量,因此"成德之人鲜见"。这就是说,四百多年前的利玛窦已经看到,中国哲学与西方哲学不大相同,西方讲外在超越,我们讲内在超越;我们讲"明德之修",西方讲"敬畏上帝"。

中国这样一种内在超越,从某种意义上讲,中国文化对人类是有价值的,有积极的意义,它对提高人们的主动性、自觉性,提高人的道德境界都是没有疑问的。我们可以从这一点给它做出现代的解释,使它在现代社会发挥作用。问题在于,光讲内在超越对一个社会够不够。西方社会的发展,在古罗马时代基督教成为国教,基督教认为要有一个上帝,上帝是外在的力量,人的得救要靠上帝的帮助,人人在上帝面前平等,那么,人人在上帝面前平等用在当时的社会政治上,就比较容易出现人人在法律面前平等的观念。所以,西方社会在基督教占统治地位的时候,罗马法也随即出现,有了法律面前人人平等的观念的产生。从这个意义上看,外在超越的哲学也有非常重要的意义。

我们能否这样设想,建构一个既能容纳内在超越,又能容纳外在超越的更高的哲学体系?如果可能的话,东西方哲学可以在多样化的基础上逐渐汇合而得以互补。这样,我们考察一下,中国哲学中有无外在超越的资源?如果完全没有的话,我们吸收起来就有许多的困难。如果有一些,我们能否把它发掘出来,让它起一定的作用。我想,实际上在中国传统哲学中,也有一些外在超越的因素。不说别的,就说孔子的哲学,他所强调的是"为仁由己",是为己之学。他说:"古之学者为己,今之学者为人。"古代的人做学问,包括道德修养是为了提高自己的道德境界。而为人之学,照荀子的解释,是做给别人看的。为己之学是比较好的。在孔子的学说中还有另一面,是"畏天命,畏大人,畏圣人之言"。对天命要敬畏,具有神秘性。如果我们把它解释为客观的原则性也是可以的,但后来对此就不再强调了,所强调的是内在超越的一面。另外还有墨子一派讲"尚同",尚同于天,认为天是有意志的,能够赏善罚恶,人应该尚同于天。墨子的"尚同"思想带有很大的外在超越的因素。这一思想发展到后期墨家,我们可以看到它的作用发挥出来了。在公元前5世纪那个时代,产生了相当水平的逻辑学、认识论。为什么墨子的思想有外在超越的思想,而且在后期墨家的著作《大取》《小取》等篇中,就有了相当丰富的认识论、逻辑学及科学思想呢?这是相当不错的,因为有一个客观的标准,要找一个客观的准则。

从汉代起,几乎没有人研究《墨经》,只有南北朝时鲁胜对《墨经》有一个注解。在19世纪末20世纪初,我们的一些学者注意到了《墨经》。为什么呢?这是由于西方哲学的冲击,对《墨经》就重视起来了,如胡适。由于重视《墨经》,到了近代,许多哲学家都考虑到中国传统哲学中缺少认识论,包括新儒学的代表人物熊十力。熊十力的《新唯识论》只做了一半,本体论即境论做了,而认识论即量论没能做出来。他认识到中国传统哲学中没有很好的认识论系统,就借助佛学中的唯识学的认识论,把它纳入到现代新儒学的系统中来。他做了这样的考虑,可是没能完成,在《原儒》中只有一个简单的提纲。不过,他的确看到了中国哲学的问题。另外,如冯友兰,他的"贞元六书"的最后一本书叫《新知言》,他认为他的哲学新理学是接着宋明理学讲的,是中国哲学的一个现代形态。他认为他的哲学不仅仅是接着中国哲学讲的,而且也是接着西方哲学讲的,是现代西方哲学发展到现代的一个阶段,经过了维也纳学派批判的旧的形而上学阶段而建立起的新的形而上学。他在《新知言》中特别强调了认识论。又如贺麟的著作,有两篇可能是最重要的,一篇是《知行合一新论》,一篇是《近代唯心论简释》。前者讲中国传统的学术有问题,知行合一有问题,如果不是建立在认识论上的道德学说,那么就是武断的道德学说。这一代人已认识到了中国传统哲学的问题。那么,西方哲学为什么有比较完整的认识论、逻辑学体系呢?这是和它以外在超越为特征的哲学有关系的。中国哲学的天人合一导致以内在超越为特征的哲学,这种学问,是在天人没有充分分化的条件下的合一。这就是说,主客体还没有相当的分化,就不容易发展出一套认识论、逻辑学系统,也不容易发展出一套有效的政治法律制度,这两者是同步的。有的同志讲后现代,认为后现代可能有这样的趋势,后现代的主张和中国传统哲学很相合。后现代要求去掉分析性,讲更多的模糊性。西方哲学现在讲后现代,在哲学方法上也许有它一定的道理。中国哲学主客体还没有充分分化就去讲后现代,就认为不必吸收西方的东西,我想这是不对的。像中国传统哲学,必须对它进行充分的分析之后再讲合一,可能会有更大的意义。我这样考虑,能不能建立一个既包括内在超越又包括外在超越的更高的哲学体系,这是一个非常大的工程。

1989年,在夏威夷召开第六次世界哲学家会议。我提交了一篇论文,题为《中国传统哲学中的内在超越性》,大家对此表示了一定的兴趣。当时主要的发言者有三个,一个是美国人,一个是印度人,还有我,这就等于西方哲学、印度哲学、中国哲学三家。我提出能不能建构一个既包含内在超越又包含外在超越的哲学体系?如果能建立起来,使东西方哲学在某一点上交汇,就必须对中国传统哲学进行定位。中国传统哲学能解决什么问题?以内在超越为特征的哲学有哪些可取的地方?我们是否可以建立起一个既包含内在超越又包含外在超越的哲学体系,这是我讲的第二个问题。

第三,中国传统哲学中的普遍和谐问题。从思维方式上看,中国传统哲学是讲和谐的。天人合一、情景合一、知行合一,合一是落在"合"上,自古以来就这么讲。如司马迁,他就讲《史记》是"究天人之际,通古今之变"。到宋朝的邵雍就更明确了,他认为,不知天人的关系就不能叫作学问。王夫之说,周敦颐的学问就是天人合一的学问,最后都落在了合一上。中国传统哲学讲矛盾,讲"有对必有仇",最后是"仇必和而解"。马克思主义哲学讲矛盾,也不能片面夸大斗争,"文化大革命"中讲的无产阶级专政下继续革命,根本错误在于把斗争绝对化,要斗到底,所以讲无产阶级专政下继续革命,不要"解",要斗到底,结果就斗垮了。我是学马列出身的,我在北京市委党校教了好几年马克思主义,我一直认为马克思主义哲学是非常好的,但马克思主义哲学只是人类哲学发展史中的一派,我们应开设哲学概论课,应讲哲学是什么,不能只讲马克思主义哲学是什么。只讲马克思主义哲学,别的都不知道,这怎么行? 这就把自己封闭起来了。马克思主义得不到发展,许多东西在歪曲马克思主义,其实马克思本身并没有那么讲。如《马克思恩格斯全集》第十七卷第 395 页讲巴黎公社,无产阶级在夺取政权以后还有阶级斗争,但必须用最合理人道的方式进行阶级斗争。我觉得这个思想非常重要。共产主义运动中出现了相当大的问题,就是在夺取政权之后,用相当不人道、相当不合理的方式进行阶级斗争。苏联垮台了,其原因有许多,但其中有一条即是这个问题。我们反过来看 1949 年以后的中国历史,那么多次的政治运动确实也违背了马克思的精神,造成了许多问题。如果不出现这些问题,我们在世界上可能已是中等发达国家水平了,而不是现在这种样子。恩格斯在《反杜林论》的草稿片断中有一段话,意思是讲,黑格尔以后体系说已经终结,不能用体系说了。他这样讲,社会是不断进步的,人的认识是不断发展的,如果谁想建立一套完整的无所不包的、永恒真理的体系,那就是以幻想来代替现实而成为观念论者。把马克思主义看作是一个静止的僵化的体系,这就把自己捆住了,弄死了,所以出现问题。

我们归纳起来,可以说中国传统哲学讲的是一种普遍和谐观念的哲学,这样合一的思维模式当然有其意义。中国的普遍和谐观念,讲自然的和谐、人与自然的和谐、人与人的和谐、人身心内外的和谐这四个层次。田缅尼卡曾说,莱布尼茨哲学曾受惠于东方。受惠于东方的是什么呢? 即普遍和谐的观念,这可能和他的单子学说有关。

现代科学的发展造成自然环境的破坏、生态的破坏等。人征服自然的结果是破坏了自然这一面,表明人们没有注重人与自然的和谐。科学的发展已到了人可以毁灭自身的程度,而人和人的关系,在今天的西方,由于强调人的个体化,强调得非常突出,像电视剧《北京人在纽约》,宁宁和她的父亲谈话,在向父亲告别的时候,叫"老王,再见",她个体到没有父女的观念,成为这样一种人与人的关系,很孤独。我有个儿子,在他初去美国的时候住在一个美国医生的家里,这个医生离了婚,父亲80多岁,他送父亲去老人院,周末接回来总是吵架,他父亲不愿去老人院,可他又没有办法不送他去,因为平常没有时间照顾他,双方很不愉快。他们个体化到了人与人关系很不和谐的地步。我的美国的朋友,大概没有不离婚的,甚至是离过两次婚的,而他们认为这是非常正常的、自然的,但这样的结果在一定程度上破坏了人与人的和谐。

精神上空虚,没有寄托,为什么有同性恋,人要经常看心理医生?是因为他自己的身心不能和谐。现在正进入后现代的状态,主要的原因是不和谐造成了许多社会问题,而中国传统哲学恰恰是讲和谐的。如果能对这种和谐的观念给以现代意义,并对它进行现代诠释,那么它应该可以发挥作用。但我们缺少一步,就是没有能给这样的和谐以科学的诠释,只是在没有充分分化基础上的和谐。最近几年讲主体性,讲主体性一定是对客体讲主体性,有客体我们才讲主体性。如果没有客体讲主体性是讲不清的。中国哲学却是主客不分的,这样讲主体性一定导致混乱,什么都讲不清楚。张世英先生在《中国传统哲学与西方后现代主义哲学》一文中认为,中国一直讲合一,只是到明代,主客才有所分化,后来西学输入,分化就更多了。但照我来看,明清之际依然没有什么分化,当然有特殊一点的,如王夫之,他讲能所,能知是主体,所知是客体。但王夫之讲能所是从佛教来的,佛教唯识学讲能所,不是西方意义上的主客体,所以我觉得张世英先生强调得过早了。可能是到近代之后,我们才慢慢注意到这个问题。由于主客没有充分分化,所以在中国传统哲学中,到了现在我们可以看到它没有发展出科学来。我们的科学大都是经验的。有的研究自然科学史的同志认为，我们主要是技术，不是严格意义上的科学。总之，我们的科学是没有特别发展的，其原因是在没有充分分化的基础上来讲合一，认识论的体系也建立不起来，逻辑学也没有很大发展。我认为，和谐的观念对现代社会来讲可能是非常重要的，必须对和谐的观念进行现代诠释，把主客体关系分析清楚了再讲和谐，这样才会更有意义。

由以上三方面可以看出，传统哲学这样的理论体系，中国哲学发展的前景，恐怕应该是在充分吸收西方哲学的基础上的发展。前几天，《中国青年报》的记者访问我，请我谈对国学的看法。其实我很早就在考虑国学的问题。1982年，清华想恢复文科，我建议他们，恢复文科要像20世纪20年代中期的清华国学研究院。国学研究院只有四位导师，王国维、梁启超、陈寅恪、赵元任四大导师，吴宓是国学院的主任，清华国学研究院确实培养出了一大批国学大师，干脆恢复这个。抓几位国学大师来，一下子超过北大。如果一步步跟着北大，恐怕就不能超过北大了。抓那么几位最有名的国学大师来就可以，而当代的国学大师又不同于以前，现代的国学大师，我认为是能熔铸古今、会通中西这样的人才可叫国学大师。抓四五位像季羡林那样的国学大师，把北大一下子甩在后边，就可以了。清华当时的校长是刘达，1983年就退下去了，国学研究院也就成立不起来了。副校长张维去建立深圳大学，他约我去建立一个国学研究所。但深圳那个地方根本没法做学问，完全是商业化的气氛。以后深圳大学的国学研究所也垮台了，我也不想去了。去年年底，我建议北大也建立国学研究院。在哲学系成立了国学所，但学校给了一个名称叫中国哲学与文化研究所，没有人，是个虚体，搞不起来。记者访问我时，我说，不要过分讲国学,把它搞得那么热。问题在于弘扬中国文化是应该的,但看弘扬什么东西,弘扬不好很可能变为国粹主义,变成本位文化,很有这样的可能。所以我说不能过分来搞,当然不是不要研究,不要提倡。

我们应该看到所存在的问题,西方研究中国文化或东方文化,认为可以补足西方文化的不足,它的着眼点不是说将来要以东方文化取代西方文化,其目的是想使西方文化将来更健全。西方研究者也在批评西方文化,赞扬东方文化,那我们应该怎么办?我认为在赞扬我们自己文化的同时,更要看到我们自己文化的问题。我们应该明白传统文化给我们带来了什么样的问题,这是基本的着眼点。所以,我讲合一,最后都讲它们存在的问题。尽管它的内圣之学有它的意义,内圣外王之道导致泛道德主义,内在超越不大容易建立起客观有效的政治法律制度,和谐的观念不经分化就导致不能发展出科学、系统的认识论和逻辑学来。不能只说它都好,这样是非常危险的。对它应正确地看待,应看到它的问题,哪些需要解决,这样才能加以发展。如何弘扬传统文化,如何吸收西方的优点,我们应该从这样的角度来看中国传统哲学的意义。

吸收外来文化我们是有经验的。我们差不多花了一千年的时间来吸收印度的文化,从公元 1 世纪到 10 世纪,我们把印度文化消化了。在隋唐时期,我们是先把佛教中国化,如唐代的禅宗、天台宗、华严宗,都是把佛教中国化了。到宋朝,佛教思想几乎都融合在理学之中,因此把它完全消化是需要一个过程的。现在我们吸收西方文化才一百多年,还要吸收,要把它吸收到自己的文化中来是一个自然的过程。有人问我,中国文化吸收印度文化花了一千年,是不是吸收西方文化也需要花一千年?我想,现代大概不需要一千年,但也不会是一个很短的时间。从鸦片战争到现在,不过一百多年,而这种吸收的过程又是相当被动的,是和西方列强的侵略联系在一起的,是和政治问题分不开的,这就需要有一段时间相互交流,中国文化才会有长足的发展。

把内在超越和外在超越结合在一起,我考虑的是如何找到这两者的结合点,因为,如果能够建立起一个既包括内在超越又包括外在超越的哲学体系,它应该是哲学发展的更高层次。这样,东西方的问题可能都好解决了,当然不是说可以解决所有的问题,它只是考虑问题的一个角度,我在这方面做了一点工作。

选自《汤一介集》第六卷。原收入谢龙主编:《中西哲学与文化比较新论》,人民出版社1995年版。

中国文化对 21 世纪人类社会可有之贡献

各民族和国家的有识之士,越来越认识到 21 世纪人类社会所面临的主要问题应是"和平与发展"的问题,即要争取实现不同民族和国家之间的"和平共处和共同发展",这样才能保证人类社会能够合理与健康的发展。为此,我们必须认识到民族和国家无论大小、强弱,他们都应该可以从自身文化中找到为"和平共处"与"共同发展"提供有意义的文化资源。在这种情况下,中国文化可以为人类社会的合理和健康的发展提供一些什么样的有价值的文化资源呢?我想就以下四个方面简单地谈谈自己的看法:(1)得道多助——21 世纪的政治格局;(2)兼爱互利——21 世纪的经济发展的趋向;(3)崇尚自然——21 世纪的环保模式;(4)和而不同——21 世纪处理不同文化关系的准则。

一 得道多助——21 世纪的政治格局

世界的政治格局发展到今天,虽然欧美发达国家相对地说仍然居于支配地位,但是我们可以看到大国的霸权地位已处在江河日下的境地,完全支配世界政治格局的日子已是一去不复返了。我们可以看出,在世界政治的运作中是否合乎道义正在成为处理国家与国家、民族与民族之间关系的准则,"得道多助,失道寡助"将会成为 21 世纪支配世界政治格局的重要观念。在《孟子·公孙丑下》中有一段讲到"得道多助,失道寡助"的话,这段话是讨论战争胜负问题的,而战争是政治的继续,因而也适用于政治。他说:"天时不如地利,地利不如人和。……得道多助,失道寡助。寡助之至,亲戚畔之;多助之至,天下顺之,以天下之所顺,攻亲戚之所畔;故君子有不战,战必胜矣。"孟子的意思是说,在战争中天时不及地利重要,地利不如人和更重要。"人和"之所以最重要,是因为"得道多助,失道寡助"。当一个国家拥护她的少到极点,那么就是说她的盟国都叛离了她;当一个国家拥护她的多到极点,那就是说世界上的绝大多数国家都会支持她。这样就造成用世界上绝大多数国家支持她的力量,去和那个连盟国都叛离的国家去斗争的局面;合乎道义得到绝大多数国家支持的并不一定用战争的办法来解决问题,如果用战争的办法,那一定是战无不胜的。孟子这段话虽是针对我国的战国时期而发的,但他的这一"得道多助,失道寡助"将适用于21世纪的世界政治形势。在今天,这种"得道多助,失道寡助"的情况已见端倪。当然人们会问,在当今什么是合乎"道义"的,什么是不合乎"道义"的? 我想也许可以这样来回答:第一,合乎于国家与国家平等的原则,也就是说国家无论大小、贫富、强弱都应在平等的原则下参与国际事务;第二,有利于维护和平共处,这是鉴于20世纪的战争给人类社会带来巨大的灾难,维护和平、避免战争,对21世纪人类社会发展是至关重要的。"得道多助,失道寡助"这一中国儒家的思想作为一种有价值的资源应受到我们的重视。

二 兼爱互利——21世纪的经济发展的趋向

我国春秋末期、战国初期稍晚于孔子的思想家墨子(约公元前480—前420),针对当时的社会情况提出了一个重要的思想观念:"兼相爱,交相利。"他说:"夫爱人者,人必从而爱之;害人者,人必从而害之。"(《兼爱中》)墨子的这段话,从人类走过的历史看,很难找到真正实现"兼相爱,交相利"的实例,但是从当今人类社会的发展看却是很有意义的。上引那段话所讨论的虽是人与人之间的关系,但实际上也包含着民族与民族、国家与国家之间的关系。从20世纪世界经济发展的趋向看,如果仍然沿着富国更加富、穷国更加穷的路子发展下去,人类社会是得不到安宁的,这样富国的利益最终也无法继续保持。许多有远见卓识的政治家和思想家已经看到,富裕的国家必须改弦易辙,以求经济上的"共同发展",而"共同发展"就必须把经济关系建立在"交相利"的基础上。在21世纪,任何民族和国家在考虑自身经济利益的同时,也应考虑到其他民族和国家的经济利益,应该建立一种互利的经济关系,这样经济才能共同发展,政治才能保持"和平共处"。

然而"交相利"如果没有"兼相爱"作为条件,那么在经济上的互利也是不可能做到的。爱自己,同时也应对他人有爱心,这样双方才可能都得益。以损害其他民族和国家的利益来发展自己的民族和国家的利益,归根到底也会损害到自己的利益,这已为历史和现实所多次证明了,所以墨子说:"凡天下祸篡怨恨,其所以起者,以不相爱生也。"(《兼爱中》)如果"诸侯独知爱其国,不爱人之国,是以不惮举其国以攻人之国;今家主独知爱其家,而不知爱人之家,是以不惮举其家以篡人之家;今人独知爱其身,不爱人之身,是以不惮举其身以贼人之身。是故诸侯不相爱,故必野战;家主不相爱,故必相篡;人与人不相爱,故必相贼。"(《兼爱中》)文虽是针对春秋战国时说的,但看来它有着一定的普遍意义,多少世纪以来人类社会不正是因为不能"兼相爱,交相利"而互相争夺和残害吗?这种情况不仅弱者、弱国受到严重损害,其实从长远看,强者、强国也很难得益。所以墨子主张对这种"相害""相残"的局面,应以"兼相爱交相利之法易之",也就是说,把人与人、国与国之间相互损害的情况改变为"兼相爱,交相利",这才是 21 世纪人类社会之福,世界经济才能得到"共同发展"。

三 崇尚自然——21 世纪的环保模式

人类对自然的过量和无序的开发,不仅破坏了自然的和谐,而且也危及人类自身的生存条件,这已是当前人们有目共睹的事实。一些国家的政府和某些社会团体以及众多的学者都在呼吁应该重视自然界的保护,并且注意到从各个民族的文化资源中找寻保护自然的资源。在 1983 年举行的世界哲学大会上,国际现象学会主席女哲学家田缅尼卡在大会发言中说:"西方常常在不知不觉中受惠于东方而不自觉,像莱布尼兹之重视普遍和谐观念即是个例证。"她甚至认为西方有三点可以向中国哲学学习:(1)崇尚自然;(2)体证生生;(3)德性实践。我认为田缅尼卡提出的这三点很有意义。在中国文化中,道家可以说是特别注意"崇尚自然",它是保护自然界的一个非常重要的观念。早在两千多年前,中国伟大的思想家老子从对宇宙自身和谐的认识出发,提出了"人法地,地法天,天法道,道法自然"的理论,这是一个反向的自然生化过程,它提示了一种应遵循的规律,人应该效法地,地应该效法天,天应该效法道,道的特性是自然而然的(不是人为的),也就是说归根结底人应效法道的自然而然。为什么人应该效法"道"的自然呢? 因为老子认为,"人为"和"自然"是相对立的,违背了"自然",人就会受到惩罚。所以老子说,作为宇宙规律的"道",由于它的特性是"自然无为",对天地万物并不命令它们做什么,人就更不应该破坏自然了。比老子晚一些的道家思想家庄子,他提出了"太和万物"的命题,意思是说在天地万物中本来存在着最大的和谐关系,因此人们应"顺之以天道,行之以五德,应之以自然"(有的学者认为,这几句话是郭象的注,即使是郭象对《庄子》的注,它也属于道家思想)。人应该顺应天道的规律,按照五德来规范自己的行为,以适应自然的要求。为此,在《庄子》一书中特别强调人应顺应"自然",如他说"顺物之自然""应之以自然"等。他认为,远古时代是一个人与自然和谐的时代,那时人类社会是"莫之为而常自然",不做什么破坏自然的事,而经常是顺应自然的。比庄子稍后的儒家学者荀子曾批评庄子说:庄子"蔽于天而不知人",意思是说庄子只知道"天"(即指自然界)应该顺应,而不知道人有能动性。因此,荀子主张对"自然"应去利用它,应去征服它,故他主张"制天命而用之"。老子和庄子的"顺应自然"思想是有某种片面性的,他们过分强调对自然的顺应,而不注重对自然界的合理开发和利用。但是,在自然界遭到严重破坏的情况下,在自然资源被过量开发的情况下,在环境污染严重地威胁着人类社会生活的情况下,道家"崇尚自然"的思想无疑对21世纪人类社会有着重要的意义。

四 和而不同——21世纪处理不同文化关系的准则

今日世界的纷争虽然不能说主要是由文化之冲突引起的,但也决非与文化冲突无关。因此,关于文化冲突与文化共处的讨论正在世界范围内展开,是增强不同文化间相互理解和宽容而引向和平,还是因文化隔离和霸权而导致政治冲突,将影响着21世纪人类的命运。自从第二次世界大战结束之后,由于殖民体系的瓦解,文化上的"西方中心论"也逐渐随之消退,世界文化呈现出多元发展的趋势。近半个世纪以来,世界经济贸易、信息传递的发展,使民族与民族、国家与国家、地域与地域之间文化上的交往越来越频繁,世界日益成为一个不可分割的整体。目前,在世界文化发展中,出现了两股不同方向的文化潮流:某些西方国家的理论家从维护自身传统利益或传统习惯出发,仍然坚持"西方中心论"。与此同时,某些取得独立或复兴的民族,抱着珍视自身文化的情怀,形成一种返本归根、固守本土文化的民族主义和回归传统的保守主义。甚至某些东方学者鉴于两个世纪以来西方文化对世界造成的灾难和自身所曾受到的欺压,而提出文化上的"东方中心论"。如何使这两股相悖的潮流不致发展成大规模的对抗,并得以消解,实是当前一大问题。同时,我们也还必须注意,在西方国家与民族、东方国家与民族之间由于文化传统的不同也会引起纷争和冲突。这在历史和现实中所在多有,不能不引起我们关注。

如何使不同文化传统的民族、国家和地域能够在差别中得到共同发展,并相互吸收,以便造成在全球意识下文化多元化发展的新形势呢?我认为中国的"和而不同"原则或许可能为我们提供有正面价值的资源。

《左传·昭公二十年》记载有齐侯与晏婴的一段对话,齐侯对晏婴说:"唯据与我和夫。"(按:"据"指梁丘据,齐侯侍臣)晏子对曰:"据亦同也,焉得为和?"公曰:"和与同不异乎?"对曰:"异。和如羹焉,水火醯醢盐梅以烹鱼肉,燀之以薪。宰夫和之,齐之以味,济其不及,以泄其过。君子食之,以平其心。君臣亦然。……今据不然,君所谓可,据亦曰可。君所谓否,据亦曰否。若以水济水,谁能食之?若琴瑟之专一,谁能听之?同之不可也如是。"又据《国语·郑语》,有史伯回答桓公的一段话说:"夫和实生物,同则不继。以他平他谓之和,故能丰长而物归之,若以同裨同,尽乃弃矣。故先王以土与金、木、水、火杂,以成百物。"这都说明,"和"与"同"的意义全不相同。孔子说得更为明确,他说:"君子和而不同,小人同而不和。"(《论语·子路》)从以上的几段话看,"和而不同"的意思是说,要承认"不同",在"不同"基础上形成的"和"("和谐"或"融合"),才能使事物得到发展。如果一味追求"同",不仅不能使事物得到发展,反而会使事物衰败。把这一"和而不同"作为处理不同文化传统之间关系的一条原则,是不是能得到某些有益的、甚至是对当前世界文化的发展极有意义的结论呢?

  在不同文化传统中应该可以通过文化的交往和对话,在讨论中取得某种共识,这是由"不同"到某种意义上的相互"认同"的过程。这种相互"认同"不是一方消灭另一方,也不是一方"同化"另一方,而是在两种不同文化中寻找交汇点,并在此基础上推动双方文化的发展,这正是"和"的作用。我们可以用中国历史上中国传统文化与外来文化相遇后发生的情况为例,说明"和而不同"的意义。本来印度佛教文化与中国传统文化(如儒家、道家等)是两种很不相同的文化,但从汉到唐的几百年中,从中国文化自身方面说,一直在努力吸收和融化佛教这种异质文化;从印度佛教方面说,则一直在致力于改变着不适应中国社会要求的方面。因此,在印度佛教传入中国的近千年中,中国文化在许多方面受惠于印度佛教。印度佛教深刻地影响着中国哲学、文学、艺术、建筑,以及民间风俗习惯诸多方面。在此同时,印度佛教又在中国这块大地上得到了发扬光大,在隋唐不仅形成了若干中国化佛教宗派(如天台、华严、禅宗等),并且中国文化仍然是中国文化,并未因吸收了印度佛教文化而失去其特色,这种文化上的交流和互相影响,可以说是很好地体现了"和而不同"的原则。不仅中印文化之间的关系如此,其实欧洲文化的发展也可以说明这一点。罗素在1922年写的《中西文化比较》中有这样一段话:"不同文化之间的交流过去已经多次证明是人类文明发展的里程碑。希腊学习埃及,罗马借鉴希腊,阿拉伯参照罗马帝国,中世纪的欧洲又模仿阿拉伯,而文艺复兴时期的欧洲则仿效拜占庭帝国。"一种文化之所以能吸收他种文化,往往是在两种文化交往和商谈中体现"和而不同"思想的结果。欧洲文化在自身发展中吸收了各种各样不同文化传统的因素,但它不仅没有失去其欧洲文化的传统,而且大大丰富了自身文化的内涵,这无疑是符合"和而不同"原则的。

各个民族文化中都会有一些对当今社会健康合理发展有价值的思想观念。上面我们提到的四个中华民族文化对21世纪发展有积极意义的思想观念只是它的一部分,其他如作为金律的"己所不欲,勿施于人",作为道德伦理原则无疑也是非常重要的。因此,我们可以从各个方面发掘出对当今人类社会生活的不同领域有意义的思想观念来。但是古人的思想观念无论多么有价值,我们都必须给它们适应现代社会生活的新诠释,并使之能落实于操作层面,它们才能对现代社会生活发生实际的效用。然而我们知道,在历史上有没有这样一些有意义的宝贵思想观念以及有没有发掘出这些有意义的宝贵思想观念是很不相同的。有这样一些宝贵思想观念并把它们发掘出来,对人类社会发展是至关重要的。因为这些宝贵思想观念不仅具有某种真理的意义,而且它们曾在历史上发生过巨大作用。而今天是历史的继续,它们必定会对今天的社会产生重大影响。所以这些作为人类精神财富的思想观念需要我们很好地加以利用,使之得以促进人类社会生活健康合理的发展,带领我们迈向伟大的21世纪。

选自《和而不同》,辽宁人民出版社2001年版。原刊于《第二届东方思想国际学术研讨会》,国际文化出版公司1999年版,又刊于《文艺研究》1999年第3期。

论"普遍和谐"

在人类社会进入21世纪后,我们回头看看20世纪的历史,可以发现过去的这个世纪是人类社会飞速发展的世纪,取得辉煌成就的世纪,但同时又是一充满矛盾悲惨的世纪。在这百年中间,发生了两次世界大战,死亡几千万人,大量破坏了人类多少世纪辛勤建造的文化遗产。而我们的国家,在百年中又经历了种种苦难,同时也取得了巨大的进步。今日的中国社会正在从传统走向现代,这是历史发展的要求,但在这个过程中也许不可避免地发生种种问题,例如我国社会目前存在的"信仰危机""道德真空""贪污腐化""环境污染"等,已经到了相当严重的地步,是不得不引起注意的时候了。从全世界看,现今虽然走出了冷战时代,可是人类面临的问题更多、更复杂,我们可以看到,随着科学技术高度发展,虽然给人类社会带来巨大的进步,但是作为自然界一部分的人,在他们征服自然的过程中,不仅掌握了大量破坏自然的工具,而且也掌握了毁灭人类自身的武器。正如1992年世界1575名科学家联合发表的一份《世界科学家对人类的警告》在开头就提到的,人类和自然正走上一条相互抵触的道路。我认为,这个观点是非常深刻的。对自然界的过量开发,资源的浪费,臭氧层变薄,海洋的毒化,环境的污染,人口的暴涨,生态平衡的破坏,不仅造成了"自然和谐"的破坏,而且严重地破坏了"人与自然的和谐",这些已严重威胁着人类自身生存的条件。由于片面的物质利益的追求,对自然资源的争夺、占有,权力欲望的膨胀,造成了国与国、民族与民族、地域与地域之间的对立和战争。过分注重金钱和物质享受,造成了人与人之间关系的紧张、社会的冷漠、心灵的孤寂,使人们失落感日甚。在人类社会中,现在儿童有儿童的问题,青年有青年的问题,老年有老年的问题,人与人之间心灵上的隔膜,在日常生活中的互不了解甚至仇视,使人们失去了对"人与人的和谐"的追求,这样发展下去终将导致人类社会的瓦解。在现代社会,由于人们无止境地追求感官之享受,致使身心失调、人格分裂,由于心理不平衡引起精神失常、酗酒、杀人、自杀等,造成了自我身心的扭曲,已成为一种社会病,而严重影响了社会的安宁,其原因正在于忽视了"人自我身心内外的和谐"。在我们走进 21 世纪之际,人类社会如何走出人自身造成的困境,就必须解决当前所面临的"和平与发展"问题。这就是说,我们必须调整好人与人之间的关系,扩而大之即是要调整好民族与民族、国家与国家、地域与地域之间的关系;必须调整好人与自然的关系,保护自然环境,合理利用自然资源,以使人类社会共同发展。因此,我认为,如果人们能更加重视儒家的"太和"观念,对它做出适应现代社会生活的诠释,并使其落实于操作层面,应该说对今日和将来人类社会的发展是非常重要的。"太和"见于《周易·乾卦·象辞》:"乾道变化,各正性命,保合太和,乃利贞。"意思是说,天道的大化流行,万物各得其正,保持完满的和谐,万物就能顺利发展。王夫之在《张子正蒙注》中说:"太和,和之至也。……未有形器之先,本无不和,既有形器之后,其和不失,故曰太和。"在宇宙未分化出具体事物之前,宇宙本来就是和谐的,没有什么不和谐;在宇宙分化出天地万物(包括人)之后,如果不使和谐丧失,这才叫作"太和"。可见"太和"包含着"普遍和谐"的意义。我认为,"普遍和谐"观念至少应包含几个层面才可以被称为"普遍和谐",而在儒家思想中"太和"观念恰恰包含着:自然的和谐、人与自然的和谐、人与人的和谐(即社会生活的和谐）以及人自我身心内外的和谐四个方面，这样大体上构成了"普遍和谐"的观念。

首先，儒家把"自然"（"天"或"天地"）看成一和谐的整体。我们知道，孔子说："天何言哉？四时行焉，百物生焉，天何言哉？"天的运行是自然而然的，百物的生长也是自然而然的，这说明孔子对"自然"的和谐的认识。被儒家奉为经典的《周易》认为，在阴阳变化中体现了宇宙运行的规律，"自然"的运行是在"元"（自然界万物的起始）、"亨"（万物的生长）、"利"（万物的成熟）、"贞"（万物的完成）中进行的。在《周易》中把这种"自然"最完美的"和谐"叫作"太和"。以后儒家关于"自然和谐"的观念大体都是发挥这个思想，例如在《中庸》中认为，"和"（即和谐）是天下根本的道理。张载《正蒙·太和》开头说："太和所谓道。""太和"就是万物之通理，故王夫之认为宇宙本来就是"合同而不相悖害，浑沦无间"。这些都说明，儒家对"自然和谐"的重视。

其次，如果说儒家重视"自然的和谐"，那么可以说儒家更为重视"人与自然的和谐"。儒家不仅仅认为"自然"为一"和谐"之整体，而此和谐整体之宇宙又是永远在生息变化之中，也就是说它是一刚健的大流行，因此人应该体现"自然"（"天"）的这一特点而自强不息，所以《周易》中说："天行健，君子以自强不息。"这个思想的基础正是儒家的"天人合一"的思想。所谓"天"是指"天道"，即宇宙的规律；"人"是指"人道"，即人和人类社会的道理。孔子有一段话可以说是他追求"天人合一"境界的过程，他说："吾十有五而志于学，三十而立，四十而不惑，五十而知天命，六十而耳顺，七十而从心所欲不逾矩。"这就是说，在五十岁前是孔子认识"天命"的准备阶段，由五十岁起他对"天命"有了认识，六十岁可以根据宇宙的规律来辨明是非、善恶、美丑等,七十岁就可以做到什么都自然而然地符合宇宙规律的要求,也就是说达到了完全的"天人合一"的境界。要实现"天人合一"得靠人自身的努力。孔子说:"人能弘道,非道弘人。"人的努力可以使"天道"发扬光大,如果人不努力,那么"天道"并不能使人高尚完善。孟子更进一步发展了孔子"天人合一"的思想,他认为只要人充分发挥其本心的作用,就可以对其由"天"得到的善性有深切的体会,从而也就可以对"天"了解了,而能达到"与天地合其德"的境界。后来的儒家虽然对"天人合一"的思想有所发展,但大体都是沿着孔孟的思想发展下来的。例如朱熹说:"人道"不能离开"天道","天道"也不能不由人来体现,这是因为"人道"开始产生时是由"天道"决定的,但有了人及人类社会之后,"天道"就要在"人道"中表现了,圣人的贡献就是要使人类社会完完全全地体现"天道"的要求,以实现"天人合一"。儒家这种主张"天人合一",追求"人与自然和谐"的观念,是基于不把人和自然看成对立的,而是把人看成是自然和谐整体的一部分,而且是其中最重要的一部分。

第三,由于儒家认为,自然是和谐的,并追求着人与自然的和谐,这样就必然引发出"人与人的和谐"的观念。这是因为,人和人之间以及人类社会也是应体现"天道"的要求的。所以孔子说:"礼之用,和为贵。"社会规范的作用,以和谐为最重要。孔子又说:"朝闻道,夕死可矣",又说"道不行,乘桴浮于海"。这里的"道"就是"天道"(当然也包含体现"天道"的"人道"),人应该把"天道"的要求实现于社会;如果人不能把"天道"推行于社会,不如乘木船到海上去。为什么人有可能把"天道"推行于社会呢?因为儒家的主流思想认为人性本"善",而人之善性来源于"天"之"至善",如果人能充分发挥其善性,而使之实践于社会,那么就能把社会变成一理想的和谐社会。因此,儒家特别强调人的道德实践对于理想的和谐社会的意义。儒家的重要经典之一《大学》首章中说："大学之道，在明明德，在亲民，在止于至善。"朱熹注说："新者，革其旧之谓也。言既自明其明德，又当推以及人，使之亦有以去其旧染之污也。……言明明德、新民，皆当止于至善之地而不迁。"明明德、亲民的目的是在至于至善。所以《大学》中认为，修身、齐家、治国、平天下等一切都以修身为本，"自天子以至于庶人，壹是皆以修身为本"。这就是说，儒家认为每个人把道德修养好了，天下就可以太平了，所以孔子说："为仁由己，其由人乎？"做到道德完美全靠自己，哪里能靠别人呢？对于这个建立在道德修养基础上的和谐社会，儒家称之为"大同"社会。在《礼记·礼运》中对这个"大同"社会有一描述："大道之行也，天下为公。选贤与能，讲信修睦。故人不独亲其亲，不独子其子；使老有所终，壮有所用，幼有所长，矜寡孤独废疾者，皆有所养。男有分，女有归。货，恶其弃于地也，不必藏于己；力，恶其不出于身也，不必为己。是故谋闭而不兴，盗窃乱贼而不作，故外户而不闭。是谓大同。"这个和谐的"大同"社会的理想，当然包含着许多空想的成分，而且把和谐社会的理想完全建立在道德修养提高的基础上，也是片面的，甚至是很难做到的；但是，从儒家追求建立人与人之间的和谐关系来说，不能说是没有意义的。

　　第四，儒家和谐社会的理想既然是建立在个人的道德修养提高的基础上，因此儒家特别重视人自我身心内外的和谐。儒家认为，生死和富贵不是人力可以追求到的，也不应是人追求的目标，"死生有命，富贵在天"；但是人的道德和学问则是要靠人的努力来取得，"涵养须用敬，进学在致知"（伊川语）。如果一个人能做到"民胞、物与"，他就可以达到一种身心内外和谐的境界。孔子曾赞美他的弟子颜回说:"贤哉,回也!一箪食,一瓢饮,在陋巷,人不堪其忧,回也不改其乐。贤哉,回也!"又说:"有颜回者好学,不迁怒,不贰过。不幸短命死矣。"这就是说,颜回对富贵和生死无能为力,但他却是一个有学问有道德的人,而且能在贫困中保持身心内外的和谐。孟子认为要达到"天人合一"就应该"存其心,养其性,以事天也。夭寿不贰,修身以俟之,所以立命也"。一个人如果能保存他的本心,修养他的善性,以实现天道之要求,短命和长寿都应无所谓,但一定要修养自己保持和天道一致,这就是安身立命了。晋朝的潘尼做了一篇《安身论》,其中有两段阐发了儒家"安身立命"的思想,他说:"盖崇德莫大乎安身,安身莫尚乎存正,存正莫重乎无私,无私莫深乎寡欲,是以君子安其身而后动,易其心而后语,定其交而后求,笃其志而后行","故寝蓬室,隐陋巷,披短褐,茹藜藿,环堵而居,易衣而出,苟存乎道,非不安也"。"安身立命"主要是要使自己的身心和谐、内外和谐,使自己言行符合天道的要求,至于衣、食、住、行等并不能对自己的身心发生什么重要影响,这种对待生活的态度也就是宋儒追求的"孔颜乐处"。周敦颐尝问程氏兄弟:"寻孔颜乐处,所乐何事?"宋儒对此多有所论,归结起来就是寻得一个"安身立命"处。朱熹在其《答张敬夫书》中与张敬夫讨论"中和义"时说:"而今而后,乃知浩浩大化之中自家自有个安宅,正是自家安身立命,主宰知觉处。"可见儒家所强调的正是由道德学养的提升,以求身心内外之和谐。

由以上四个方面,我们可以看出,由"自然的和谐""人和自然的和谐""人与人的和谐""人自我身心内外的和谐"所构成的"普遍和谐"观念是儒家的重要思想。本文虽然是从"自然的和谐"开始论述,但儒家关于"和谐"的观念是把"自我身心内外的和谐"作为起点的。儒家是由通过道德修养达到自身的和谐而推广到"人与人的和谐",

人类社会和谐了，才能很好地处理人和自然的关系；人与自然的关系处理好了，才能不破坏"自然的和谐"。正如《中庸》第二十二章中所说："唯天下至诚，为能尽其性；能尽其性，则能尽人之性；能尽人之性，则能尽物之性；能尽物之性，则可以赞天地之化育；可以赞天地之化育，则可以与天地参矣。"故而儒家关于"和谐"的路向是：由自身之"安身立命"，而至"推己及人"，再至"民胞物与"，而达到"保合太和"而与天地参。儒家这一关于"和谐"观念的路向，当然也并非十分完善，盖因过分强调了道德修养的意义，容易走上泛道德主义。但"普遍和谐"观念作为一种观念说，无疑它对现代社会是有其正面的价值的。如果我们扬弃其中可能导致的缺点方面，并给以现代意义的解释和发挥，并通过各种可行之途径，使之落实于操作层面，我认为它将会对今日人类社会的发展提供一有积极意义的经验，以匡正今日社会所发生的种种弊病。

　　选自《汤一介集》第五卷。原题为《"太和"观念对当今人类社会可有之贡献》，收入《中国哲学史》1998年第1期。

论"和而不同"的价值资源

今日世界的纷争虽然不能说主要是由文明之冲突引起的,但也绝非与文明冲突无关。因此,关于文明冲突与文明共处的讨论正在世界范围内展开,是增强不同文化间相互理解和宽容而引向和平,还是因文化隔离和霸权而导致政治冲突,将影响着 21 世纪人类的命运。自从第二次世界大战结束之后,由于殖民体系的瓦解,文化上的"西方中心论"也逐渐随之消退,世界文化呈现出多元发展的趋势。近半个世纪以来,世界经济贸易、信息传递的发展,使民族与民族、国家与国家、地域与地域之间文化上的交往越来越频繁,世界日益成为一个不可分割的整体。目前,在世界文化发展中,出现了两股不同方向的文化潮流:某些西方国家的理论家从维护自身传统利益或传统习惯出发,仍然坚持"西方中心论";与此同时,某些取得独立或复兴的民族,抱着珍视自身文化的情怀,形成一种返本寻根、固守本土文化的民族主义和回归传统的保守主义;甚至某些东方学者鉴于两个世纪以来西方文化对世界造成的灾难和自身所曾受到的欺压,而提出文化上的"东方中心论"。如何使这两股相悖的潮流不致发展成大规模的对抗,并得以消解,实是当前一大问题。同时,我们也必须注意,在西方国家与民族、东方国家与民族之间由于文化传统的不同也会引起纷争和冲突,这在历史和现实中所在多有,不能不引起我们关注。

如何使不同文化传统的民族、国家和地域能够在差别中得到共同发展,并相互吸收,以便造成在全球意识关照下文化多元化发展的新形势呢？我认为中国的"和而不同"原则或者可能为我们提供有正面价值的资源。

自 1993 年亨廷顿提出"文明冲突论"之后，引起了各国学术界的广泛讨论。在人类历史上看，由于文化（哲学、宗教、价值观念等）的不同引起的冲突和战争并不少见，就是进入 21 世纪虽未发生世界性的大战，但局部地区的战争则不断，其中无疑政治、经济是冲突和战争非常重要的原因，但文化确也在相当大的程度上是国家与国家、民族与民族、地域与地域之间冲突和战争的原因。如何化解这种因文化上的原因引起的冲突甚至战争，也许孔子提出的"和而不同"是一条非常有意义的原则。

在中国历史上，一向认为"和"与"同"是不同的两个概念，有所谓有"和同之辨"。《左传·昭公二十年》记载："公曰：唯据与我和夫！晏子对曰：据亦同也，焉得为和？公曰：和与同异乎？对曰：异。和如羹焉，水火醯醢盐梅以烹鱼肉，燀之以薪。宰夫和之，齐之以味，济其不及，以泄其过。君子食之，以平其心。君臣亦然。……今据不然，君所谓可，据亦曰可。君所谓否，据亦曰否。若以水济水，谁能食之？若琴瑟之专一，谁能听之？同之不可也如是。"齐侯说：只有据（按：齐侯之大臣）跟我不是很和谐吗？晏子回答说：据也只是和你相同而已，哪里说得上和谐呢！齐侯说：和（谐）与（相）同不一样吗？晏子回答说：不一样。和谐好像做羹汤一样，用水、水、醋、酱、盐、梅来烹调鱼和肉，再用柴火烧煮，厨子加工以调和，使味道适中，味道太浓就加水冲淡。君子食用这样的羹汤，内心平静，君臣之间也是这样……现在据不是这样。国君认为对的，他也认为对；国君认为不对的，他也认为不对。这就像用水去调剂水，谁还能吃呢！如同琴瑟老弹一个音，谁听它呢？不应光讲"同"的道理就是这样。《国语·郑语》:"夫和实生物,同则不继。以他平他谓之和,故能丰长而物归之;若以同裨同,尽乃弃矣。故先王以土与金、木、水、火杂,以成百物。"这是史伯对桓公说的一段话。可见"和"与"同"是两个不同的概念。"以他平他",是以相异和相关为前提,相异的事物相互协调并进,就能使事物发展;"以同裨同",则是以相同的事物叠加,其结果只能窒息生机。中国传统文化的最高理想是"万物并育而不相害,道并行而不相悖"(《中庸》)。"万物并育"和"道并行"是"不同","不相害""不相悖"则是"和"。这种思想为多元文化共处提供了取之不尽的思想源泉。

不同的民族和国家应该可以通过文化的交往与对话,在对话(商谈)和讨论中取得某种"共识",这是一由"不同"到某种意义上的相互"认同"的过程。这种相互"认同"不是一方消灭一方,也不是一方"同化"一方,而是在两种不同文化中寻找交汇点,并在此基础上推动双方文化的发展,这正是"和"的作用。不同民族和不同国家之间由于地理的、历史的和某些偶然的原因,而形成了不同的文化传统,正因为有文化上的不同,人类文化才是丰富多彩的,而且才在人类历史的长河中形成了互补和互动的格局。文化上的不同可能引起冲突,甚至战争,但并不能认为"不同"就一定会引起冲突和战争。特别是在今天科学技术高度发展的情况下,如果发生大规模的战争也许人类将毁灭人类自身。因此,我们必须努力追求在不同文化之间通过对话,实现和谐相处。现在中西许多学者都认识到,通过对话沟通不同文化之间的相互理解的重要性。例如哈贝马斯提出"正义"和"团结"的观念。我认为,把它们作为处理不同民族文化之间关系的原则,应该是很有意义的。哈贝马斯的"正义原则"可理解为,要保障每一种民族文化的独立自主、按照其民族的意愿发展的权利;"团结原则"可理解为,要求对其他民族文化有同情理解和加以尊重的义务。只有不断通过对话和交往等途径,才可以在不同民族文化之间形成互动中的良性循环。① 2002年去世的德国哲学家伽达默尔提出,应把"理解"扩展到"广义对话"层面。正因为"理解"被提升到为"广义对话",主体与对象(主观与客观或主与宾)才得以从不平等地位过渡到平等地位;反过来说,只有对话双方处于平等地位,对话才可能真正进行并顺利完成。可以说,伽达默尔所持的主体——对象平等意识和文化对话论,正是我们这个时代所需要的重要理念。这种理念,对我们今天如何正确而深入地理解中外文化关系、民族关系等,具有重要的启示。② 无论哈贝马斯的"正义"和"团结"原则,或者是伽达默尔的"广义对话论"都要以承认"和而不同"原则为前提,只有承认不同文化传统的民族和国家可以和谐相处,不同文化传统的民族与国家才能拥有平等的权利和义务,"广义对话"才能"真正进行并顺利完成"。因此孔子以"和为贵"为基础的"和而不同"原则应成为处理不同文化之间关系的一条基本原则。

在不同文化传统中应该可以通过文化的交往和对话,在讨论中取得某种共识,这是一由"不同"到某种意义上的"认同"的过程。这种"认同"不是一方消灭一方,也不是一方"同化"另一方,而是在两种不同文化中寻找交汇点,并在此基础上推动双方文化的发展,这正是"和"的作用。我们还可以用中国文化自身发展为例:儒家要求"制礼作乐",即要求"有为"以维护社会的和谐;道家追求"顺应自然",即要求"无为"以保持社会安宁。它们本是两种很不相同的思潮,但经

---

① 参见乐黛云:《文化相对主义与比较文学》,见《跨文化对话》,北京大学出版社2002年版。
② 参见潘德荣:《伽达默尔的哲学遗产》,载香港《21世纪》,2002年4月;于奇智:《哲学的人文化成》,载香港《21世纪》,2002年8月。

过近千年的发展,在不断对话中,取得了某种共识。到西晋,有郭象为调和孔老,提出了"有为"也是一种"无为"。在《庄子·秋水》中有一段郭象的注说:"人之生也,可不服牛乘马乎?服牛乘马不可穿落之乎?牛马不辞穿落者,天命之固当也。苟当乎天命,则虽寄之人事,而本在乎天也。"这里的意思是说,虽然"穿牛鼻""落马首"是通过"人为"(人事)来实现,但它本来就是合乎"顺自然"的。郭象的这一观点,既是儒家可以接受,也是道家可以接受,但它又不全然是原来儒家和原来道家的思想了。"有为"(人为)和"无为"(天然)本不相同,但要使两者的意义都在某种程度上被容纳,就必须在商讨中找到交汇点(和),所找到的交汇点就可以成为双方能接受的普遍性原则,它并不要抹杀任何一方特点,而使双方能接受,这无疑是体现了"和而不同"的思想的。

  我们还可以用中国历史上中国传统文化与外来文化相遇后发生的情况为例,说明"和而不同"的意义。本来印度佛教文化与中国传统文化(如儒家、道家等)是两种很不相同的文化,但从汉到唐的几百年中,从中国文化自身方面说,一直在努力吸收和融化佛教这种异质文化;从印度佛教方面说,则一直在致力于改变着不适应中国社会要求的方面。因此,在印度佛教传入中国的近千年中,中国文化在许多方面受惠于印度佛教。印度佛教深刻地影响着中国哲学、文学、艺术、建筑以及民间风俗习惯诸多方面。在此同时,印度佛教又在中国这块大地上得到了发扬光大,在隋唐不仅形成了若干中国化的佛教宗派(如天台、华严、禅宗等),并且中国文化仍然是中国文化,并未因吸收了印度佛教文化而失去其特色。这种文化上的交流和互相影响,可以说是很好地体现了"和而不同"的原则。不仅中印文化之间的关系如此,其实欧洲文化的发展也可以说明这一点。在罗素1922

年写的《中西文化之比较》中这样说过：不同文化之间的交流过去已经多次证明是人类文明发展的里程碑。希腊学习埃及，罗马借鉴希腊，阿拉伯参照罗马帝国，中世纪的欧洲又模仿阿拉伯，而文艺复兴时期的欧洲则仿效拜占廷帝国。一种文化之所以能吸收他种文化，往往是在两种文化交往和商谈中体现"和而不同"思想的结果。欧洲文化在自身发展中吸收了各种各样不同文化传统的因素，但它不仅没有失去其作为欧洲文化的传统，而且大大丰富了自身文化的内涵，这无疑是符合"和而不同"原则的。

自19世纪末，西方文化大量传入中国，中西文化之间一直存在着矛盾与冲突，但同时也存在着互相吸收与融和的趋势。中国的儒家思想和马克思主义无疑是两种不同的思想体系。但自20世纪末在我国出现过试图调和这两种哲学的种种途径。我认为也许已故冯契的努力是使上面两种思想调和最为成功的范例。

冯契是一位有创造性的马克思主义者，他力图在充分吸收和融合中国传统哲学和西方分析哲学的基础上使马克思主义哲学成为中国化的马克思主义哲学。他的《智慧说三篇》可以说是把马克思主义的实践唯物辩证法、西方的分析哲学和中国传统儒家哲学较好结合起来的尝试。冯契在他的《智慧说三篇·导论》第五节"《智慧说三篇》的基本思想"中一开头就说："本篇主旨在讲基于实践的认识过程的辩证法，特别是如何通过'转识成智'的飞跃，获得性与天道的认识。"冯契不是要用实践的唯物主义辩证法去解决西方哲学的基本问题，而是要用实践的唯物主义辩证法解决中国哲学的"性与天道"，他说："通过实践基础上的认识世界与认识自己的交互作用，人与自然、性与天道在理论与实践的辩证统一中互相促进，经过凝道而成德、显性以宏道，终于达到转识成智，造成自由的德性，体验到相对中的绝对、有限中的无限。"接着冯契用分析哲学的方法,对"经验""主体""知识""智慧""道德"等层层分析,得出如何在"认识世界和认识自己的过程中转识成智"(我认为,冯契把"认识世界"和"认识自己"看成是同一过程,这无疑是中国式的思维方式),由此他提出一个非常重要的命题:"化理论为方法,化理论为德性。"(按:马克思主义哲学一向认为"理论"和"方法"是统一的,而中国儒家哲学一向认为"理论"与"德性"是统一的,而冯契要求把"理论""方法"和"德性"三者统一起来,这也许可以说是希望把儒家思想引入马克思主义哲学,而使马克思主义哲学真正中国化。)因此,他对这个命题解释:"哲学理论一方面要化为思想方法,贯彻于自己的活动,自己的研究领域;另一方面又要通过身体力行,化为自己的德行,具体化为有血有肉的人格。"照冯契看,无论"化理论为方法",还是"化理论为德性"都离不开实践的唯物辩证法。"化理论为方法"不仅是取得"知识"的方法,也是取得"智慧"的方法。"智慧"与"知识"不同,"知识"所及为可名言之域,而"智慧"所达为超名言之域,这就要"转识成智"。而"转识成智",是要"凭理性的直觉才能把握"。对此冯契解释说:"哲学的理性的直觉的根本特点,就在于具体生动地领悟到无限的、绝对的东西,这样的领悟是理性思维和德性培养的飞跃。"(按:这有点像熊十力先生所提出希望建立的"思修交尽"的"量论"那样。①)"理性的直觉"是在逻辑分析基础上的"思辨的综合"而形成的一种飞跃。如果没有逻辑的分析,就没有说服力;如果不在逻辑基础上做"思辨的综合",就不可

---

① 熊十力认为,中国传统哲学比较重视体认(心的体察认知),而不注重"思辨的分析",因此"中西文化,宜互相融合","中国诚宜融摄西洋而自广"。因此,他主张把中国的"体认"与西洋的"思辨"结合起来,成为"思修交尽之学"。参见拙作《中国现代哲学的三个"接着讲"》,见《世界文化的东亚视角》,北京大学出版社 2004 年版。

能为哲学研究提供新的方面，开辟新的道路。从这里我们可以体会到冯契运用逻辑的分析和思辨的综合的深厚功力。正是由于此，实践唯物辩证法才具有理论的力量，也说明他研究哲学的目的归根结底是用实践唯物辩证法来解决"性与天道"（按：也可以说是"天人关系"的问题）这一古老又常新的中国哲学问题。因此，新的中国哲学体系必须要在马克思主义与中国传统哲学这两种不同的哲学中找到结合点，以便使这两种不同的哲学都得到发展。

在不同文化传统的交往中体现"和而不同"的原则可能会有多种情况：一种情况是，在商谈中发现不同文化原来有相近或相似的观念，如在基督教中有"博爱"，在佛教中有"慈悲"，在儒家中有"泛爱众"，从抽象的意义上讲都是"爱"，"爱"就可以成为不同文化传统都可以接受的普遍原则。同时"博爱""慈悲""泛爱众"仍然保留其各自不同的特点。另一种情况是，在文化交往中发现此种文化不具有另一种文化某些重要观念，但另外那种文化中的这些观念和此种文化并非不能相容，这样就可以在交往中接受这些新的观念，并经过改造而逐渐使之融化在此种文化之中，从而丰富此种文化的内容。例如，在中国原来并没有明确的"顿悟"的观念，但到宋明时代，程朱理学和陆王心学都在某种程度上接受了"顿悟"的观念，使之融化在他们的体系之中。第三种情况是，在文化的交往中会发现，此种文化不具有彼种文化中的某些有意义的观念，而且这些有意义的观念和此种文化的某些观念不相容，从而在交往中不得不放弃此种文化中的某些旧观念，而接受外来的新观念，致使此种文化得到发展。例如在西方"民主"思想输入中国之后，中国人不得不放弃过去传统中的"三纲"等旧观念。第四种情况是，在两种或多种文化的交往中，经过反复的交谈会发现，双方或多方都未曾有过的，然而十分有意义的新观念，例如"和平共处""文化多元共处"等观念,把这些观念引入不同文化体系中,无疑对各种文化都是有意义的。当然还会有其他种种不同情况,兹不赘述。上述种种情况,都说明在不同传统文化之间可以因其"不同"通过"和"(调和,协调)的作用而达到某种"同",在"不同"中找到可以共同接受的原则,在"不同"情况下取得的"共识"正是交往和商讨中实现"和而不同"的原则。

在讨论"和而不同"作为不同文化之间交往的原则时,似乎还有两点可以注意:一是文化的异地发展问题;二是文化的双向选择问题。一种文化在一地(或一民族)发展日久或者遇到某种特殊的原因,会出现某种衰退甚至断绝的现象,而往往会在其传到另一地区(或民族)得到发展,例如佛教在印度传到7、8世纪,以后似乎没有什么重大发展,但佛教在中国隋唐时期(7、8、9世纪),由于吸收了中国文化的某些方面而因中国的高僧大德发展了,形成了中国化的佛教宗派,并通过中国传到朝鲜半岛和日本,于是又和当地文化相结合,特别是在日本又创造了日本独特的佛教派别。所以我曾说:"中国文化曾受惠于印度佛教,印度佛教又在中国得到发扬光大。"这种文化的异地发展的现象不仅发生在亚洲,而且也发生在欧洲。如前引罗素所说,今日欧洲的文化是由埃及而到希腊,中经罗马、阿拉伯再回到欧洲,正是这种文化的异地发展,形成了"人类文明发展的里程碑"。究其原因,甲种文化移植到乙种文化中往往会对甲种文化增加某些新因素,这些新因素或者是甲种文化原来没有的,或者是在甲种文化中没有得到充分发展的,它们加入甲种文化,从而使甲种文化在乙种文化中得到了发展。这种情况正符合文化发展的"和而不同"原则,这正是"和实生物,同则不继"的体现。关于"文化的双向选择"问题,我们知道,并不是任何异质文化传到某一地区(或民族)在任何时候和任何情况下都会被接受和得到发展,例如在隋唐时期不仅佛教对中国社会有着重大影响,《隋书·经籍志》中说:佛经在民间数十百倍于儒经。这一时期景教(基督教的一种)也曾传入中国,并发生过一定影响,但最终并未在中国站住脚,这就有个文化的双向选择问题。不仅如此,就是印度佛教的宗派在中国的命运也不相同。例如密教(密宗)在唐中期以后在中国汉地曾盛极一时,这点我们可以从扶风法门寺地宫出土文物得到证实,但以后密教衰落了,在汉地几乎没有什么影响,可是印度密教在西藏地区与当地本教结合而形成藏传佛教,它一直到现在仍是藏族人民信仰的宗教。这是为什么呢?就汉地佛教说,最初传入的是小乘禅法安世高系,其后支娄迦谶把般若学随之传入中国。自晋以后在中国流行的是般若学,而非小乘禅法。究其原因,盖因般若学与以老庄学说为骨架的玄学相近,而在东晋南朝选择了般若学,在唐朝发展起来的禅宗也并非印度禅法,而其思想基础仍可说是般若一支,且禅宗无疑不仅吸收了某些老庄思想,而且为适应中国社会的需要又吸收了某些儒家思想。这就看出,在文化间确存在着一种"双向选择"问题,而这种"双向选择"也是"和而不同"原则的另一种体现。我们还可以看到,在唐初虽有玄奘大师宣扬佛教唯识学,但此学在中国唐朝仅流行了三十余年,就不为中国人所重视,这是因为唯识学的思维模式完全是印度式的,与中国的思维模式大不相同。然而禅宗在唐中叶以后却大为流行了,这正因为禅宗的思维模式较近于中国,成为中国化的佛教宗派,而影响着宋明理学。这说明,在不同文化交流中,文化之间常常存在着"双向选择"的问题,而这种"双向选择"也是在一定程度上表现着"和而不同"的原则。盖在文化之间总是因有"不同",才有"选择"问题,如果是完全相同的思想,那就无所谓"选择"了,而且完全相同的思想的传入,对原有思想文化不会增加什么新的因素,因而也就不能刺激和推动原有文化的发展,可见"和而不同"原则对文化的"双向选择"有着非常重要的意义。

我们把"和而不同"看作是推动文化健康交流、促进文化合理发展的一条原则,这正符合当前世界文化多元化发展的趋势。如果我们希望中国文化得到更好的发展,如果我们希望中国文化今后能对人类文明有所贡献,就必须以"和而不同"的态度对待其他民族、国家、地域的文化,充分吸收它们的文化成果,更新自己的传统文化,以创造适应现代社会生活的新文化。

选自《汤一介集》第五卷。原刊于《文化中国》第 7 期,1995 年;后又收入《学术月刊》1997 年第 10 期;再收入《跨文化对话》1998 年第 1 期。

论儒家哲学中的内在性与超越性

一个民族的哲学有它的源起，就像一个民族的文化有它的源起一样。但是，一个民族的哲学的源起又和一个民族的文化的源起不同，一个民族的文化从有这个民族始就有这个民族的文化，然而并不是有了这个民族就有了这个民族的哲学。有些民族很可能一直处于没有创造出它自身的哲学学说的阶段，甚至可以在这个民族还没有自己的民族哲学时就完全衰落以至于灭亡了，或者完全接受其他民族的哲学而继续存在着。中华民族是一个包含着许多民族的广泛名称，这个民族从野蛮进入文明时期至少有四五千年了，但是这个民族的哲学，特别是形成较为完整体系的哲学应是产生在春秋战国时期。

在春秋末期，中国产生了几个伟大的哲学家，孔子、老子、墨子等。照说老子是早于孔子，但《老子》这部书又是形成于战国时期，因此把孔子看成中国最早的一个真正哲学家也许是可以的。在现存的《论语》一书中包含着许多长期影响着中国哲学发展的哲学问题。我认为其中有一个很重要的问题就是关于"超越性和内在性"的问题。照我看这个问题应是一个真的哲学问题，有了真的哲学问题才可能有为解决这个问题的哲学理论体系。

在《论语》中记载了子贡的一句话："夫子之言性与天道，不可得而闻也。"[①]这句话非常重要，因为它是一个真正的哲学问题，为什么孔子的"天道"与"性命"的问题不可得而闻呢？这就是因为所谓"天

---

① "性与天道"的问题即是"天人关系"问题，请参见《论"天人合一"》。

道"的问题是个宇宙人生的"超越性"的问题,而所谓"性命"的问题则是一个宇宙人生的"内在性"的问题,这两个问题本来都是形而上的哲学问题,照中国哲学的说法它是"超言绝象"的。"超言绝象"自然不可说,说了别人也不懂,所以子贡才说了上面引用的那句话。那么超越性的"天道"如何去把握,内在性的"性命"如何去体证,这两者的关系究竟如何,就成了中国哲学的重要课题。儒家从孔孟一直到程朱陆王,他们的哲学大体上都是在解决或说明这两个相互联系的问题。儒家哲学是如此,中国传统哲学的另一大系道家何尝不是如此。《道德经》五千言所言"道""德",所谓"道"是一超越性的本体,而所谓"德"则是指得之于"道"的"内在性",当然庄子更是如此了。关于道家不是本文讨论的范围,我将在另一篇文章《论老庄哲学中的超越性和内在性问题》中阐述,这里就不去讨论了。

儒家哲学中的"超越性"和"内在性"指什么,当然可以有各种各样的解释,但据上引子贡的那句话看,所谓"内在性"应是指"人的本性",即人之所以为人者的内在精神,如"仁""神明"等;所谓"超越性"应是指宇宙存在的根据或宇宙本体,即"存在之所以存在者",如"天道""天理""太极"等。而儒家哲学的"超越性"和"内在性"是统一的,或者说是在不断论证着这两者是统一的,这样就形成了"内在的超越性"或"超越的内在性"的问题。"内在的超越性"或"超越的内在性"就成为儒家哲学"天人合一"的思想基础,是儒家所追求的一理想境界,也是儒家之所以为儒家的精神所在。我这样说,正是因为子贡把孔子关于"性命"与"天道"问题同时提出来,所以这两个问题实为一个问题的两面。

子贡说:"夫子之文章,可得而闻也;夫子之言性与天道,不可得而闻也。"其实《论语》一书所讲的许多都是和"天道""性命"有关的问题,大概子贡还没有真正了解孔子和孔子哲学。孔子说:"古之学者为己,今之学者为人。"这句话非常重要,"为己之学"应是一内在性问题,即"做人"应发挥其内在的精神来实现其自我完善;"为人之学"是表现在外的,它带有很大的功利性。荀子说:"古之学者为己,今之学者为人。君子之学也,以美其身;小人之学也,以为禽犊。"(《劝学》,杨倞注:"禽犊,馈献之物。")《论语集注》:"程子曰:为己欲得之于己也,为人欲见知于人也。"可见,"为己之学"是一种内在精神的体现,它可以不受外在环境的影响,所以孔子说:"为仁由己,而由人乎哉?"孔子常称赞他的弟子颜回说:"贤哉,回也!一箪食,一瓢饮,在陋巷,人不堪其忧,回也不改其乐。贤哉,回也!"这是说的一种内在的精神境界,它可以不受客观条件的影响。这种"为己之学"不仅是内在的,而且是超越的。照孔子看,"为己之学"就是"尧舜之道",他说:"唯天为大,唯尧则之。"所以尧舜的精神是神圣的、永恒的,因此也是超越的。但儒家思想中的"超越性"并非不与世事,并非外在于世间的,而是超世间又即世间的。孔子说:"朝闻道,夕死可矣。""道"是超越的,但闻道的人可以为"道"而舍弃一切,这正是一种"内在的超越精神",是可以做到的。也许最能代表孔子的内在的超越精神应该是他说的他实现其"为己之学"的过程,他说:"吾十有五而志于学,三十而立,四十而不惑,五十而知天命,六十而耳顺,七十而从心所欲不逾矩。""知天命"是知"天道"之超越性,故仍以"天"为知的对象;"六十而耳顺",朱熹注说:"声入心通,无所违逆,知之之至,不思而得。""知之之至"是说"知"达到了顶点而至于"不思而得"的境界,此乃是发挥其"内在性"的体现。郭象《庄子序》中说庄周虽"可谓知本",但仅仅是达到"应而非会"的境地,所以庄子只是把"道"看成是"知"的对象,而还达不到与"天道"会合的地步,孔子至六十而可与"天道"会合了。

至"从心所欲不逾矩"则达到了完全的"内在的超越"境界了,或者说这就是儒家哲学所体现的"内在的超越"之精神所在。"天道"不仅是超越的,而且是内在的,因此它本身就是"内在超越的","人性"同样不仅是内在的,而且是超越的,因此它本身也是"内在超越的"。由此可见,我们说孔子的哲学是中国传统哲学的源头,从这方面看也许不为过。

当然本来在孔子思想中也有若干"外在超越"的因素,不过这方面没有得到发挥。例如孔子说:"君子有三畏:畏天命,畏大人,畏圣人之言。"此处的"畏天命"实是把"天"看成一种外在的超越力量。但是我们从《论语》中可以看到,在孔子思想中这种以外在超越形式出现的"天"多半是以一种情绪化的语言表达出来的,没有多少理论上的意义,如他说:"获罪于天,无所祷也""天生德于予,桓魋其如予何?""不怨天,不尤人,下学而上达,知我者其天乎"!据《论语》记载:"颜渊死,子曰:'噫,天丧予,天丧予'";"子见南子,子路不说。夫子矢之曰:'予所否者,天厌之!天厌之'"!如此等等。从这些情绪化的言语中,我们可以看出孔子并非认真地把"天"看成是对人有绝对影响的外在的超越力量。当然孔子思想中还有所谓"命"的问题,最典型的就是"死生有命,富贵在天"这句话了。所谓"死生有命"无非是说生和死是一客观存在的事实,人是无能为力的;而"富贵在天",此"天"可以理解为"天生如此",这正是当时中国社会的宗法等级制度的体现。因此,我们说孔子思想的基本方面是一种以伦理道德为基础的人生哲学或人文思想,而非一种典型意义的宗教,只能说他的思想带有某种宗教性。总之,孔子哲学是以"内在超越"为特征的。

继孔子之后有孟子,孟子充分发挥了孔子哲学中"内在性"的思想,他说:"尽其心者,知其性也;知其性,则知天矣。"这表现了孟子由知"人"的"内在性"而推向知"天"之"超越性"。照孟子看，人人都有"恻隐之心""羞恶之心""辞让之心""是非之心"，此四端为人之内在所具有的，发挥它就可以达到"仁""义""礼""智"等人之本性，这是"天"所赋予的，而"天"是至高无上的，故为超越性的。所以孟子又说："存其心，养其性，所以事天也。"又说："莫之为而为者天也，莫之致而至者命也。"非人力所能做成的是"天"，非人力所能达到的是"命"。盖"天命"是一超越的力量。这里或者可能产生一个问题，是否可以说孟子认为有一个外在超越性的"天"？我想也许并非如此。我们知道，古希腊哲学有这样的问题。在柏拉图和亚里士多德那里大体上是把世界二分为超越的理想世界与现实世界。其后基督教更是如此，有一外在的超越性的上帝。在孟子哲学中至少这个问题没有那么突出。照孟子看，"天"虽然是超越的，但并非与人对立而外在于人，这点我们可以从以下两方面来看：第一，孟子把"天道"和"人道"看成是统一的，他说："诚身有道，不明乎善，不诚其身矣。是故诚者，天之道也；思诚者，人之道也。至诚而不动者，未之有也；不诚，未有能动者也。"使自己完成"诚"的方法首先要明白什么是"善"，所以"诚"虽然是"天之道"，但追求"诚"则是"人之道"，能实现"诚"就能动天地。这里的关键在"明于善"，"善"乃"天道"和"人道"之本，朱熹说："天理乃至善之表德"，盖此之谓也。第二，由《万章上》"万章曰：尧以天下与舜，有诸"一节可见。孟子引《泰誓》"天视自我民视，天听自我民听"以说明超越性的"天"并不脱离现实性的"人"，此可谓"超越性寓于现实性"之中。而"民"之所以接受舜，是在于他们都有一内在的"善性"，所以归根到底"天道"的超越性与"人性"的内在性是统一的。因此，"天道"与"人性"均为"内在超越"的。孟子的哲学也是一种以"内在超越"为特征的思想体系。

《易经》的《系辞》长期以来虽有以为是先秦道家思想之发展,但我认为从总体上看仍当属儒家,至少以后的儒家多发挥《系辞》以建立和完善其形而上学体系,故《系辞》仍应属儒家哲学系统。《系辞》中说:"一阴一阳之谓道,继之者善也,成之者性也。仁者见之谓之仁,知者见之谓之知,百姓日用而不知,故君子之道鲜矣。"此说"天道"变化深不可测,故仁者见仁,智者见智。虽深不可测,但"顺继此道,则为善也;成之在人,则为性也"(程子语)。它仍为人性之内在根据。盖"人性"从"道"而来,所以从根本上说它是善的。由此"天道"之超越性而推之"人性"之内在性(善)。《系辞》又说:"形而上者谓之道,形而下者谓之器,化而裁之谓之变,推而行之谓之通,举而错之天下之民谓之事业。"这里的"道"就是"一阴一阳之谓道"的"道",把"道"和"器"相对用"形上""形下"提出,就更肯定了"道"的超越性。《易经》系统可以说建构了一种宇宙存在的模式,它"范围天地之化而不过,曲成万物而不遗",所以它是超时空的,是天地的准则,"易与天地准,故能弥纶天地之道"。这就是说,"易"的系统中的形而上的原则和自然社会的原则一一相当的,所以它包罗了"天地之道",任何事物都不能离开"道",都不能违背"道"。因此,照我看《易传》哲学和孟子哲学相比,它是由"天道"的超越性推向"人性"的内在性,而不是像孟子那样由"人性"的内在性推向"天道"的超越性。但两者都认为,"天道"的超越性和"人性"的"内在性"从根本上说是统一的,是不能分开的,所以《易传》仍是一以"内在超越"为特征的思想体系。

宋明理学是儒家思想发展的第二期,从根本上说它是在更深一层次上解决着孔子关于"性与天道"的问题,从而使儒家哲学"内在超越性"的特点更加系统和理论化了。程朱的"性即理"和陆王的"心即理",虽入手处不同,但所要解决的问题仍是一个。程朱是由"天理"

的超越性而推向"人性"的内在性,陆王则由"人性"的内在性而推向"天理"的超越性,以证"性即理"或"心即理",而发展了儒家哲学"内在超越性"的特征。

如果说先秦的儒家大体上是求证"天道"的超越性和"人性"的内在性是一致的,那么到宋明理学中"天理"和"人性"都表现为"内在超越性",而成为同一问题的两面了。因此,在宋明理学中说"超越性"即是说"内在的超越性",说"内在性"即是说"超越的内在性",这样中国儒家哲学的特征就更为突出了。

程朱的"性即理"的理论是建立在"天人非二"的基础上的,程颐说:"天有是理,圣人循而行之,所谓道也",故"道一也,未有尽人而不尽天地也,以天人为二,非也"。"天理"不仅是超越的,而且是内在的,这是因为它不仅是一超越的客观标准,"所以阴阳者道","所以开阖者道";而且是一内在的精神主体,"穷理、尽性、至命,只是一事","性即理也,所谓理,性是也。天下之理,原其所至,未有不善"。程颐又说:"在天为命,在义为理,在人为性,主于身为心,其实一也。"这就是说,存在于"人"的"理"就是心性,心性与天理是一个。天理似是客观的精神,心性似是主观的精神,其实客观的精神与主观的精神只是一个内在的超越精神。朱熹虽认为"天理"从原则上说是可以先于天地万物而存在的,如说:"未有天地之先,毕竟也只是理。有此理,便有此天地。若无此理,便亦无天地,无人,无物,都无该载了。"但是,"天理"并不外在于人、物,故朱熹说:"理却无情意,无计度,无造作,只此气凝聚处,理便在其中。"所以"天理"虽为超越性的,必落实在人、物之中,故"天理"并非外在超越性的,而为内在超越性的。朱熹又说:"性只是理,万理之总名。此理亦只是天地间公共之理,禀得来,便为我所有。"钱穆《朱子新学案》中说:"此是说天理禀赋在人物为性",所以"性即理"。朱熹更进一步认为:"心、性、理,拈着一个,则都贯穿。"这就是说:从"心"、从"性"、从"理"无论哪一说,都可以把其他二者贯通起来,这是因为"性便是心之所有之理","心便是理之所会之地"。"心""性""理"从根本上说实无可分,理在性而不离心,所以"天理"既为内在超越的,"人性"亦为内在超越的,是一而非二。

"心即理"是陆象山的根本命题,他在《与李宰书》中说:"人皆有是心,心皆具是理,心即理也。""心"何以是"理"? 他证论说:"心,一心也;理,一理也。至当归一,精义无二,此心此理,实不容有二。"这就是说,人人的心只是一个"心",宇宙的理只是一个"理",从最根本处就只是一个东西,不可能把心与理分开,所以心就是理。那么什么是"心"? 陆象山所谓的"心"又叫"本心",他解释"本心"说:"恻隐,仁之端也;羞恶,义之端也;辞让,礼之端也;是非,智之端也,此即是本心。""本心"即内在的善性。"本心"不仅是内在的善性,而且是超越的本体。照象山的弟子看,"象山之学"是"道德、性命、形上的",所以如此,盖因象山以"人心至灵,此理至明,人皆有是心,心皆具是理"。因此,"本心"并不受时空的限制,"万物森然于方寸之间,满心而发,充塞宇宙,无非此理"。"心"既是内在的又是超越的,故"理"也既是内在的又是超越的。

王阳明继象山之后,倡"心外无理",此当亦基于其以"心"为内在而超越的,"理"亦为内在而超越的,如他说:"心即理也,此心无私欲之蔽,即是天理,不须外面添一分。"人之为人如不被私欲所蒙蔽,即可充分发挥其内在的本性(良知)而达到超越境界,这是不需要任何外在力量所强制的。盖儒家学说无非教人如何"成圣成贤",即寻个所谓"孔颜乐处"。照王阳明看,如果人能致其良知,则可达到圣人的境界,他说:"自己良知原与圣人一般,若体认得良知明白,即圣人气象不在圣人而在我矣。""体认得良知"即可超越自我而与圣人同,所以他说:"良知是造化的精灵,这些精灵,生天生地,成鬼成帝,皆从此出,真是与物无对,人若得他完完全全,无少亏欠,自不觉手舞足蹈,不知天地间更有何乐可代。"充分发挥良知、良能即是圣人,即入天地境界(借用冯友兰先生《新原人》用语),此天地境界是即世间又超世间的。如何达到此超越的天地境界,照王阳明看,盖因"知(按:指'良知')是心之本体,心自然会知,见父母自然知孝,见兄自然知弟,见孺子入井自然知恻隐,此便是良知,不假外求"。"良知"是人之所以为人者的内在本质,不是由外在力量给予的。因此必须靠自己的力量来使之充分发挥作用,这样才能达到圣人悟道的超越境界,王阳明说:"道之全体,圣人亦难与人语,须是学者自修自悟。"(以上王阳明语均见《传习录》)可见王阳明的"心外无理",其"心"为内在而超越的,故其"理"亦为内在而超越的,其哲学体系也是以"内在超越"为特征的。

总上,程朱与陆王学说入手处虽不同,然其所要论证者均为天道与性命是合一的,是以内在超越为特征的哲学体系。

据以上所说,我们或可得出以下结论:

(一)儒家哲学是一种以"内在超越"为特征的思想体系,这一思想体系对中国社会影响甚巨。盖因儒家哲学虽也提倡"礼"的外在的规范作用,但它从来就认为"礼"这种外在规范必须以内在的道德修养或内在的本心的作用为基础,孔子说:"人而不仁,如礼何?"即此意也。《大学》首章中说:"物格而后知至,知至而后意诚,意诚而后心正,心正而后身修,身修而后家齐,家齐而后国治,国治而后天下平。自天子以至于庶人,壹是皆以修身为本,其本乱而末治者否矣。"(着重点为笔者所加)照儒家看,修养为一切之根本,社会之兴衰治乱均以道德之兴废为转移。为什么儒家特别强调人的内在的心性修养,我想这很可能和中国古代社会是以亲亲的宗法为基础的社会,一切社会关系都是从亲亲的宗法关系推演出来的。《论语》载有子说:"孝弟也者,其为仁之本与。"儒家所要求维护的人际关系从根本上说是要用道德来维系的,而不是由政治法律制度来维系,因而在中国长期的专制社会里儒家思想往往表现着某种泛道德主义的倾向,它往往把政治道德化,也把道德政治化,维系社会主要靠"人治",而不是靠"法治"。因此,我们是否可以说,一种以"内在超越"为特征的哲学思想体系是不利于建立维系社会的客观有效的政治法律制度的。但它却对维系人际关系、进行道德教化有着重要的意义。

(二) 四百年前西方的一位传教士利玛窦曾经评论过儒家学说之得失,他说过不少赞美儒家道德学说的话,但他同时提出:"吾窃贵邦儒者,病正在此常言明德之修,而不知人意易疲,不能自勉而修;又不知瞻仰天主,以祈慈父之祜,成德者所以鲜见。"(引自《天主实义》)如上所述,儒家哲学与西方哲学,与宗教很不相同,古希腊哲学在柏拉图、亚里士多德那里大体上把世界二分为超越的理想世界与现实世界,其后基督教更要有一个外在超越性的上帝,而儒家哲学则是以"内在超越"为特征的。利玛窦认为,仅仅靠人们自身的内在道德修养是很难达到完满的超越境界的,必须有一至高无上的外在的超越力量来推动,因此要有对上帝的信仰。这里我们不想来评论中西哲学的高下,中西哲学自各有其自身的价值,都是人类文化中的宝贵财富。但西方社会为什么比较容易建立起客观有效的政治法律制度,我认为不能说与西方哲学、基督教无关。

(三) 如果说宋明理学是儒学在中国的第二期发展,那么儒家思想可不可能有第三期发展呢？20世纪20年代后，中国一些学者提倡儒学，这是在中国传统哲学受到西方思想的冲击后，又是在人类社会走向科学与民主的时代背景下，他们希望找到儒家在现代社会中的价值所在。对这些学者所继承和发挥或建立现代的儒学是否可以视为第三期儒家姑且不论，因为这个问题太大，太难做出判断。我只是想说，儒家如果可以有第三期发展，就必须解决两个问题：即能否由此以"内在超越"为特征的"内圣之学"开出适应现代民主社会要求的"外王之道"来；能否由此以"内在超越"为基础的"心性之学"开出科学的认识论体系来，照我看也许困难很大。因为以"内在超越"为基础的"天道性命"之学基本上是一种泛道德主义，它把道德性的"善"作为"天道性命"的根本内容，过分地强调人自身的觉悟的功能和人的主观精神和人的内在善性，要求人由其内在的自觉性约束自己。这样的结果可以导致"圣王"的观念，以为靠"圣王"就可以把天下治理好。但人并不能仅仅靠其内在的善性就自觉，多数人是很难使其内在的超越性得到充分发挥的，所以"为己"之学只是一种理想，只能是为少数人设计的。而且实际上也不可能有什么"圣王"，而往往造就了"王圣"，即以其在"王"（最高统治者）的地位就自己认为或被别人推崇是有最高道德和最高智慧的"圣人"，这样势必造成不重"法治"而重"人治"的局面。当然我无意否认这一"为己"之学对人类文化的贡献，更无意否定以"内在超越"为特征的哲学的特殊价值，因为它终究是人类的一个美好理想。但是，我们面对现实社会，是否也应要求一种"外在超越"的哲学呢？对于人类社会来说，特别是西方社会要求有一种外在超越的力量来约束人，例如相信外在超越力量的宗教和西方哲学中外在的超现实世界的理论，以及与这种宗教、哲学相适应的政治法律制度，这套政治法律制度的哲学基础也是根据其外在超越性的。如果以"内在超越"为特征的中国传统哲学能充分吸收并融合以外在超越为特征的哲学以及以此为基础的政治法律制度，使中国传统哲学能在一更高的基础上自我完善，也许它才可以适应现代社会发展的要求。我认为，这个问题也许应是可以认真讨论的一个问题。

选自《汤一介集》第五卷，原题为《论"内在超越"》。今改用最初发表时的题目，原刊于《社科信息》1988年第12期。

论老庄哲学中的内在性与超越性

如果说先秦儒家(主要指孔子和孟子)是以道德理想的提升而达到超越自我和世俗的限制,以实现其超凡入圣的天人合一的境界,那么先秦道家(主要指老子和庄子)则是以其精神的净化而达到超越自我和世俗的限制,以实现其绝对自由的精神境界。如果说先秦儒家采取的是一种积极肯定人生、提高道德学养的方法来实现其超越,那么先秦道家则是以消极否定人生、减损人为的一切的方法来实现其超越。先秦儒家和道家的两种"超越",虽不相同,但他们的哲学都是以"内在超越"为特征,同样表现了与西方哲学的不同。

《老子》这部书成于何时向有争论,这不是本文要讨论的问题,但我们总可以说它成书在《庄子》以前,而《庄子》又分内外杂三篇,显然也非一人所作,但我们大体上可以认为《内篇》为庄周本人的作品,而与《内篇》思想相合的外杂篇中的内容,也认为是庄子老子哲学中最基本的概念是"道",但在《老子》书中"道"却有多种含义,这个问题我在《魏晋南北朝时期的道教》[①]中已有论述,兹不赘述。不过我们可以说,老子的"道"的最基本的含义应是超越性的永恒的普遍原则。《老子》第一章中说:"道可道,非常道。"这就说明"道"(常道)是不可言说、超于经验,它是"众妙之门"。"道"无形无象,但却是最真实的永恒的存在,《老子》第四章中说:"道冲而用之或不盈,渊兮,似万物之宗……湛兮,似或存。"此处从"道"的永恒性普遍性以说明"道"和天

---

① 参见拙著《魏晋南北朝时期的道教》,陕西师范大学出版社1988年版,第56—58页。

地万物的关系。"道"是万物的"宗主",此处"宗主"可了解为"道"是作为天地万物之本体而存在。"道"虽为天地之本体,但就其本身说却与天地万物根本不同。《老子》第四十章中说:"天下万物生于有,有生于无。"天下万物皆为具体之物,皆为"有"(有名有形有象),都有其规定性;而"道"是无名无形无象的,它无任何规定性,"无任何规定性"即是说对它不能在经验中有所肯定。所以在《老子》第十四章中说:"道"是"视之不见"的,"听之不闻"的,"搏之不得"的,甚至是不能言说的,"此三者不可致诘"。但它又是"无状之状""无象之象",以无为象,故可是万物之本。盖因无形可成就一切形,无象可成就一切象,无名可成就一切名。这里必须说明,"道"作为超时空、超感观经验永恒的普遍原则或事物的本体,它虽是无名无形无象,或名之为"无",但并非不存在,而是说它是作为形而上的永恒的普遍的原则或事物的本体而存在。因其为超越的,故只能用"无"(无规定性)来说明;因其性为"无",故《老子》书中也常用"自然无为"来说明"道"的特性。如第二十五章中说:"人法地,地法天,天法道,道法自然。"第三十七章说:"道常无为而无不为","无为"才能成就一切。

我们说"道"是天地万物存在的普遍原则或本体,这往往会引起争论。因为在《老子》书中,关于"道"与天地万物的关系确有不同说法,如以万物皆从"道"生出,如第四十二章中说:"道生一,一生二,二生三,三生万物……"似乎"道"为一主宰者,而产生万物。不过此处的"生"或可不作"生出""生成"解,而作"成就"解,那么上引的那段话或可以解释为:有"道"这一普遍原则才可以有依据这一普遍原则而有一统一的天地万物云云。当然,这样解释也许不尽合老子原意。那么我们或者可以说老子在他的书中常从不同角度对"道"的观念有不同的解释:如果说"道可道,非常道"中的"道"是普遍原则意义上的"道",这个"道"是形而上的,它是本体论的问题;而"道生一……"中的"道"是就宇宙构成意义上说的,它是宇宙构成论的问题。老子大概没有把这两个问题分清。对此,我们似乎也不能要求两千多年前的一位中国哲学家他的体系全无矛盾,故对此也可存而不论。不过我们可以说《老子》书中的"道"作为一永恒普遍的形而上的原则在老子哲学中更为重要,甚至对中国哲学的影响也更为重要。

在《老子》书中另一重要概念是"德",应可解释为得之于"道"的"德性"(性质),盖因"德者,得也"。天地万物之成为天地万物是根据了"道"而成为天地万物的。第二十一章中说:"孔德之容,唯道是从。""孔者,大也","大"可以有无所不包的意思,无所不包的各式各样的天地万物是根据"道"而存在的。天地万物当然包括人,因此人的"德"(人之所以为人者)也是得之于"道"的,是应根据"道"的要求而存在。既然人是根据"道"而存在,那么换一个说法也就是说人的"德"是据于"道"的内在本质(本性)。第五十一章中说:"道生之,德畜之。""道"是天地万物存在的原则,因此它是超越于天地万物的;"德"是天地万物存在的根基,因此它是天地万物的内在本质。

人是天地万物之一,但它是天地万物中之特殊者,那么人能否因其内在的特殊本质而得以超越自我的限制,也超越天地万物的限制呢?照老子看,人是有可能依其内在的本质而达到超越,当然并不是所有的人都可以做到超越自我和天地万物的限制。在《老子》第二十三章中说:"从事于道者,同于道;得德,同于德;失者,同于失。同于道者,道亦乐得之;同于德者,德亦乐得之;同于失者,失亦乐得之。"这里老子说得很分明,在人间至少可分三等,一种是完全可以根据"道"来净化(或提升)自己,这样他就可以与超越性的"道"同体,故王弼注说:"道以无形无为成济万物,故从事于道者,以无为君,不言为教,绵绵若存,而物得其真,与道同体,故曰同于道。"这里可以注意的,是要说明"从事于道者"应与"道"的特性"无为""无名"等相同。"德者,同于德",王弼注说:"得,少也;少则得,故曰得。"《老子》第二十二章说:"少则得,多则惑。""少"不等于"无",因第四十八章中说:"为道曰损,损之又损,以至于无为。"只有减少到"无"的程度才能"同于道"。因此,"从事于德"者是说,要根据"少则得"的原则才可以保存其从"道"而有的内在本质(德)。"失者,同于失",王弼注说:"失,累多也。累多则失,故曰失也。"这里的意思是说,"从事于失"者因其为众多事物(事务)所迷惑而受累,从而失去其内在本质,而与"失"同体。由此可见,老子认为只有从事于道者可以达到与"道"同体,即这种人可以根据其从"道"而有的内在本性(德),"损之又损",达到无知无欲的地步,从而达到超越的境界。

前面我们已经说到,老子的"道"是无名无形的超越时空的永恒普遍原则或超越性的本体,它以"自然无为"为特性。因此,人要达到"同于道"的超越境界,必须做到"自然无为",排除一切人为的东西,使自己的精神完全净化,从而达到不为一切世俗所限的超越境界。照老子看,"知识"是一种人为的东西,知识越多,违反自然本性的欲望也就越多,这样离开"道"也就越远,所以他说:"为学日益,为道曰损,损之又损,以至于无为,无为而无不为。""道"不属知识的范围,因为它是超于名言的;如果把它作为一种知识来看,那么它就是"可道"之"道",而不是"不可道"之"常道"。因此,人们要达到与"道"同体,不仅不必向外追求,而且要把一切从外界得到的知识统统排除掉。《老子》第四十七章中说:"不出户,知天下,不窥牖,见天道,其出弥远,其知称少,是以圣人不行而知,不见而名,不为而成。""道"不属知,把它作为知识对象,那就是把绝对的相对化了,把超越的世俗化了,圣人为道,自不必外求,要"绝圣去知"。可见,"道"对人们来说不是一认识问题,而是一自我内在精神的净化。

人要达到"同于道"的超越境界不仅要排除一切人为的知识,而且要排除一切违反自然本性的人为的道德和人为的欲望、爱好等。《老子》第十八章中说:"大道废,有仁义。智慧出,有大伪。六亲不合,有孝慈。国家昏乱,有忠臣。""仁义"等都是人为的东西,它不符合"自然无为"的原则,它不仅远离了"道",而且破坏了人的自然本性,只有把这些世俗加给人的道德规范排除掉,人才可以恢复符合"道"所要求的原则,所以他说:"绝仁弃义,民复孝慈。"这里的"孝慈"是指符合"道"的人的内在本性。《老子》第十二章说:"五色令人目盲,五音令人耳聋,五味令人口爽,驰骋畋猎令人心发狂,难得之货令人行妨。"对"五色""五音""五味""畋猎""难得之货"等的追求,就会使得人心越来越远离其内在的自然本性,所以老子把"朴"看成是符合自然的"美"。(《庄子·天道》:"朴素而天下莫能与之争矣",此可以为老子"见素抱朴"之注脚)

《老子》第四十一章中说:"大音希声,大象无形,道隐无名,夫唯道,善贷且成。"无声之音才是"大音",无形之形才是"大形",无名之名才是"大全","大"者无所不包也。盖因无声之音才可以做成一切音,无形之形才可以作成一切形,无名之名才能包罗万象,只有"道"才是如此。人如果要效法"道"就必须排除其对某种事物的爱好;因为有爱好就有执着,不能自由自在,不能无莫无适,只有无所偏爱才能合于"道",与"道"同体。

照老子看,在人排除了一切人为的东西之后,这样一切世俗的东西都被消解了,得到了净化,"无私无欲",无所追求,而成为精神上绝对自由的人,这就是老子所说的与"道"同体的"无为而无不为"的精神境界。老子说:"道常无为而无不为",王弼注:"顺自然也","万物无不由之以始以成也"。用冯友兰先生《新原人》的四种境界说来分析老子的思想,我们也许可以这样解释,人本来处于"自然状态",这种"自然状态"本来是合乎人的本性的,因而也是合乎"道"的,但这种状态是人的一种"自在"状态,是没有自觉的,故并未超越。如果经过对功利境界和道德(如仁义等)的否定,而后觉悟到应该恢复到"自然状态",这当然从人生境界上说就和原来的"自然状态"完全不同了,这是经过精神的升华和净化而对"道"有极高的觉解的境界,这就是超越一切世俗限制的与"道"同体的天地境界。要达到这种与"道"同体的超越境界完全靠自己内在本性(德)的升华,老子的升华不是要肯定什么,而是要否定世俗的一切,净化自我。因此,老子哲学中的"超越"无疑也是一种以"内在超越"为特征的哲学。

《庄子》书中的第一篇叫《逍遥游》,这篇的主旨是讨论人所追求的最高境界应是一种精神上绝对自由的超越境界。第二篇《齐物论》以及《大宗师》等篇则是讨论人如何才能达到这种精神上绝对自由的超越境界。照庄子看,大鹏击水三千,扶摇九万,列子御风,日行八百,看起来是够自由的,但实际上并不完全自由。大鹏击水三千、飞行九万,都需要广大的空间;列子日行八百,又得靠风力,都是"有待"(有所待,即要靠一定的外在条件),因此只有"无待"(无所待,即不要靠任何外在条件)才能达到真正自由的超越境界。所谓"无待"只是说不要任何外在条件,并不是说连内在条件也不要。在《逍遥游》中说:"若夫乘天地之正,而御六气之辩,以游无穷,彼且恶乎待哉!故曰:至人无己,神人无功,圣人无名。"(按:着重点为笔者所加)分析起来,这几句话中大概有三个问题需要说明:第一,庄子认为"至人"(按:"至人""神人""圣人"在此处名虽不同,实则为一)是"无待"的,

"彼且恶乎哉",他们还有什么要依赖的呢?这是庄子要得到的结论。第二,那么"乘天地之正""御六气之辩"岂不是仍有所待吗。其实庄子这里所说的"乘天地之正""御六气之辩"并非说的"至人"要靠什么外在条件,而是说的一种心理活动,要求以内在的精神力量,超越外在条件的限制,以达到天地境界。因为顺应自然的规律,把握六气的变化只能由人的主观精神力量来实现。第三,为什么"至人"可以用自己内在的精神力量超越外在条件的限制?盖因"至人无己,神人无功,圣人无名"。所谓"无己"就是《齐物论》中说的"吾丧我",这是说让真正的自我从功名利禄、是非善恶,直至自己的形骸的限制中解脱出来,而达到"与天地精神独往来"的精神境界。所谓"无功"即言"无为",与老子的"无为"大体相当,即破除一切人为的限制,消解世俗一切的束缚。所谓"无名"意谓无所追求,超世越俗,无莫无适,《刻意》篇中说:"圣人之生也无行,其死也物化……去知与故,循天之理……虚无恬淡,乃合天德。"圣人当一切顺应自然。可见,"无己""无功""无名"均有"无待"义,即都是说"至人"等要达到逍遥游放的目的,就必须去掉一切外在的限制,靠自己的精神力量,"以游无穷"。所谓"游无穷"者,即游于"无何有之乡"也。

《齐物论》开头有一段南郭子綦与他的弟子颜成子游的一段对话:

> 南郭子綦隐机而坐,仰天而嘘,答焉似丧其耦。颜成子游立待乎前,曰:"何居乎?形固可使如槁木,而心固可使如死灰乎?今之隐机者,非昔之隐机者也。"子綦曰:"偃,不亦善乎而问之也!今者吾丧我,汝知之乎?汝闻人籁而未闻地籁,汝闻地籁而未闻天籁夫!"

这段话涉及的问题很多，但与本题有关者可以注意之点有二：第一，南郭子綦作为一位隐士，他达到了一种"答焉似丧其耦"的境界，即进入了一种超越对待的忘我的境界，这种"形如枯木"、"心如死灰"的境界使他的弟子颜成子游大吃一惊而发问，而南郭子綦把这种境界叫作"吾丧我"的境界。第二，"吾丧我"的境界是一种什么样的境界呢？南郭子綦并未正面回答，而用"人籁""地籁""天籁"的不同来启发他的弟子的觉悟。关于"人籁""地籁""天籁"的不同此处不能详细讨论，但从南郭子綦对"天籁"的说明可以看出，一切都是任自然，没有一个外在的主使者，从而否定了外在的超越力量的存在。"吾丧我"即是"无己"，在《大宗师》中有展开的说明：

> 颜回曰："回益矣。"仲尼曰："何谓也？"曰："回忘仁义矣。"曰："可矣，犹未也。"他日复见，曰："回益矣。"曰："何谓也？"曰："回忘礼乐矣。"曰："可矣，犹未也。"他日复见，曰："回益矣。"曰："何谓也？"曰："回坐忘矣。"仲尼蹴然曰："何谓坐忘？"颜回曰："堕肢体，黜聪明，离形去知，同于大通，此谓坐忘。"仲尼曰："同则无好也，化则无常也，而果其贤乎！丘也请从而后也。"

这一段说明，所谓"无己"或"吾丧我"要以"无待"为条件，"无待"则要求否定一切外在条件和外在力量。据此上引文，首先要否定世俗的道德观念，"忘仁义"。这在《庄子》书中处处可见，如说："是非以仁义易其性"（《骈拇》），"攘弃仁义，而天下之德使玄同"（《胠箧》）等。盖"仁义"是违反人的本性，如人能抛弃"仁义"不仅可以恢复人的自然本性（真性），而且可以使天下的事物各得其所，成为符合自然要求的统一体。其次要否定"礼乐"，"忘礼乐"，《马蹄》篇中说："道德不废,安取仁义;性情不离,安用礼乐。"自然之性不被离弃,那会要什么"礼乐"之类,所以应"屈折礼乐,呴俞仁义,以慰天下之心者,此失其常然也"(《骈拇》)。"礼乐"和"仁义"一样都是扰乱人心的外在的东西,使人失去其自然本性,故《德充符》中说:"无以好恶内伤其身。"第三要"堕肢体""离形",此即"外其形骸"(《大宗师》)"堕汝形骸"(《天地》)之谓也,即谓不仅不要受外在的"仁义""礼乐"等扰乱而"内伤其身",而且也不要受自己形体的影响,因从某种意义上说自己的形体对自己的精神来说也是外在的东西。《德充符》中说:"德有所长,则形有所忘。人不忘其所忘,而忘其所不忘,此谓诚忘。"人可以忘掉自己的形骸,但是不能失去其自我的精神(自然的本性);如果失去了自我的自然本性(德),这才是真正的遗忘,而不能和自然(大道)同体了。第四要消除知识对内在精神的困扰,即所谓要"黜聪明""去知",这点在庄子看来最为重要。庄子和老子一样认为"道"不属知,《知北游》中说:"无思无虑始知道",又说:"夫知者不言,言者不知。故圣人行不言之教,道未可致。"在《庄子》书中和《老子》书一样,"道"也是它的最高范畴,庄子哲学虽也在不少地方论证"道"的普遍性、永恒性和超越性,但这不是《庄子》书的特点,其特点是在论证得"道"的至人(神人、圣人)如何在精神上得到超越,获得一种"无所待"的自由。自由"离形去知"而达到"形如枯木,心如死灰"的超脱。耳目心意,超功利、超道德、超生死,不受任何内外的是非、善恶、美丑等的限制,和自然融为一体而"同于道"的境界。所以"离形去知"是达到精神上绝对自由的最重要手段,即《人间世》的"心斋",文曰:"唯道集虚,虚者心斋也。"而"心斋"是一种"徇耳目内通而外于心知"的超越一切内外限制的纯粹精神活动。由此可见,庄子的所谓"至人""神人""圣人"等都是说的超越世俗达到"坐忘"或"心斋"的精神上绝对自由的人。如

《天地》篇中所说:"上神乘光,与形灭亡,此谓照旷。致命尽情,天地乐而万事销亡,万物复情,此之谓混冥。"《刻意》篇中说:"圣人之生也天行,其死也物化……去知与故,循天之理……虚无恬淡,乃合天德。"因此在《应帝王》中说此类"至人""乘夫莽眇之鸟,以出六极之外,而游无何有之乡,以处圹埌之野"。意谓"至人"乘一种根本不存在的鸟,而超越时空之外,达到一根本不存在的("游于无有")无所限制的地方。这种超越当然只能是一种内在精神上的超越。

先秦老庄思想对中国思想文化影响甚巨,它的这种以"内在超越"为特征的思想模式不仅影响了魏晋玄学,而且在一定程度上影响了中国化的佛教禅宗(特别是庄子的思想),甚至中国的道教也吸收了道家老庄的"内在超越"思想,如其所谓靠内丹与外丹的修炼也不能说与老庄思想无关。因此,分析和研究老庄思想的"内在超越"问题应受到重视。

选自《儒道释与内在超越问题》,江西人民出版社,1991年版。原刊于《中国哲学史》1992年第1期。

论禅宗思想中的内在性与超越性

佛教传入中国至隋唐分为若干宗派：天台、唯识、律、净土、华严、禅等。至唐以后，其他宗派均先后衰落，而禅宗的影响越来越大，终至独秀，究其原因或有许多方面，但就禅宗更能体现中国哲学以"内在超越"为特征这点说，似应为研究者所注意。

佛教作为一种宗教，自有其宣扬教义的经典，一套固定的仪式，必须遵守的戒律和礼拜的对象等，但自慧能以后的中国禅宗把上述一切都抛弃了，既不要念经，也不要持戒，没有什么仪式需要遵守，更不要去礼拜什么偶像，甚至连出家也没有必要了，成佛达到涅槃境界只能靠自己一心的觉悟，即所谓"一念觉，即佛；一念迷，即众生"。这就是说，人成佛达到超越的境界完全在其内在本心的作用。

一　中国禅宗不重经典、不立文字，一切自任本心

中国禅宗有一个"释迦拈花，迦叶微笑"的故事，据《指月录》载：

> 世尊在灵山会上，拈花示众。是时众皆默然，唯迦叶尊者，破颜微笑。世尊曰：吾有正法眼藏，涅槃妙心，实相无相，微妙法门，不立文字，教外别传，咐嘱摩诃迦叶。

禅宗自称其宗门为"教外别传"，即依此类故事以说明他们和佛教其他宗派的不同。印度佛教开始在释迦牟尼时也是比较简单，本

是一种人生哲学,对一些与人生实际无关的理论往往避而不论,如当时印度讨论的"宇宙是常还是无常""宇宙有边还是无边""生命死后是有还是无""生命与身体是一还是异"等,均少论及。但印度佛教在发展过程中越来越繁琐,越来越远离实际人生,体系越来越庞大,礼拜的对象越来越多,名词概念多如牛毛,这与中国传统思想全然不相合。到隋唐以后,中国的一些佛教宗派都已在想方设法克服印度佛教的这种繁琐,例如天台宗纳三千于一念,华严宗融理事于真心,都强调人的本心的作用,这一趋势到禅宗慧能以后更是变本加厉了,而有不立文字、废除经典之说。

慧能本人还没有简单地否定经典和倡导不立文字,据《坛经》记载,慧能尝为门人说《金刚经》《法华经》,但他认为"一切经书,因人有说",只是引导人们的工具,不能执着经典,以为靠诵读经典就可以成佛,解脱只能靠自己的本心。这是因为:一方面,成佛得解脱的道理和路径本来就在你自己的本心之中,"三世诸佛,十二部经,亦在人性中本自具有"(《坛经》),不必外求,不必到心外觅佛,成佛的觉悟全在自己,外在的文字是没有用处的。另一方面,文字是一种外在的东西,如果执着了外在的东西就是"着相","本性自有般若之智,自用智慧观照,不假文字"(《坛经》)。慧能以后的禅宗大师破除经典的束缚,干脆反对念经,反对一切语言文字。沩山灵佑问仰山慧寂:"《涅槃经》四十卷,多少是佛说?多少是魔说?"仰山回答说:"总是魔说。"(《五灯会元》卷九《沩山灵佑禅师》)如果把佛经执着为佛法本身,本身就是着了魔,为魔所蒙蔽;所以《古尊宿语录》中说:"只如今作佛见,作佛解,但有所见所求所著,尽是戏论之类,亦名粗言,亦名死语。"(卷二)《景德传灯录》中记义玄"因半夏上黄檗山,见和尚看经。曰:我将谓汝是个人,原来是唵黑豆老和尚"(卷十二)。一切经典全是废话,执着这些废话,人如何得以解脱,如何得以成佛?既然佛教经典为"死语""魔说",非悟道的工具,那么自然不能靠它来达到成佛的目的。《古尊宿语录》中说:"(南)泉(普愿)云:'道不属知不知,知是妄觉,不知是无记,若真达不疑之道,犹如太虚,廓然荡豁,岂可强是非也。'"(卷十三)道不属知识,知识有主体和对象即有分别心,悟道在心之自觉;悟道既在自觉,自不能是不觉的,如为不自觉,既是"无明",故"不知是无记"。

禅宗的大师们不仅认为文字不必要,就是语言对得道成佛也是无益的。语言并不能使人了解佛法,有问文益禅师:"如何是第一义?"文益回答说:"我向汝道,是第二义。"(《文益禅师语录》)佛法是不可说的,说出的已非佛法本身。那么用什么方法引导人们觉悟呢?照禅宗看,几乎没有什么方法使人悟道,只能靠自己的觉悟。不过禅宗也常用一些特殊的方法,如棒喝之类。《五灯会元》卷七《德山宣鉴禅师》中载:

> 僧问:"如何是菩提?"师打曰:"出去,莫向这里屙。"问:"如何是佛?"师曰:"佛是西天老比丘。"雪峰问:"从上宗秉,学人还有分别也无?"师打一棒曰:"道什么?"曰:"不会。"至明日请益,师曰:"我宗无语句,实无一法与人。"峰因此有省。

《景德传灯录》卷十二载:

> (临济义玄)见径山,径山方举头,师便喝;径山拟开口,师拂袖便行。

这就是所谓"德山棒,临济喝"。这种方法是破除执着的特殊方法,目的是要打断人们的执着,一任自心。照禅宗看,人们常因有作执着而迷失本性,必须对之大喝一声,当头一棒,使之幡然觉悟,自证佛道,故佛果禅说:"德山棒,临济喝,并是透顶透底,直截剪断葛藤,大机大用,千差万别,会归一源,可以与人解粘去缚。"(《佛果禅师语录》)义玄的老师在其《传心法要》中说:

> 此灵觉性……不可以智识解,不可以言语取,不可以景物会,不可以功用到。诸佛菩萨与一切蠢动众生同大涅槃性。性即是心,心即是佛,佛即是法。(《景德传灯录》卷九)

人所具有的这一灵觉性,既然不是能用知识、语言等使之得到发挥,因此只能用一棒一喝(当然不一定必须用棒喝,其他任何方法都可以,只要能打断执着即可)打破执着,使心默然无对,而达到心境两忘的超越境界。

二　中国禅宗破去陈规,废去坐禅,唯论见性成佛

坐禅本是原来佛教一切派别所必需的一种修持法门,释迦牟尼在菩提树下证道,坐四十九天;达摩东来,仍有三年面壁,都是坐禅。但到慧能以后,中国禅宗起了很大变化,《坛经》记载慧能说:"唯论见性,不论禅定解脱。"盖慧能主张"见性成佛",认为靠禅定并不能得到解脱,所以他说:

> 迷人着法相,执一行三昧,直言坐不动,除妄心不起,即是一

行三昧。若如是,此法同无情,却是障道因缘,道须通流,何以却滞?心不住法即通流,住即被缚,若坐不动是,维摩诘不合呵舍利弗宴坐林中。(《坛经》)

执着坐禅,以为可以妄心不起,这实是把人看成如同死物,而不知"道须通流",心不能住而不动,住而不动就是心被束缚住了,那怎么能得到解脱呢?《古尊宿语录》卷一记马祖道一"居南岳传法院,独处一庵,唯习坐禅,凡有来访者都不顾……(怀让)一日将砖于庵前磨,马祖亦不顾,时既久,乃问曰:'作什么?'师云:'磨作镜。'马祖云:'磨砖岂能成镜?'师云:'磨砖既不能成镜,坐禅岂能成佛?'"马祖坐禅,被坐禅所束缚,怀让用"磨砖作镜"这种比喻的方法启发他使之觉悟,这叫作依他人为之"解缚"。又有长庆慧棱禅师,二十余年来坐破了七个蒲团,仍然未能见性,直到有一天,偶然卷帘时,才忽然大悟,便作颂说:"也大差,也大差,卷起帘来见天下,有人问我解何宗,拈起拂子劈口打。"慧棱偶然卷帘见得三千大千世界原来如此,而得"识心见性",解去坐禅的束缚,靠自己豁然贯通,而觉悟了。《坛经》中说:"不能自悟,须得善知识示道见性;若自悟者,不假外善知识。"道一是靠怀让的启发,而慧棱是靠自悟,但无论前者还是后者都必须是"识自心内善知识",也就是说必须靠自己的内在本心才可以达到超越境界。慧棱颂中"卷起帘来见天下"是他悟道的关键,因照禅宗看,悟道成佛不要去故意做作,要在平常生活中自然见道,就像"云在青天水在瓶"那样,自自然然,平平常常。无门和尚有颂说:

春有百花秋有月,夏有凉风冬有雪,
若无闲事挂心头,便是人间好时节。

禅宗的这种精神境界正是一种顺乎自然的境界：春天看百花开放，秋天赏月色美景，夏天享凉风暂至，冬天观大雪纷飞，一切听其自然，自在无碍，便"日日是好日""夜夜是良宵"。如果执着坐禅，那就是为自己所运用的方法所障，而不得解脱。临济义玄说："禅法无用功处，只是平常无事，屙屎送尿，着衣吃饭，困来即卧，愚人笑我，智乃知焉。"(《古尊宿语录》卷十一) 要成佛达到涅槃境界，不是靠那些外在的修行，而是得如慧棱那样忽然顿悟，有僧问马祖："如何修道？"马祖说："道不属修，言修得，修成还坏。"(《古尊宿语录》卷一) 道如何能修得，靠所谓"修"就是要勉强自己，这种不自然的做法，当然会"修成还坏"。所以修道不能在平常生活之外去刻意追求。有源律师问大珠慧海禅师："和尚修道还用功否？"慧海说："用功。"源律师问："如何用功？"慧海回答说："饥来吃饭，困来即眠。"源律师又问："一切人总如是，同师用功否？"慧海说："不同。"源律师问："如何不同？"慧海说："他吃饭时，不肯吃饭，百般须索；睡时不肯睡，千般计较，所以不同也。"(《景德传灯录》卷六) 平常人吃饭，挑肥拣瘦，睡觉胡思乱想，自是有所取舍、执着，不得解脱。真正懂得禅宗的人"要眠即眠，要坐即坐""热即取凉，寒即向火"。有僧问赵州从谂："学人乍入丛林，乞师指示。"从谂说："吃饭也未？"僧曰："吃粥了也。"从谂说："洗钵去。"其僧因此大悟。(《指月录》卷十一) 吃过饭自然应洗碗，这是平平常常的，唯有如此，才能坐亦禅，卧亦禅，静亦禅，动亦禅，吃饭拉屎，莫非妙道。禅定既非必要，一切戒律更不必修持了。陆希声问仰山："和尚还持戒否？"仰山说："不持戒。"(《五灯会元》卷九) 李翱问药山："如何是戒定慧？"药山说："这里无此闲家俱。"(景德传灯录》卷十四) 戒定慧本是佛教"三学"，学佛者必须之门径，但照禅宗大师看这些都是无用的东西。禅宗的这一否定，似乎所有的修持方法全无必要，从而把一切外在的形式的东西都否定了。禅宗如是看是基于"平常心是道心",在平常心外再无什么"道心",在平常生活外再不须有什么特殊的生活,如有此觉悟,内在的平常心即可成为超越的道心,正如印顺法师在《中国禅宗史》中所说:"性是超越的(离一切相,性体清净),又是内在的(一切法不异于此),从当前一切而悟入超越的,不要不异一切,圆悟一切无非性之妙用。这才能入能出,有体有用,事理如一,脚跟落地。"①

三 中国禅宗不拜偶像,呵佛骂祖,一念悟即成佛

印度文化中颇多神秘主义色彩,印度佛教也不能不受印度传统文化这种神秘主义影响,特别是释迦牟尼以后更是如此。例如在佛教中有所谓二十八重天,十八层地狱,每个层次又有无数天堂和地狱,以及众多的具有超自然伟力的佛和菩萨,这些当然都是受印度传统文化的影响而有。即使是比较平实的"教外别传"的印度禅也有不少神秘色彩,传说印度禅的二十八祖都有所谓六神通:天耳通、天眼通、他心通、宿命通、神足通、漏尽通。就是印度禅修行的四种境界"四禅天"也颇具神秘性。而中国禅自慧能以后却不如此。慧能说:"我心自有佛,自佛是真佛。"基于此,禅宗反对神通和偶像崇拜。《五灯会元》卷十三载,有云居道膺禅师"结庐于三峰,经旬不赴堂。洞山(良价)问:'子近日何不赴斋?'师曰:'每日自有天神送食。'山曰:'我将谓汝是个人,犹作这个见解在。汝晚间来。'师晚至。山召:'膺庵主。'师应诺。山曰:'不思善,不思恶,是什么?'师回庵,寂然宴坐,天

---

① 印顺法师著:《中国禅宗史》,台湾正闻出版社1987年版,第375页。

神自此觅寻不见，如是三日而绝"。良价批评道膺的基本点，就在于道膺是个人怎么会相信那些神秘的神通呢？"不思善，不思恶"是什么意思？这正是慧能叫人不执着那些自己想象出来的莫须有的东西。《禅宗传》载："明上坐向六祖求法。六祖云：'汝暂时敛欲念，善恶都莫思量。'明上坐乃禀言。六祖云：'不思善，不思恶，正当与时，还我明上坐父母未生时面目。'明上坐于言下，忽然默契，便拜云：'如人饮水，冷暖自知。'"所谓"天神送食"只是道膺的幻想，当他一旦觉悟，幻想尽除，再无天神可寻觅了。人本来应是人，有人之本来面目，一切全靠自己觉悟，根本不需要外在的超越力量的帮助。契嵩本《坛经》有《无相颂》：

　　　　心平何劳持戒，行直何用修禅，
　　　　恩则孝养父母，义则上下相怜。
　　　　让则尊卑和睦，忍则众恶无喧，
　　　　若能钻木取火，淤泥定生红莲。
　　　　苦口的是良药，逆耳必是忠言，
　　　　改过常行饶益，成道非由施钱。
　　　　菩提只向心觅，何劳向外求玄，
　　　　听说依此修行，天堂只在目前。

这首颂不仅否定了外在的神秘力量的存在，而且否定了所谓的天堂和地狱的存在，认为人们只是要在现实生活中平平常常地尽职尽责地生活，在眼前生活中靠自己所具有的佛性（即内在的本性）即可以成禅。宗杲大慧禅师说："世间法即佛法，佛法即世间法。"

天然禅师"于慧林寺遇天大寒，取木佛烧火向，院主呵曰：'何得烧我木佛。'师以杖了拨灰曰：'吾烧取舍利。'主曰：'木佛何有舍利？'师曰：'既无舍利，更取两尊烧。'"(《五灯会元》卷五)木佛本是偶像，哪会有佛舍利，烧木佛无非烧木制之像而已，否定了自己心中的偶像，正是对"我心自有佛，自佛是真佛"的体证。临济义玄到熊耳塔头，塔主问："先礼佛，先礼祖？"义玄曰："祖佛俱不礼。"(《景德传灯录》卷十二)禅宗对佛祖不仅全无敬意，还可以呵佛骂祖。德山宣鉴说："这里无佛无祖，达摩是老臊胡，释迦老子是干屎橛，文殊普贤是担屎汉。"(《五灯会元》卷七)照禅宗看，自己本来就是佛，哪里另外还有佛？他们所呵所骂的无非是人们心中的偶像，对偶像的崇拜只能障碍其自性的发挥。《景德传灯录》卷六载："问：'如何是佛？'师云：'汝是阿谁？'"卷十载："灵训禅师初参归宗，问：'如何是佛？'……宗曰：'即汝便是。'"每个人自己就是佛，哪能问"如何是佛"，问"如何是佛"就是向心外求佛了。而且对自身成佛也不能执着不放，黄檗说："才思作佛见，便被佛障。"一个人念念不忘要成佛，那就不能自自然然地生活，而有所求，这样反而成为成佛的障碍。有僧问洞山良价："如何是佛？"答曰："麻三斤。"(《五灯会元》卷十三)或问马祖："如何是西来意？"师便打，乃云："我若不打汝，诸方笑我也。"(《景德传灯录》卷六)良价所答非所问，目的是要打破对佛的执着；马祖更是要打断对外在佛法的追求，因为照马祖看："汝等诸人，各信自心是佛，此心即是佛心。"(同上)这正是禅宗的基本精神，正如《坛经》中说："佛是自性作，莫向身外求。自性迷，佛即众生；自性悟，众生即佛。"

据以上所述，可知中国禅宗的中心思想或基本命题是"识心见性""见性成佛"。在《坛经》中应用的基本概念是"心"和"性"。"心"或叫"自心""本心""自本心"等；"性"或叫"自性""本性""法性""自法性"等。"心"和"性"大体是一个意思，都是指每个人的内在生命的主体,它本来清净、空寂,它又是超越于现象界的,但它的活动可变现为种种不同的事物,如《坛经》说:"心量广大,犹如虚空……虚空能含日月星辰,大地山河,一切草木,恶人善人,恶法善法,天堂地狱,尽在空中,世人性空亦复如是。"又说:"世人性本自净,万法在自性,思量一切恶事,即行于恶;思量一切善事,便修于善行。知如是一切法尽在自性,自性常清净。"善与恶、天堂与地狱、山河大地、草木虫鱼等都是因"心"之"思量"作用而从自性中变现出来的。一切事物的出现,都不能离开"自性",就像万物在虚空中一样。如果人的"心"迷误了,就不能见自性,只能是凡夫俗子,如果人的自心常清净,就是"见性",则是佛菩萨。《坛经》说:"我心自有佛,自佛是真佛;自若无佛心,向何处求佛。"

照禅宗看,人的自性(或本心)本来是广大虚空一无所有,但它并不死寂的,而是能"思量"的,一切事物皆由"思量"出。如果这些"思量"活动一过不留,那么对自己的"自性"就无任何影响,则自性常处于清净状态。"自性常清净",就好像日月常明一样,只是有时为云覆盖,在上面的日月虽明,但在下面看到的则是一片昏暗,致使看不到日月的本来面目。如果能遇到惠风(按:指大善知识的指点和启发)把云雾吹散卷尽,那么常明之日月等自然显现。《坛经》中说:"世人性净犹如青天,惠如日,智如月,智慧常明。于外着境,妄念浮云盖覆,自性不明,故遇善知识开真法,吹却迷妄,内外明彻,于自性中,万法皆见。"善知识只能对人们有启发作用,觉悟不觉悟还在自己,"自有本觉性,将正见度,即悟正见,般若之智,除却愚痴迷妄聚生,各各自度"(《坛经》)。

敦煌本《坛经》"佛性"一词很少见,但元宗宝本"佛性"则多见。《坛经》有两处说到"佛性"较重要:一是慧能在黄梅五祖处所作的偈"佛性常清净";另一处是答韦使君问,说"造寺、布施、供养"等"实无功德"时说:"功德在法身,非在福田;自法性是功德,平直是德。内见佛性，外行恭敬。"前一条说明"佛性"的本质是"常清净"，这与"自性"一样，所以所谓"佛性"即"自性"，亦即为人之本性，它是每个人的内在生命的主体。后一条说明"佛性"即"自法性"，而为人之内在本质。基于此，禅宗即可立其"识心见性""见性成佛"的理论。"识心见性"是说，如对自己的本心有所认识就可见到"自性常清净"，得其"自性常清净"就是使其内在的本性显现为超越的佛性，"识心见性，自成佛道"（《坛经》），这一切皆在"悟即成智"也。

那么人如何能"识心见性"？禅宗指出了一条直接简单的修行法门，这就是他们所立的"无念为宗，无相为体，无住为本"的法门。《坛经》中说：

> 我此法门，从上以来，顿渐皆立无念为宗，无相为体，无住为本。何名无相？无相者，于相而离相。无念者，于念而不念。无住者，为人本性，念念不住，前念、今念、后念，念念相续，无有断绝；若一念断绝，法身即离色身，念念时中，于一切法上无住，一念若住，念念即住，名系缚；于一切上，念念不住，即无缚也。此是以无住为本。

"无相"是说，对于一切现象不要去执着（离相），因为一般人往往执着现象以为实体，如以坐禅可以成佛，那就是对于坐禅有所执着，如以拜佛可以成佛，那就是对拜佛有所执着，这都是"取相着相"。"取相着相"障碍自性，如云雾覆盖明净的虚空一样。如能"于相离相"则可顿见性体的本来清净，就像云雾扫除干净而现明净虚空。所以无相不仅仅是不要执着一切现象，而且因离相而显"自性常清净"，《坛经》说："但能离相，性体清净，是以无相为体。"所谓"无住"是说，人的自性本来是念念不住的，前念、今念、后念是相续不断的，如果一旦停留在某一物上，那么就不能是念念不住而是念念即住了，这样"心"就被"系缚"住了，"心不住法即通流，住即被缚"。如能对一切事物念念不住，过而不留，如雁过长空，不留痕迹；如放过电影，一无所有，这样就不会被系缚，"是以无住为本"。"无念"不是"百物不思，念尽除却"，不是对任何事物都不想，而是在接触事物时，心不受外境的任何影响，"不于境上生心"。"念"是心的作用，心所对的是境（外境，即种种事物），一般人在境上起念，如境美好，那么就在境上起念，而有贪；如境不好，那么就在境上起念，而有瞋，因此一般人的"念"是依境而起，随境变迁，这样的"念"是"妄念"，经常为境所役使，而不得自在。如果能"于诸境上心不染"，这样就可以不受外境干扰，虽处尘世，却可无染无杂，来去自由，自性常清净，自成佛道。以上所论"无相""无住""无念"实均一心的作用，且迷与悟均在一念之间，故成佛道当靠顿悟。

据以上所说，我们或可得以下结论：

（一）中国禅宗之所以是中国的思想传统而区别于印度佛教，正因其和中国的儒家与道家哲学一样也是以"内在超越"为特征。它之所以深深影响宋明理学（特别是陆王心学），正在于其思想的"内在超越性"。如果说以"内在超越"为特征的儒家学说所追求的是道德上的理想人格超越"自我"而成"圣"，以"内在超越"为特征的道家哲学所追求的则是精神上的绝对自由，超越"自我"而成"仙"，那么，以"内在超越"为特征的中国禅宗则是追求一种瞬间永恒的神秘境界，超越"自我"而成"佛"，就这点说禅宗仍具有某种宗教的形式。

（二）禅宗虽然仍具有某种宗教的形式，但由于它要求破除念经、坐禅、拜佛等一切外在的束缚，这样势必又包含着否定其作为宗教本身的意义。这就是说，禅宗的世俗化使之成为一种非宗教的宗教在中国发生影响，它把人们引向在现实生活中实现超越现实的目的，否定了在现实世界之外与之对立的天堂与地狱，表现出"世间法即佛法，佛法即世间法"的世俗精神。

（三）禅宗作为一种宗教，它不仅破除一切传统佛教的规矩，而且认为在日常生活中不靠外力，只靠禅师的内在自觉，就可以成佛，这样就可以把以"外在超越"为特征的宗教变成以"内在超越"为特征的非宗教的宗教，由出世转向入世。从而克服了二元的倾向。这样转变，是否可以说禅宗具有某种摆脱传统的宗教模式的倾向。如果可以这样说，那么研究禅宗的历史，将对研究现实社会生活中的宗教有着重要的意义。

（四）如果说在中国有着强大的禁锢人们思想的传统，那么是否也有要求打破一切禁锢人们思想的资源呢？如果确有这样的资源，禅宗应是其中重要的一部分。禅宗否定一切外在的束缚，打破一切执着，破除传统的权威和现实的权威，一任本心，从这个意义上说人自己可以成为自己的主宰，这样的思想解放作用在我国长期封建专制社会中应是难能可贵的，似乎应为我们注意。当然禅宗由此而建立了以"自我"的内在主体性为中心的权威，虚构了"自我"的无限的超越力量，而又可以为以"自我"为中心的内在主体性所束缚，这可能是禅宗无法解决的矛盾。

（五）禅宗这种以"内在超越"为特征的思想体系，有着鲜明的主观主义特色，它必然导致否定任何客观标准和客观有效性。这既不利于对外在世界的探讨和建立客观有效的社会制度、法律秩序，同时在对探讨宇宙人生终极关切问题上也不无缺陷。因此，我们是否可以提出一个问题，即能否建立一个包容以"内在超越"为特征的思想，同时也包容以"外在超越"为特征的思想的更完满的哲学体系呢？我认为，这个问题或者是中国哲学发展应受到重视的问题。

（六）如果说有可能建立一包容"内在超越"和"外在超越"的中国哲学体系，那么能否在中国传统哲学中找到内在资源？我认为，中国传统哲学中是有这方面内在资源的。本来在孔子思想中就有两个方面：一方面有"为仁由己""人能弘道，非道弘人"的说法；另一方面也有"畏天命，畏大人，畏圣人之言"的说法。前者是孔子思想中的"内在超越"方面；后者是孔子思想中"外在超越"方面，或者说从后者可以看出孔子思想也有"外在超越"的因素。但后来儒家发展了前一方面，而后一方面没有得到发展。如果能使上述孔子思想中的两个方面同时发展，又有所结合，是否可以沿着孔子思想发展出一包容"内在超越"和"外在超越"的哲学体系呢？我想，这是一个值得我们探讨的问题。比孔子稍后的哲学家墨子，他的哲学可以说是以"外在超越"为特征的哲学体系。墨子哲学可以说由两个相互联系的组成部分：一是具有人文精神的"兼爱"思想，另一是具有宗教性的"天志"思想。这两方面看起来似乎有矛盾，但在墨子思想体系中却认为"兼爱"是"天"的意志最根本的体现，所以"天志"应是墨子思想的核心。墨子的"天志"思想认为"天"是有意志的，它的意志是衡量一切事物最高和最后的标准，它可以赏善罚恶，它是一外在于人的超越力量，或者说它具有明显的"外在超越性"。因此，墨家哲学发展到后期墨家就更具有科学因素和逻辑学、认识论思想。可惜在战国以后墨家思想没有得到发展。墨家思想是否可以成为我们建立一包容"内在超越"和"外在超越"的中国哲学体系的内在资源呢？我想也应是我们可以研究的一个课题。

选自《儒道释与内在超越问题》，江西人民出版社1991年8月。原刊于《北京社会科学》1990年第4期。

论儒家的境界观

"境界"一词如何解释，可能多种多样。据《辞源》上说：《诗·大雅·江汉》"于疆于理"，郑玄笺说："召公于有叛戾之国，则往正其境界，修其分理。"这里的"境界"是"疆界"的意思。另外一个意思则来自佛教。《无量寿经》上说："比丘白佛，斯义宏深，非我境界。"这里的"境界"是说人所达到的一种修养境地。我们所讨论的"儒家的境界观"是就后一意义说的。

从儒家的境界观看，人的道德和知识的修养有不同的等级，最高的等级为"圣人"。"圣人"是什么样的人呢？照孔子看应是能"博施于民而能济众"的人。但"博施于民而能济众"是不是一种"境界"？我想不是的，它应是圣人的一种社会理想或政治理想。照我看，应把儒家的圣人的"境界"和圣人的"社会理想"或"政治理想"看成两种不同的观念。"境界"从其严格意义上说应专指个人的道德和知识的修养，指个人的人格；"社会理想"则包括其对于理想社会的事功所向往。对这个问题，我想可以从对儒家的两段话的比较上加以说明。孔子说：

> 吾十有五而志于学，三十而立，四十而不惑，五十而知天命，六十而耳顺，七十而从心所欲不逾矩。

在《大学》开头的一段话中说：

> 古之欲明之德于天下者，先修其身；欲修其身者，先正其心；

欲正其心者，先诚其意；欲诚其意者，先致其知，致知在格物。物格而后知至，知至而后意诚，意诚而后心正，心正而后身修，身修而后家齐，家齐而后国治，国治而后天下平。自天子以至庶人，壹是皆以修身为本，其本乱而末治者否矣。

前一段是指一种个人的道德和知识修养的境界，后一段则是指人们在具有了一种道德和知识的境界后对理想社会的追求。前者是圣人的境界，后者是"内圣外王之道"的理想。

孔子说的"十有五而志于学"一般可以说总结他个人修养的过程或者是说成"圣人"的过程，这是他对"真""美""善"的一种追求和了解。从"十有五而治于学"到"四十而不惑"是成圣成贤的准备阶段，从"知天命"到"从心所欲不逾矩"是成圣的深化过程。"知天命"可以解释为对"天"（宇宙人生）的一种了解和认识，这也许可以归为"求真"的范围。"六十而耳顺"，杨伯峻先生的《论语译注》说："'耳顺'这两个字很难讲，企图把它讲通的也有很多人，但都觉牵强，译者姑且作如此讲解。"他解释说："六十岁，一听别人的言语，便可以分别真假，判明是非。"我想，杨先生的了解也许是符合孔子原意的。但自古以来却也有多种解释，例如李充说，"耳顺"是"心与耳相从"，这大概是杨先生的解释所本。孙绰似以玄学解，他说："耳顺者，废听之理也，朗然自玄悟，不复役而后得，所谓不识不知顺帝之则。"这是一种超验的混然而得大全之理的境界，是一种内在的充实。我认为，这也是解释得通的。照现代解释学的看法，凡是对前人的思想的"解释"都有解释者的意见在内，这有一个解释循环的问题。当然，解释和被解释的思想中总有某种联系，否则也就无所谓"解释"了。历来对孔子思想的解释大概都是这样。这里我想引用一下朱熹对这句话的解释,他很有一点特色。朱熹说:"声入心通,无所违逆,知之之至,不思而得。""声入心通"当和"声音"("有者之声"和"无者之声"当都可以包括在内)有关系;"知之之至",即言超于"知天命"之境界,而这种"境界"是和"知天命"的"境界"不同的,它是"不思而得"的境界。那么,这种"境界"是一种什么样的"境界"呢?我想,这大概是一种直觉的审美的境界,所得到的是一种超乎经验的直觉意象,这能不能说是一种艺术的境界,或者"美"的境界。我的这种解释或许是"牵强"的,但照杨先生的看法,自古以来的解释大都是"牵强"的;我这种解释无非是再加上一种"牵强"的解释而已。而这种解释也许是一种别开生面的解释。不过我认为,我这种解释也不能说全无根据。我们知道,孔子对音乐很有修养,他"在齐闻韶,三月不知肉味"。"三月不知肉味"自是"不思而得"的,是一种极高的审美境界。孔子自己对他所达到的这种境界所作的说明是:"不图为乐之至于斯也。"想不到听音乐竟能达到了这种境界。这是一种"美"的享受。"七十而从心所欲不逾矩",朱熹注说:"矩,法度之器,所以为方者也,随其心之所欲而自不过于法度,安而行之,不勉而中。"这一"安而行之,不勉而中"是在"知真""得美"之后的"行善"的境界。孔子把"尽善尽美"看成是高于"尽美"的。《论语》记载说:"子谓韶,'尽美矣,又尽善也'。谓武,'尽美矣,未尽善也'。"这里"尽善"是指"极好",但说事物是"极好"或"尽善"总和道德的价值判断联系在一起的。孟子说:"充实之谓美。"此处的"美"也含有某种道德的价值判断。朱熹注说:"力行其善,至于充满而积实,则美在其中,而无待于外。""善"是一种内在的"美",人格的最高的"美"。看来,朱熹认为"善"可以包含"美","尽善"之所以高于"尽美",这是因为"尽善"实为"尽善尽美"。这里我们是不是可以说,孔子的人生境界(或圣人的境界)是由"求真"到"得美"而"行善",即由"真"而"美"而"善",这也许和康德的哲学有相似之处,因为康德的哲学大体上也是由"真"而"美"而"善"的。如果我们把孔子的这一由"知天命"到"耳顺"再进到"从心所欲不逾矩"的过程和我们概括的中国传统哲学关于"真""美""善"的基本命题相对照,"五十而知天命"是追求"天人合一"的境界,"六十而耳顺"是追求"情景合一"的境界,"七十而从心所欲不逾矩"是追求"知行合一"的境界。"天人合一"是属于对人生的"智慧"的层次,"情景合一"是属于对人生的"欣赏"的层次,"知行合一"是属于对人生的"实践"的层次。而这三者应是不可分的相互联系的。做人既要了解宇宙大化之流行,又要能欣赏天地造化之功,还要能在自己个人的生活实践中再现宇宙的完善与完美。"六十而耳顺"的境界应包括"知天命"的境界,"七十而从心所欲不逾矩"的境界则应包括前两境界,因此它是"真""美""善"的统一的境界。就以上的分析看,"知天命""耳顺""从心所欲不逾矩"都是就个人修养说的,是孔子对他自己追求"真""美""善"的总结,或者说是人们对于做圣人的要求。

我们说儒家的境界观是关于个人的道德和知识的修养问题,还可以从孔子说的另一段话得到证明。《论语·宪问》中有:"子曰:'古之学者为己,今之学者为人。'"荀子说:"古之学者为己,今之学者为人。君子之学也,以美其身;小人之学也,为禽犊。"(《解蔽》,杨倞注:"禽犊,馈献之物。")《论语集注》:"程子曰:'为己欲得之于己也,为人欲见知于人也。'"此"为己之学"正是一种使自己的道德学问达到一理想境界的方法,只是属于个人的道德修养方面的问题,而这种"为己之学"是可以依靠自己的修养而实现的,它可以不受客观条件的影响。孔子曾说颜回:"贤哉,回也! 一箪食,一瓢饮,在陋巷,人不堪其忧,回也不改其乐,贤哉,回也!"这说的是一种人生境界,这种境界并不因客观条件而受到影响。所以孔子说:"为仁由己,而为人乎哉!""境界"可以有高低,但是它总是靠自己的努力而达到某种"境界"的,所以它是主观上的。孔子曾说:"君子道者三,我无能焉:仁者不忧,知者不惑,勇者不惧。"子贡说:"夫子自道也。"孔子这里说的"仁""知""勇"都是在人的主观上可以达到的,所以它又是一种境界,而且是一种很高的"境界",圣人的境界。

冯友兰先生在他的《新原人》中把人生的境界分为四种,即自然境界、功利境界、道德境界、天地境界。对于分这四种境界是否合理,兹不论。但他说:"人对于宇宙人生的觉解的程度,可有不同。因此,宇宙人生对人的意义亦有不同。人对于宇宙人生在某种程度上所有底觉解,因此宇宙人生对人所有的某种不同底意义,即构成人所有的某种境界。""世界是同此世界,人生是同样的人生,但其对于各人的意义,则可有不同。"这就是说,所谓"境界"就是一种对宇宙人生的觉悟和了解,这当然是纯主观上的,只是关于个人的道德和学问的修养问题。中国儒家的大师从他们主观上说往往都是在追求一种最高的境界,孔孟是这样,程朱陆王也是这样,张载的《西铭》之所以受到宋明理学家的普遍重视,其原因也许正在于此。他说:"民,吾同胞;物,吾与也""存,吾顺世;没,吾宁也",只能是一种纯主观的,它是一种理想的境界,至于能否在现实社会中实现那是另一回事,但他们有这种觉解,就有了一种很高的境界。

儒家的大师们都在追求一种理想的境界,这是一种理想,是他们可以由身体力行而达到的,但是儒家的理想应不止于此,而是由这一仅仅关于个人道德和学问修养的境界向一种关于"社会的理想"推进了。当然从个人道德和学问修养的境界向一种"社会理想"推进并不是错,问题是有了一种很高的道德和学问修养的境界能否就使其"社会理想"得到实现。我们前面引用了《大学》首章中的一段,这就是"物格、致知、正心、诚意、修身、齐家、治国、平天下"。这一套虽也和个人的修养有关,但它不只是个人修养的问题,而且要在个人主观修养的基础上见之于客观。因此从总体上说它是一种对"理想社会"的追求。它不仅涉及个体对宇宙人生的觉悟和了解,而且涉及群体的社会生活问题。《大学》中说:"自天子以至庶人,壹是皆以修身为本","身"之修可以靠道德和学问的修养,即可以靠个人的修养,由"格物"而"致知"而"正心"而"诚意",但能否"齐家",能否"治国",能否"平天下"则不是能靠个人的觉悟,不是靠个人的道德和学问的修养所能达到的。但是儒家的问题正是在于以为这两套可以统一为一套,这就是由他们所提倡的"内圣外王之道"表现出来。

"内圣外王之道"最初或者见于《庄子·天下》篇:

> 天下之治方术者多矣,皆以其有为不可加矣。古之所谓道术者,果恶乎在?曰:'无乎不在。'……其在于《诗》《书》《礼》《乐》者,邹鲁之士,搢绅先生,多能明之,《诗》以道志,《书》以道事,《礼》以道行,《乐》以道和,《易》以道阴阳,《春秋》以道名分。其数散于天下而设于中国者,百家之学时或称而道之。天下大乱,圣贤不明,道德不一,天不多得一察焉而自好。譬如耳目鼻口,皆有所明,不能相通。犹百家众技也,皆有所长,时有所用。虽然,不该不偏,一曲之士也。判天地之美,析万物之理,察古人之全,寡能备于天地之美,称神明之容。是故内圣外王之道,暗而不明,郁而不发,天下之人各为其所欲焉以自为方。悲乎,百家往而不反,必不合矣!后世之学者,不幸不见于天地之纯,古人之大体,道术将为天下裂。

照《天下》篇看，所谓"内圣外王之道"是天下之治道术者所追求的，所以梁启超说："'内圣外王之道'一语，包举中国学术之全体，其旨归在于内足以资修养而外足以经世。"（《论语考释》中之《庄子天下篇释义》）熊十力在《读经示要》中据《大学》首章而对"内圣外王之道"也有一种解释。他根据《大学》以"修身"为本，以"格物""致知""正心""诚意"为"内圣"的功夫，接着他说："八条目虽似乎说，其实以修身为本。君子尊其身，而内外交修，格、致、诚、正，内修之目也。齐、治、平，外修之目也。家国天下，皆吾一身，故齐、治、平皆修身之事。小人不知其身之大无外也，则私其七尺以为身，而内外交修之功，皆其所废而弗讲，圣者亡，人道熄矣。"梁启超和熊十力都认为"内圣"和"外圣"是可以统一的，可以由"内圣"而"外王"，成就"内圣外王之道"。但我想，这也许正是儒家学说的大弊病。这种弊病之所以产生，照我看就在于儒家企图把个人人格上的修养境界和所追求的治世安民的理想社会的理论统一成一套所致，而中国社会曾受这种思想的危害或者不小。

冯友兰先生有一本书叫《新原道》，一名《中国哲学之精神》，在《绪论》中说："在中国哲学中，无论哪一派哪一家，都自以为是讲'内圣外贤之道'。"最后的结理又说："所以圣人，专凭其是圣人，最宜于作王。如果圣人最宜于作王，而哲学所讲底又是使人成为圣人之道，所以哲学所讲的，就是'内圣外王之道'。"看来，冯先生是揭示了中国传统哲学的精神，特别是儒家哲学的精神。在1964年，我们曾和冯先生讨论过中国历史上"治统"和"道统"的关系问题。冯先生说：在中国封建社会中，"君"和"师"是相提并论的，有所谓"治统"和"道统"。[①] 显

[①] 见《关于孔子讨论的批评与自我批评》，《哲学研究》1963年第6期。

然，他认为，"师"的任务在平时是批判当时的政治，揭露社会的黑暗，因而和当时的政治上的统治者之间存在着相当大的敌视，只是在农民起义的时候，他们才转而拥护当时的统治者。从"君"（政治上的统治者）这一方面说，由于他们看清了思想家的幻想，他们明知他们的"师"的幻想不可能实现，因而也就从来没有认真实行过。照冯先生的《新原道》的看法，中国传统哲学的精神"内圣"与"外圣"应是合一的，至少儒家的思想是如此。而在1963年冯先生写的文章中都认为"治统"和"道统"是对立的。我认为，冯先生的两种不同看法也许都可以成立。《新原道》说的是儒家的理想，而1963年冯先生说的是中国封建社会某一部分的现实。我们曾和冯先生讨论认为，中国封建社会中并没有把"治统"和"道统"分开。① 我想，我们的看法也是对的。因为中国传统哲学所追求的是"内圣外王之道"，而且从某一方面看，中国封建社会的统治者往往把自己打扮成具有"圣人"品格和人格的"圣王"，某些"师"们也颂扬某些"君"为推行"内圣外王之道"的"圣王"，以便在现实社会中实现他们的理想。虽然当时我们和冯先生的看法不同，也许可以说都看到了中国封建社会和儒家哲学的某一方面。

中国封建社会是一个以"人治"为特征的社会，而不注重"法治"，从思想方面看也正是受到儒家传统的"内圣外王之道"的理论影响所致。

照我看，"内圣"和"外王"作为两种对人的品格的要求说，应是属于两种不同的价值系统。"内圣"仅仅是关于个人的道德和学问的修养，它是人们的一种内在的品德，甚至可以说是一种超越现实的理想

---

① 见《论"治统"与"道统"》，《北京大学学报》，1964年第2期。

人格。"内圣"只是从个人方面说,如果努力追求是可以达到的,至少的精神上可以达到。"外王"是现实社会的统治者,它的问题则是要"面对现实",他的理想只能是"面对现实",而去做时代所允许的事功。如果要求"外王"作"圣王",推行"内圣外王之道",那就势必要在社会中造出许多假象,以至画虎不成反类犬了。

儒家的"内圣外王之道"的思想,大概有一个发展过程。在先秦时,就孔子本人说,已有"圣王"的观点,他把尧舜看成是古代的"圣王",到孔子的弟子更有"圣人"最宜于作"王"的思想。宰我尝说:"夫子贤于尧舜。"《墨子》的《公孟》篇中有一段记载说:"公孟子谓墨子曰:'昔者圣王之列也,上圣立为天子,其次列为大夫。今孔子博于《诗》《书》,察于礼乐,详于万物。若使孔子当圣王,则岂不以孔子为天子哉?'"这正是说"圣人"最宜作帝王。到战国末年,荀子的弟子歌颂他们的老师"德若尧舜,世少知之""其知至明,循道正行,足以为纪纲。呜呼,贤哉! 宜为帝王。"但无论孔子或荀子都没有成为"帝王"。如果孔子或荀子成为"帝王",那么中国历史上也就没有作为"圣贤"的孔子和荀子了。到汉朝只不过由帝王封孔子作一个"素王"而已。在中国历史上从来没有出现过儒家所塑造的"圣王",所出现的大都是有了"帝王"之位而自居为"圣王"的"王圣",或者为儒者称颂的"王圣"。这"王圣"正是把"圣人最宜作王"换成了"帝王最有资格当圣人"。但是,帝王是最不适宜当"圣人"的,因此"圣王"是不可能有的。帝王不宜于要求自己做"圣人",这是因为,帝王如要求做"圣人",或者是企图把儒家那一套不可能实现的"治国平天下"的理想实现于现实社会中,这当然是不可能的,因此只能是欺骗,或者是把现实的一切说成是符合理想的,这也只能是欺骗。那么"圣人"是不是最适宜做"帝王"呢? 我想,也许"圣人"应是最不宜于做"帝王"的。照我看,

"圣人"如要做帝王,或者他就要失去作为"圣人",因为具有理想人格的人总是很难了解现实的,他们往往是那种"知其不可而为之"的幻想家;他如要当帝王,就要面对现实;要面对现实就不能用他那套空想的理想主义来行事,从而必定失去其为"圣人"的品格了。或者,"圣人"企图利用其为"圣人"的地位来改变现实社会,这当然也是不可能的,而往往成为美化现实的工具。看来,儒家的"内圣外王之道"的学说正是中国长期封建社会重"人治"而轻"法治"的根据和理论基础。

前面我们已经说过,可以把儒家的境界观和儒家的理想社会观(或理想的政治)分开。就儒家的境界观说,他们认为经过个人的道德和学问的修养可以达到圣人或贤人的境界或者说具有一理想的人格,这应该说是有可取之处的。"道德和学问"的内容可以不同,但对"道德和学问"的追求精神总应该是人类的一种可贵品质。"理想的人格"虽可因时而异,但人们总应该去努力塑造符合时代要求的"理想人格",这也是合理的。因此,对儒家的境界观作一番创造性的转化工作,它将可以为我们所继承。至于儒家的理想社会的蓝图则只能是一种不能实现的"空想",它们能起的作用只能是美化封建社会的现实。因此,不仅"王圣"不可取,"圣王"也做不到,从而"内圣外王之道"当然也就不能作为中国传统哲学的精神为我们所继承了。

1987 年 6 月 20 日完稿

选自《中国传统文化中的儒道释》,中国和平出版社 1988 年版。原刊于《北京社会科学》1987 年第 4 期。

论"内圣外王"

从现存史料看,"内圣外王"的思想最早见于《庄子·天下》:

> 天下之治方术者多矣,皆以其有为不可加矣。古之所谓道术者,果恶乎在?曰:"无乎不在。"曰:"神何由降?明何由出?""圣有所生,王有所成,皆原于一。"……其在于《诗》《书》《礼》《乐》者,邹鲁之士,搢绅先生,多能明之。……其数散于天下而设于中国者,百家之学时或称而道之。天下大乱,贤圣不明,道德不一,天下多得一察焉以自好。譬如耳目鼻口,皆有所明,不能相通,犹百家众技也,皆有所长,时有所用。虽然,不该不遍,一曲之士也。判天地之美,析万物之理,察古人之全,寡能备于天地之美,称神明之容。是故内圣外王之道,暗而不明,郁而不发,天下之人各为其所欲焉以自为方。悲夫,百家往而不反,必不合矣!后世之学者,不幸不见天地之纯,古人之大体,道术将为天下裂。

照《天下》所说,"内圣外王之道"本是天下之治道术者共同的追求,但到了春秋战国时各家各派都提出他们治天下的学说,因百家纷争,道术不行,天下大乱,而使"内圣外王之道"暗而不明、郁而不发,这对天下是大不幸。当时,儒、道、墨、名、法、阴阳等家各有各的治天下之术,都说自己的学说是"圣王之道"。儒家作为自觉继承夏、高、周三代文化的继承者,自有着他们的"内圣外王之道"。《荀子·解蔽》中在批评了各家之后,为"圣王"下了一定义:"圣也者,尽伦者也;王也者,尽制者也。两尽者,足以为天下极矣。"故学者当以圣王为师。(梁启雄《荀子简释》谓:"伦,谓人伦,即人生哲学;制,谓制度,即政治哲学。")我们或者可以说,圣者是尽其为"做人道理"的精神导师;王者是尽其礼乐规仪的践行者,而兼"尽伦""尽制"于一身者才是圣王。先秦儒家都把尧、舜、禹、汤、文、武等看成是"圣王",他们行的就是"内圣外王之道",如孔子说:"大哉!尧之为君也,巍巍乎!惟天为大,惟尧则之。荡荡乎,民无能名焉。巍巍乎其有成功也,焕乎其有文章。"(《泰伯》)孔子认为,"天"是最高伟大的,尧真的了不起,能以"天"为榜样治世,他对老百姓的恩惠真是广博,他对天下的功绩真是太崇高,他制定的礼仪制度真是完美。《论语·雍也》中记载:"子贡曰:'如有博施于民而能济众何如?可谓仁乎?'子曰:'何事于仁,必也圣乎!尧舜其犹病诸。'""仁者"可以做到"己欲立而立人,己欲达而达人",但如无"王"位,也很难做到"博施于民而能济众"的"圣王"。《孟子》中"圣王"一词少见,仅《滕文公下》用"圣王"一词"圣王不作,诸侯放恣,处士横议",从"公都子曰:外人皆称夫子好辩"一节看,孟子认为只有尧、舜、禹、汤、文、武、周公等可称"圣王",又如《公孙丑下》:"(齐宣王)见孟子,问曰:'周公何人也?'曰:'古圣人也。'"《离娄下》说:"文王生于歧周……西夷之人也……得志行乎中国,若合符节,先圣后圣,其揆一也。"孟子"祖述尧舜,宪章文武",皆以尧舜、文武为"圣王"。但孟子讲的"圣人"含义较广,兼"尽伦""尽制"者可以是圣人,但"人伦之至"者为"君"、为"臣"皆可称"圣人"。不过,照孟子看孔子虽无"王"位[①],但他却是自古以来最伟大的圣人(参见《公孙

---

① 《墨子·公孟》篇:"公孟子谓子墨曰:昔者圣王之列也,上圣立为天子,其次立为卿、大夫。今孔子博于《诗》《书》,察于礼乐,详于万物。若使孔子当圣王,则岂不以孔子为天子哉?'"这就是说像孔子那样具有圣王品德的人,岂不就是说他应该当天子吗?

丑上》第二节"何谓知言?"后之一段)。《荀子》中"圣王"则多见,即是指尧、舜、禹、汤、文武、周公等的兼"尽伦""尽制"者,但有时用"圣人"也是指"圣王",如《儒效》中所说"圣人"也有指"文武"者。此不必细论。在《尧问》中,荀子弟子尝歌颂他们的老师"德若尧禹,世少知之","其知至明,循道正行,足以为纪纲。呜呼!贤哉!宜为帝王"。但是,荀子所处之世"奈何!天下不治,孙卿不遇时也"。可见"内圣外王"之观念在先秦已经相当流行。从中国历史上看,所幸的是孔子和荀子都没有成为"帝王",否则中国历史上就没有伟大思想家孔子和荀子了。

对所谓儒家的"内圣外王之道",我们应该如何看？自汉以后,儒家学者多推崇"内圣外王之道",直至近世许多重要学者(哲学家)也认为"内圣外王之道"是中国传统思想精神之所在,例如梁启超说:"内圣外王之道一语包举中国学术之全体,其旨归在于内足以资修养而外足以经世。"(见《论语考释》中的《庄子天下篇释义》)熊十力在《读经示要》中据《大学》首章而对"内圣外王之道"亦有一解。他根据《大学》以"修身"为本,以"格物""致知""正心""诚意"为"内圣"功夫;"齐家""治国""平天下"为"外王"功夫,接着他说:"君子尊其身,而内外交修,格、致、正、诚,内修之目也。齐、治、平,外修之目也。国家天下,皆吾一身,故齐、治、平皆修身之事。小人不知其身之大无外也,则私其七尺以为身,而内外交修之功,皆所废而不讲,圣学亡,人道熄矣。"梁启超和熊十力都认为"内圣"与"外王"是统一的,可以由"内圣"而"外王",而有一完满的"内圣外王之道"的政治哲学理论。特别是熊十力据《大学》论格、致、正、诚、齐、治、平,壹是皆以修身为本,而得出"内圣"必可"外王"的理论。这能否成为我国进入近现代的治国之根本理念,似乎是可以讨论的。冯友兰写了一本书叫《新原道》,这本书的名字又名《中国哲学之精神》，在此书的"绪论"中说："在中国哲学中，无论哪一家哪一派，都以为是讲'内圣外王之道'"；在其"新统"一章最后说："所以圣人，专凭其是圣人，最宜于作王。如果圣人最宜于作王，而哲学所讲的又是使人成为圣人之道，所以哲学所讲的就是内圣外王之道。"因此，在冯友兰"新理学"体系中，其《新世训》的最后一章"应帝王"中，最后一句说："欲为完全的领袖者，必都需以圣王为其理想之标准。"这就是说，"圣人"最宜于做"帝王"。（这一观念大概是儒家的一贯之道，《孟子·公孙丑上》："宰我曰：'以予观于夫子，贤于尧舜远矣。'"上引《荀子·尧问》中说：荀子"德若尧禹"，"宜为帝王"。）看来，梁启超、熊十力、冯友兰都试图揭示儒家哲学精神之所在，而且我认为他们也确实抓住了儒家哲学之精神（参见拙作《论"知行合一"》）。但是，儒家的"内圣外王之道"作为一种"理想"或有其价值，但作为一种政治哲学理论是否也有可议之处？

我们反观中国历史，儒家曾把上古尧、舜、禹、汤、文、武、周公说成是"圣王"，他们行的是"内圣外王之道"，这大概是儒家对上古这些帝王的理想化，是否真是如此，难以考察。但自秦汉以降，儒家学者虽大力倡"内圣外王之道"，而至今并无儒家所理想的"圣王"出现，这是为什么？我想，也许正是儒家的"内圣外王之道"只是他们的一种理论追求，而在历史上并无实现的可能性，"圣人"也不一定最宜于做王，因古往今来的社会并未有此可实现之条件。儒家理想的"圣人"可以是"帝王师"，并不一定要"作帝王"，也许"君""师"分工更为理想。

儒家学说虽不可能都有益于今日中国之社会，但我们应为它的价值在今日中国社会中找个适当的价值。我认为，儒家的"内圣"之学无疑对今日社会（不仅中国，而且对当今之人类社会）有其特殊之价值;而"内圣外王之道"或可产生某种与现代社会不适应处。为说明这个问题,我将引后面两段话来说明我的看法:一段是《论语·为政》中记载孔子对他自己一生的描述,另一段是《大学》首章之一段。

吾十有五而志于学,三十而立,四十而不惑,五十而知天命,六十而耳顺,七十而从心所欲不逾矩。(《论语·为政》)
古之欲明明德于天下者,先治其国;欲治其国者,先齐其家;欲齐其家者,先修其身;欲修其身者,先正其心;欲正其心者,先诚其意;欲诚其意者,先致其知;致知在格物。物格而后知至,知至而后意诚,意诚而后心正,心正而后身修,身修而后家齐,家齐而后国治,国治而后天下平。自天子以至于庶人,壹是皆以修身为本,其本乱而末治者否矣。(《大学》)

我认为这两段话有不同的意义,前者为一种道德哲学或人生境界学说;后者为一套政治哲学或者说是社会政治理论。个人的人生境界是关乎个人的道德学问的提升问题,而社会政治理论则必须有一套合理的客观有效的制度。前者是如何成圣成贤,"超凡入圣"的问题;后者是企图把"圣人"造就成"圣王",而由"圣王"来实现社会政治理想,这就是儒家的"内圣外王之道"。

但是,照我看,靠个人的道德学问的提升,求得一个个人的"孔颜乐处"或者可能;但是光靠着个人的道德学问的提高,把一切社会政治问题都寄托在"修身"上,寄托在某个或某几个"圣王"的身上,是不可能使社会政治成为合理的客观有效的理想社会政治的。

孔子说的"十有五而志于学"一段可以说总结他个人一生为学修身的过程,或者这是儒家的"超凡入圣"的人生途径。从"十有五而志于学"到"四十而不惑"是孔子追求成圣成贤的准备阶段,从"五十而知天命"到"七十而从心所欲不逾矩"是他成圣的深化过程。"知天命"可以说是对于"天命"(宇宙人生之必然)有一种了解,这或者属于知识的问题,或者说是一追求"真"的人生境界吧!"六十而耳顺",照朱熹解释说:"声入心通,无所违逆,知之至,不思而得。"我们可以把"知之之至"解释为超于"知天命"的阶段,它是一种"不思而得"的境界。这种"不思而得"的境界大概就是一种直观的审美的境界,超于经验的直觉意象,因此它是属于"美"的境界。我们知道孔子在音乐上有很高的修养,他"在齐闻韶,三月不知肉味",这真是"不思而得"的极高审美境界了。孔子对他所达到的这种境界说:"不图为乐之至于斯也。"想不到听"韶"乐竟能达到这样美妙的境地。"七十而从心所欲不逾矩",朱熹注说:"矩,法度之器,所以为方者也。随其心之所欲而自不过于法度,安而行之,不勉而中。"一切所作所为都是自自然然、自由自在,没有一点勉强而都完全合乎"天道"之要求。我看,这无疑是"至善"的境界了。孔子一生所追求的就是真、善、美合一的人生最高境界,这正如他所说的:"知之者,不如好之者。好之者,不如乐之者"了。到了"乐之者"的境界就是完满实现了"超凡入圣"的"天人合一"境界了。我们说儒家追求的人生境界或者"圣人"观还可以从孔子另外的话得到证明,《论语·宪问》中说:"古之学者为己,今之学者为人。"荀子解释说:"古之学者为己,今之学者为人。君子之学也,以美其身;小人之学也,以为禽犊。"(《劝学》,杨倞注:禽犊,馈献之物)《论语集注》:"程子曰:'为己欲得之于己也,为人欲见知于人也。'"[1]"为人之学"只是为了摆摆样子,做给别人看;而"为

---

[1]《新序》:"齐王问墨子曰:'古之学者为己,今之学者为人,如何?'对曰:'古之学者得一善言以附其身,今之学者得一善言务以悦人。'"

己之学"才是真正为提高自我的道德学问而达到理想人生境界之路。"为己之学"要靠自己,它不受外界之影响,如颜回之"一箪食,一瓢饮,在陋巷,人不堪其忧,回也不改其乐"。所以孔子说:"为仁由己,而由人乎哉?"境界有高低,它全靠自己的努力,所以它是主观上的。孔子曾说:"君子道者三,我无能焉:仁者不忧,知者不惑,勇者不惧。"子贡说:"夫子自道也。"孔子这里所谓的"仁""知""勇"都是可以由自己努力追求的,所以它是一种人生境界,而且是一种极高的人生境界,是圣人的境界。冯友兰在他的《新原人》中把人生的境界分为四种:自然境界、功利境界、道德境界和天地境界,这种对人生境界的分法是否合理,姑且不论,但他对"境界"的解说颇为可取,冯先生说:"人对宇宙人生的觉解的程度,可有不同。因此,宇宙人生,对人的意义,亦有所不同。人对宇宙人生在某种程度上所有的觉解,因此,宇宙人生对于人所有的某种不同的意义,即构成人所有的某种境界。""世界是同此世界,人生是同此人生,但其对于个人的意义,则可有不同。"这就是说,所谓"境界"就是人对宇宙人生的一种觉悟和了解,这当然是从人的主观上说的,它只关乎个人的道德学问的修养。中国哲学的大师们从他们主观上说往往都是在追求着一种极高的境界,孔孟是这样,老庄也是这样(例如老子的"同于道",庄子的"天地与我为一"等);王弼、郭象是这样,程朱陆王也是这样。宋儒张载的《西铭》之所以受到历代学者重视和普遍赞誉,我认为它的价值主要是他这篇文章的开头和结尾几句:"民,吾同胞;物,吾与也","存,吾顺事;没,吾宁也"。"民,吾同胞;物,吾与也"是他主观上的追求;"存,吾顺事;没,吾宁也"则表现了他个人的高尚人格。至于他的《西铭》中的那些"治世"理想则或是脱离实际的理想,或是少有根据的论说。

个人的道德学问和社会的理想、政治的事务虽说不是完全无关系，但它们毕竟是两个问题。如果把"内圣外王之道"理解为一个道德高尚、学识渊博的人，在适当的客观条件下更可以实现其历史使命和社会责任，并努力去实现其理想，这也许是有意义的。但是，从现代社会来看也没有必要都去"学而优则仕"，有道德有学问的人可以是"不治而议"的，做一个现代公民社会中有批判精神的"知识分子"；也可以是远离世事而一心"为学术而学术""为艺术而艺术"，不必都趋向中心，也可以走向边缘，而做"边缘人"。因此，"内圣"可以与"外王"结合，但也可以不结合，也就是说"内圣"不必"外王"，"内圣外王之道"只有其有限的意义，它不应也不可能作为今日"中国哲学之精神"。

如果我们从传统的一般意义上来了解"内圣外王之道"在理论上的弊病，那就更为明显了。《大学》把修、齐、治、平归结为"壹是皆以修身为本"，作为一种政治哲学理论那就十分可疑。因为"身"之修由个人的努力可提高其道德学问的境界，而国之治、天下之太平，那就不仅仅是靠个人的道德学问了。盖因国家、天下之事不是由什么个人的"修身"可解决的。如果企图靠个人的道德修养解决一切社会政治问题，那么无疑会走上泛道德主义的歧途，致使中国社会长期是"人治"的社会，而"法治"很难在中国实现。

人类社会是一个复杂的统一体，它至少要由多方面共同运作才可以维持，即经济、政治和道德以及科学技术等（当然还有其他方面，现暂不论）。在一个社会中，这些方面虽然有联系，但它们绝不是一回事，没有从属关系，故不能混同，要求用道德解决一切问题，包揽一切，不仅仅经济、政治等社会功能要受到破坏，而且道德自身也将不能起到它应起的作用。由于中国传统哲学把"内圣外王之道"作为一追求目标,因此就造成了道德政治化和政治道德化。前者使道德屈从于政治,后者使道德美化了政治。在中国历史上造成了"道统""学统"成为"治统"(政统)的附庸,使圣学失去了应有的光彩,使道德失去了作为社会良心的地位。在中国历史上,实际没有出现过儒家所塑造的那样的"圣王",所出现的大都是有了帝王之位而自居为"圣王"的"王圣",或者为其臣下所吹捧起来的假"圣王"。我们难道没有看到,在中国古往今来的社会中,有不少占有最高统治地位的"帝王",他们自以为是"圣王",别人也吹捧他们为"圣王",而使中国社会几乎沦于崩溃的边缘吗?同时,我们也可以看到,正是由于孔子或荀子没有成为"帝王",这样才使中国历史上有他们这样伟大的"哲王"。照我看,帝王不宜也不可能当圣人,因此根本不能有"圣王"。当了帝王,那么我们就没有"哲王",从而也就没有哲学了。所以,道德教化与政治法律虽有某种联系,但它们毕竟是维系社会的两套,不能用一套代替另外一套。因此,"王圣"(以有王位而自居为圣人,或别人推尊之为圣人)是不可取的,"圣王"也是做不到的,"内圣外王之道"作为一种政治哲学理论也就不是什么完满的理论。人类社会或说较为合理的社会,至少应由道德教化与政治法律两个系统来维系,特别是现代社会。西方社会虽然有很多问题,但还比较稳定。之所以能如此,我认为大体上是由于有体现道德教化的基督教和一套比较完善的政治法律制度。这点应为我们所重视。我们不必也不能把合理健康的社会的建设寄托在一个所谓的"圣王"上。

如果我们抛开"内圣外王之道"在中国的历史和现实中所可能产生的弊病,仅从其中所可能引发出来的内在价值看,也许对现代社会还是有一定意义的。从传统的儒家思想看有着把"内圣外王之道"理解为内在的道德学养必见之于外在的日用伦常事功上,这应该说是有价值的。我们考察中国历史上的先哲们,排除他们对所谓"圣王"的幻想,实在是多以"道德学养必见之于日用伦常事功上"为其立身行事之目标。在一定意义上说,孔孟荀是如此,程朱陆王也是如此。张载的四句教"为天地立心,为生民立民,为往圣继绝学,为万世开太平",也许正是"内圣外王之道"所具有之精神。张载的这四句,既体现了儒家的"天人合一"的思想,盖"为生民立命"就是"为天地立心";它又体现了"知行合一"的思想,圣学必须落实到"为万世开太平"。因此,我们排除儒家所讲的"内圣外王之道"在历史和现实中产生的某些弊病,给它以适应现代社会的新的诠释,揭示其中可能包含的有意义的内核,也许对我国建设"和谐社会"有不可忽视的人文价值。我想,"内圣外王之道"至少有三个方面可以批判继承:(1)"圣"和"王"在理论上说应是统一的,不是"圣"就不应做"王";不是"王"也难以行"圣人"之道。这是由于在中国历史上已经塑造了尧舜这样的"圣王",有了"圣""王"统一的榜样,这样的理想社会的蓝图就深深地根植在中国人的心中,形成了一种牢不可破的民族理想信念。这个信念很可能对现实的当政者起某些警示作用。(2)只有在实践中才可以实现"圣人"的社会理想,而实现"圣人"的社会理想在一定程度上也要依赖于"王"(圣王)。这就是说,"内圣外王之道"体现着一种"实践理性"。盖儒家哲学不仅仅是一种"认识世界"的理论,而且是一种见之于"实践"的理论。我国历代大儒无不以天下为己任,所以儒家传统往往以"实践"高于"理论",孔子说:"吾岂匏瓜也哉?焉能系而不食?"(《论语·阳货》)荀子说:"不闻不若闻之,闻之不若见之,见之不若知之,知之不若行之。学至于行之而止矣。行之,明也;明之为圣人。"(《荀子·儒效》)王阳明说:"知是行之始,行是知之成。"又说:"真知即所以为行,不行不足以为知。"(《传习录》)中国的这个传统或与西方不同,它强调的更在于"行"(实践),人生所追求的要见之于事功,不能治国平天下的不能算作"圣王"。但是理想社会决不是仅仅靠"王"(圣王)就可以实现的,还要靠合理的行之有效的政治法律制度和人民的自觉力量,特别是当人类社会进入现代化时代,社会的治乱兴衰则更是要靠合理的行之有效的制度和广大人民的自觉选择。(3)冯友兰说:"所以圣人,专凭其是圣人,最宜于作王。"这样的看法在先秦已有过,如孔子弟子宰我说:"夫子贤于尧舜",又如前引荀子弟子说他们的老师荀子"贤哉!宜为帝王"。看来,"内圣外王之道"所重在"圣",即把德性修养放在治国平天下之首位,这自是儒家哲学之特点。基于此,中国尝被称为"礼仪之邦"。但是,治国平天下重"圣"(人治)必须和重"制"(法治)找到恰当之平衡,如果仅仅把和谐社会的建设寄托在"人治"上,而无政治法律制度的保证,"和谐社会"将会落空。儒家的"内圣外王之道"虽不能说是一种十全十美的政治哲学理论,但在今日世风日下的情况下,重申道德修养之重要,是我们应该重视的。

中国哲学理论体系中的"普遍和谐观念",可以说是中国传统哲学的宇宙人生论,"内在超越问题"可以说是它的境界修养论;"内圣外王之道"可以说是它的政治教化论。中国传统哲学的这套理论,无疑曾对人类文化做出过重要贡献,它作为一不间断延续了几千年的文化传统也必将对今后人类的文化作出其应有的贡献。如果要使它对人类文化继续起积极的作用,我认为,一方面我们应适应现代化的要求,来使中国传统文化在当今的全球意识下得到发展;另一方面我们也应看到中国传统文化作为一种哲学体系存在的缺陷,并充分吸收其他国家、民族文化的长处,使中国文化更加完善。但是,我们也必须注意到,任何哲学体系都会存在一些它自身不能解决的问题,而且应视这为正常的现象。因此，我们不能希望有一种哲学体系一劳永逸地把所有宇宙人生的问题都解决。如果哪一哲学体系自认为它可以穷尽一切宇宙人生的问题，是永恒的绝对真理，那么我想，这种哲学很可能是一种与真理相悖的无意义的教条。这就是我对中国传统哲学的哲学思考，我也只是认为它是一条思考的路子，它绝不是唯一的路子，也不一定是较好的路子。不过如果我们能从多条路子来思考中国传统哲学的价值和存在的问题，总是一件有益的事。

选自《汤一介集》第五卷。原题《内圣外王之道》，收入《非常道非常儒》，团结出版社 2007 年版；后收入《非有非无之间》，台北：正中书局 1995 年版。

中国传统文化的当代价值

略论中国传统思想中的正义观

"义"在中国古书中有各种含义,如作"威仪"解,最早可能见于金文《周虢叔旅钟铭》:"皇考威仪,克御于天子。"(《续古文苑》)《叔向父殷铭》:"共(拱)明德,秉威仪。"如作"合宜"解,见于《论语·公冶长》:"其养民也惠,其使民也义。"《中庸》:"义者,宜也。"《周易·乾卦·文言》:"利物足以和义,贞固足以干事。"如作"善"解,见于《诗经·大雅·文王》:"宣昭义问,有虞殷自天。"《传》:"义,善。"又如作"道理"解,见于《周易·解卦·象传》:"刚柔之际,义无咎也。"但"正义"一词最早可能见于《荀子》。《儒效》篇中说:"不学问,无正义,以富利为隆,是俗人者也。"意思是说:不追求学问,不讲求正义,以富有财利为高尚,这种人是俗人。荀子把人分成四等:大儒、雅儒、俗儒和俗人。俗人是人中最下等,大儒是行仁义的人。在同篇还有一些话与"正义"有关,如:"行一不义,杀一无罪,得天下,不为也。"这里"不义"是"不合正义"的意思,又如:"无置锥之地,而明于持社稷之大义。"意思是说:君子贫穷得无立锥之地,而仍能明白遵守国家秩序之大义。"正义"一词又见于《荀子·正名》篇中:"正利而为谓之事,正义而为谓之行。"杨倞注:"苟非正义,则谓之奸邪。""正义"是和"奸邪"相对的。这句话的意思是说:如果按照利益去操作,这叫作(商农工贾)的事务(只是把事情处理好就行),而符合正义的操作,这叫作有德行。看来荀子不赞成仅仅按照利益来操作。虽然"正义"一词可能最早见于《荀子》,但以上所列种种"义"之含义,实已有《荀子》书中"正义"之义。且在早于《荀子》的《左传》和《孟子》中常用"义"和"道"等来表示"正义"。《左传·隐公元年》就有这样的话："多行不义,必自毙。""不义,不昵,厚将崩。"这里的"不义"和上引《荀子·儒效》中的"不义"是一个意思,都是说"不合正义"。《左传》这两句话是记载在"郑伯克段于鄢"的故事里。故事是说:郑庄公的弟弟共叔段受到母亲的宠爱,由于母亲的要求共叔段得到了京城这个地方,有大臣祭仲向庄公说:这样做不合法度,你庄公免不了要受祸害。于是庄公说了"多行不义,必自毙"这样的话。"不义,不昵,厚将崩"的意思是说:没有正义就不能团结人,势力雄厚了,反而会分崩离析。

早于荀子的孟子,在他的书中讲到"义"的地方很多,有时单用"义",有时"仁义"连用,但没有出现"正义"一词。《孟子》中讲"义"或"仁义"的地方并不一定都是严格意义上的"正义"的意思。不过在《孟子》书中确有一词相当于"正义",这就是"得道者多助,失道者寡助"中的"道",这里的"道"是"道义"的意思,也正是指的"正义"。《孟子·公孙丑下》中记载了孟子的一段话,在说到天时不如地利、地利不如人和之后他说道:

> 域民不以封疆之界,固国不以山溪之险,威天下不以兵革之利,得道者多助,失道者寡助。寡助之至,亲戚畔之,多助之至,天下顺之。以天下之所顺,攻亲戚之所畔,故君子有不战,战必胜矣。

孟子这段话是反对当时的非正义战争的,意思是说:限制人民不必用国家的疆界,保护国家不必靠山川的险阻,威行天下不必凭兵器的锐利,合乎道义的帮助他的人就多,不合乎道义的帮助他的人就少。帮助他的人少到极点时,连亲戚都反对他,帮助他的人多到极点时,全天下都归顺他。拿天下都归顺的力量来攻打连亲戚都反对的人，那么，合乎道义的君子或者不必用战争，若用战争，是必然胜利的了。所以在中国古代就把战争分为"正义的战争"和"非正义的战争"。《孟子·尽心上》中说："春秋无义战。"从中国传统思想看，大都认为合乎正义的战争之所以最终可以得到胜利在于得民心，它最终会受到广大人民的拥护。在《孟子·离娄上》中记载了孟子的一段话：

> 桀纣之失天下也，失其民也；失其民者，失其心也。得天下有道：得其民，斯得天下矣；得其民有道：得其心，斯得民矣；得其心有道：所欲与之聚之，所恶勿施尔也。

照中国传统的看法，桀纣之所以失天下就在于失民心，因此孟子总结历史经验认为，得天下或失天下全在于合道义或失道义。用不合道义的方法虽然可以暂时得天下，但终究要失去天下的。特别是在得天下之后，更要看其统治是否合乎正义。汉初有个大思想家贾谊作了一篇《过秦论》，分析了秦王朝得天下和失天下的原因，他引用了一句谚语："前事不忘，后事之师。"他要求汉朝的统治者不要重蹈秦之覆辙。他认为，秦王朝之所以失天下就是因为他们不了解"仁义不施，攻守之势异也"。这就是说，在秦王朝统治者取得天下后，由于不了解形势的变化，没有施行仁义而失去民心，因此政权守不住而亡。

在中国传统思想中，"义"的含义很丰富，但大多和"道义"（正义）有关。孔子说："君子喻于义，小人喻于利。"这里的"义"可以解释为"公利"，"公利"是合乎"正义"的；"利"可以解释为"私利"，"私利"是不合乎"正义"的。所以，"义利之辨"就是"公私之辨"。不过我认为在"义"的解释中有两种相关的解释很重要:(1)《中庸》说:"仁,人也;义,宜也。"韩愈《原道》说:"博爱之谓仁,行而宜之之谓义。"(2)《孟子·告子上》说:"仁,人心也;义,人路也。"《孟子·离娄上》说:"义,人之正路也。"前者是说,人的内在本质叫作"仁",或者人的博爱之心叫作"仁",人们的行为恰当叫作"义",因此"义"是和人的活动、人们的行为有关,而人们的活动就构成了人类历史。后者也是说,"仁"是人的内在本质,"义"是人们依此内在本质而实践的过程(人们的行为过程),而人们的行为过程也就是人类历史。这里是否可以提出一个问题:从中国传统思想看,所谓历史就是人们的活动或人们的行为过程,对这个活动过程的评价的标准就是"义"(道义、正义)。因此,我们是否可以说:中国传统的历史哲学的基本概念就是"义"(道义、正义),其基本命题是"义者,宜也","义,人路也",并从此引出"得道者多助,失道者寡助"的历史观。

人类精神生活的追求是什么?我认为,应该是对真、善、美及三者的统一的追求。当然,什么是"真",什么是"善",什么是"美",以及三者如何统一,看法肯定有不同,仁者见仁,智者见智,但人们要追求真、善、美则应是无疑的。那么把真、善、美作为研究对象的学问是什么呢?我认为,把"真"作为研究对象的是哲学,把"美"作为研究对象的是文学艺术理论,把"善"作为研究对象的一般说是伦理学的问题,但从某个方面看更应是历史学研究的对象。当然历史的研究要考虑历史运动的过程,历史发展是否有规律等,但我们研究历史的过程有什么意义?照我看,历史的研究归根结底应是揭示在历史运动过程中什么是合理的、合乎正义的,什么是不合理的、不合乎正义的。合乎"正义"的就是"善"的问题。因此,我们认为人文学科最基本的学科——哲学、历史、文学就是以研究真、善、美为基本内容的。我们知道,从中国传统思想看,文史哲是不分的,那么中国传统思想作为一种有特色的模式,应是把真、善、美作为统一体来进行研究的一种很有意义的模式。

附记:此文为1990年6月26至6月29日在美国旧金山"民主与社会正义"讨论会上的发言稿。

选自《汤一介集》第六卷。原收入《新轴心时代与中国文化的建构》,江西人民出版社2007年版。

论儒释道观生死问题的态度

生死问题是人类终极关切的一个重要问题,因此它是哲学和宗教必须讨论的问题之一。在中国传统思想中儒释道对这个问题都曾讨论过,而且有着很不相同的态度。这个问题可以从两个方面的比较来进行讨论:(1) 儒家和道家;(2) 佛教和道教。

一 儒家和道家:儒家把生和死都看成是一种社会责任,而道家的生死观则是顺应自然

儒家生死观的基本观念是"死生有命,富贵在天",因此它更注重的是生前,而非死后。孔子说:"未知生,焉知死。"生时应尽自己的责任以实现其"天下有道"的和谐社会的理想,这个理想是要靠人的努力来实现的,"人能弘道,非道弘人"。人虽是生活在现实社会之中的有限的个体,但却要超越有限的自我,以体现"天道"之流行,"天行健,君子以自强不息"。虽然儒家更重视生前的社会责任,但对死后也不是全然不顾。照儒家看,人可以做到不朽。《左传》襄公二十四年载有一段故事,此当为儒家所提倡"不朽"观念之本:

> 二十四年春,穆叔如晋,范宣子逆之,问焉,曰:"古人有言曰:'死而不朽',何谓也?"穆叔未对。宣子曰:"昔匄之祖,自虞以上为陶唐氏,在夏为御龙氏,在商为豕韦氏,在周为唐杜氏,晋主夏盟为范氏,其是之谓乎?"穆叔曰:"以豹所闻,此为谓世禄,

非不朽也。鲁有先大夫曰臧文仲,既没,其言立,其是之谓乎?豹闻之,太上有立德,其次有立功,其次有立言,虽久不废,此之谓不朽。若夫保姓受氏,以守宗祊,世不绝祀,无国无之,禄之大者,不可谓不朽。"

这段故事就是儒家所提倡的"三不朽",它一直影响着中国社会。魏文帝《与王朗书》中说:"生有七尺之形,死唯一棺之土,唯立德扬名,可以不朽。"明儒罗伦有云:"生而必死,圣贤无异于众人也。死而不亡,与天地并久,日月并明,其唯圣贤乎!"(《文集》)圣贤之不同于一般人就在于他们生前能为社会在道德、事功和学问上有所建树,虽死,其精神犹可以"与天地并久,日月并明",这就是所谓的"不朽"。这种"不朽"只是精神上的,它只有社会的、伦理道德的意义,而和自己的生命没有什么直接联系。宋朝大儒张载的《西铭》最后两句:"存,吾顺世;没,吾宁也",很可以表现儒家对生死的态度。人活着的时候应努力尽自己的社会责任,为实现其和谐社会的理想而奋斗,为此应要求自己"为天地立心,为生民立命,为往圣继绝学,为万世开太平"(张载《语录》)。张载这一理想就是孔子所追求的"天下有道",孟子所希求推行的"仁政",也是《大学》中提倡的"三纲领八条目"和《礼记·礼运》的"大同"思想。如果一个人生前尽了自己应尽的责任,那么当他离开人世的时候将是安宁的、问心无愧的。所以儒家对死本身并不那么看重,为了实现其理想可以"杀身成仁""舍生取义",这一思想曾对中国的知识分子有着深刻的影响。文天祥在临刑前的衣带上写着:"孔曰成仁,孟曰取义,唯其尽义,所以至仁。读圣贤书,所学何事,而今而后,庶几无愧。"在中国历史上,有不少反对君主残暴和荒淫,为国为民,敢以死谏言的士大夫,他们的死可谓"重于泰山"了!

儒家的"生"是为社会尽责,"死"也是为社会尽责,在生前为社会尽了应尽的责任,那么死后就是不朽的。如果说我国儒家没有成为一种宗教,也正在于它在生死问题上认为人的不朽仅仅在于"立德、立功、立言"上。因此,它只是一种精神上的不朽。它既不要求肉体的不朽(如道教),也不要求灵魂的不朽(如佛教的"神不灭"),但儒家所追求的这种精神上的不朽也是一种对有限自我的超越,对生死的超越。

  道家创始人老子讨论生死问题不多,但却和儒家有明显的不同。老子认为,圣人应无为而治,如说"圣人处无为之事,行不言之教",一切应顺应自然,"人法地,地法天,天法道,道法自然",人的生和人的死都是自然现象。在《老子》中有"长生久视"的说法,这和他认为如果人不太看重自己的生命反而可以较好地保存自己的思想有关,也是一种"无为"思想的表现。书中又有"死而不亡者寿"的说法,王弼注说:"身没而道犹存。"照老子看,"道"是超时空的永恒存在,而人身的存在是暂时的,如果人能顺应自然而同于"道"("从事于道者,同于道""同于道者,道亦乐得之"),那么得道的人就可以超越有限而达到与道同体的境界。王弼注"从事于道者,同于道"说:"道以无形无为成济万物,故从事道者以无为为君,不言为教,绵绵若存,而物得其真,与道同体,故曰同于道。""同于道"即是"与道同体",所以"同于道"是一种极高的人生境界,是一种超越世俗的得道的境界,这种境界自然是一种超生死的境界了。

  如果说老子直接讨论生死问题的言论不多,那么庄子却对生死问题有较多的讨论。他认为生和死都是自然现象,生时应顺应自然,不要追求力所不能及的东西,《应帝王》中有一凿混沌的七窍而混沌死的故事:

> 南海之帝为儵，北海之帝为忽，中央之帝为混沌。儵与忽时相遇于混沌之地，混沌待之甚善，儵与忽谋报混沌之德，曰："人皆有七窍，以视听食息，此独无，尝试凿之。日凿一窍，七日而混沌死。"

这个故事说明，一切都应顺应自然，不可强求。虽出于好心，如破坏了其本来的自然状态，则反而要受害。对"生"的态度是这样，对"死"的态度也应是这样，所以庄子认为"死"对人说不过是一种"休息"，《大宗师》中说："夫大块载我以形，劳我以生，佚我以老，息我以死。故善吾生者，乃所以善吾死也。"生、老、死都是自然现象，生任自然，死是安息。

《至乐》载，庄子妻死，惠子往吊，见庄子"箕踞鼓盆而歌"。惠子不以为然，但庄子认为生死就像春夏秋冬四时运行一样，所以"生之来，不能却，其去，不能止"(《庄子·达生》)。但是《庄子》书中也说到有一种叫"至人"或"神人"的，他们"息之以踵""吸风饮露，不食五谷""壹其性，养其气""神将守形，守形而长生"者，他们可以做到"天地与我并生，万物与我为一""乘天地之正，而御六气之辩，以游无穷者"。这种"至人"或"神人"自是超生死者，与先秦的神仙家所说的"神仙"无异，或为以后道教"长生不死""肉体成仙"之先河。

到魏晋时，玄学流行，玄学家尝被称为"新道家"。虽说玄学企图调和儒道，但他却是以老庄思想为骨架，特别是发挥了庄子的思想。在郭象注解的《庄子》中认为，任何事物都是绝对独立自足的存在，"生"和"死"都不过是事物存在的不同状态，对于"生"说"生"是"生"，对于"死"说"生"是"死"；对于"生"说"死"是"死"，对于"死"说"死"是"生"。因此，说"生"说"死"，只是从不同的立场上所有的不同看法。

既然"死"和"生"一样都是事物存在的状态,那么就应生时安生,死时安死。郭象的这一思想显然是从庄子思想发展而来。另一玄学家叫张湛,他注解了《列子》,于《杨朱》篇的"太古之人知生之暂来,知死之暂往"处,张湛注说:"本书大旨,自以为存亡往复,形气转续,生死变化,未始绝灭。"可见《列子注》这部书的主旨是要解决"超生死,得解脱"的问题。张湛认为,任何事物都有终有始、有聚有散,此一事物之生就是此一事物之始,"聚而有形";彼一事物的"死"就是彼一事物的终,"散而归太虚",故"生者,一气之暂聚,一物之暂灵;暂聚者,终散;暂灵者,归虚"。因此,人只要了解他自己的来源与去向,那么就可以"超生死,得解脱"了。由此可见,无论郭象还是张湛关于生死问题的观点都是从先秦道家,特别是庄子把生死看成是自然而然的现象的思想发展而来的。

二 佛教和道教:佛教主张"灵魂不死""涅槃成佛",道教主张"长生不死""肉体成仙"

佛教和道教在中国长期历史发展过程中,它们本身也有很大变化,例如在隋唐以后,道教吸收了佛教不少思想如轮回观念等,佛教由于中国化(如禅宗)更多讨论的是"心性"问题。因此,这里所讨论的是早期(隋唐以前)佛教和道教在生死问题上的不同看法,当然中国早期的佛教和道教对生死问题的看法对以后的佛教和道教仍然有着重要影响也是无疑的。

几乎所有宗教都是解决"人死后如何",但中国的道教所要解决的却是"人如何不死"。道教认为,人应该活着享受各种幸福,因此主张长生不死。佛教认为,人生是一大苦海,人只有脱离现实世界,才能达到成佛涅槃的境界。在先秦,中国已有神仙家追求"长生不死""肉体成仙",道教继承了神仙家的思想,并吸收了汉朝以来道家和儒家以及各种方术思想而于东汉末发展起来的。道教最早的经典《太平经》中说:"古今要道,皆言守一,可以长生而不死。"用道教思想解释《老子道德经》的《想尔注》也说:"归志于道,唯愿长生。"为道教创立思想体系的葛洪在《抱朴子》中引《玉牒记》说:"天下悠悠,皆可长生,患于犹豫,故不成耳";又说:"知守一养神之要,则长生久视"。可见道教对生死问题以追求"长生不死"为目标。"长生不死"以"有生"为一大快事,可永远享受各种各样的生之乐趣。佛教与之不同,以"有生"为苦,有所谓"人生八苦"之说,解脱之道在于"无生"。北周甄鸾《笑道论》引葛玄《老子序》:"道主生,佛主死。"《三天内解经》中也说:"老君主生化,释迦主死化。"佛教认为,人生之痛苦在于"有生","有生"则灵魂(神)和肉体联系在一起,灵魂则得不到解脱,而在轮回之中,只有神与形离,超脱轮回,神永归寂灭,才能脱离苦海而得到解脱。慧远《沙门不敬王者论》的最后一节《形尽神不灭》中以"薪火之喻"阐明佛教的"神不灭"思想,他说:"火之传于薪,犹神之传于形;火之传异薪,犹神之传异形。前薪非后薪,则知指穷之术妙;前形非后形,则悟情数之感深。惑者见形于一生,便以谓神情俱丧。犹睹火穷于一木,谓终期都尽耳。此曲从养生之谈,非远寻其类者也。"慧远最后两句是批评道教所主张的"长生不死"之说的。他认为,人的形体是一定要死亡的,但灵魂可以不死,就像燃烧的木头,此木可以烧完,但火仍可以他木延续而继续燃;此形体虽死,但灵魂仍可以由他形体承载。道教认为,人的身体和灵魂(神)可以通过修炼而永远结合在一起,这样不仅可以享受生活中的种种快乐,而且由神形合一而进入超越的神仙世界。所以齐道士论佛道二教在生死问题上的不同时说:"道家之教,妙在精思得一,而无死入圣。佛教之化,妙在三昧通神,无生可冀,故铭死为泥洹,未见学死而不得死者。"(《弘明集》卷八,刘勰《灭惑论》引齐道士《三破论》)这是道教徒对佛道二教在生死问题上的不同的看法。唐初释法琳《辨正论》中说:"外二异曰:'李君垂训,开不生不灭之长生;释迦设教,示不灭不生之永灭。'内二喻曰:'李聃禀质,有生有灭,畏患生之生,反招白首;释迦垂象,示灭示生,归寂灭之灭,乃耀金躯。'"这是佛教徒对佛道二教在生死问题上的不同的看法。盖佛主"不生","无生"则永离苦海,而灵魂得解脱;道主"不死","无死"则永生长存,而肉体得成仙。

由于佛教和道教的生死问题和他们的神形问题相联系,因此在神形问题上也存在着根本差异。梁陶弘景在一篇《答朝士访仙佛两法体相书》把佛道二教的生死问题归结为神形问题。他认为,佛教主张"神不灭",所以它对灵魂和形体关系的看法是:在灵魂与形体结合时,人得不到解脱,这时必在轮回之中受种种苦难;而苦难中的生老病死又是不可逃脱的,人终不免一死;如神离形而不灭,又与他形结合,仍不免在轮回中,不得解脱。欲解脱则必"修道进学,渐阶无穷,教功令满,亦毕竟寂灭",则神与形离,而圆应寂灭。道教以为人的解脱不是圆应寂灭,而是肉体成仙,要"肉体成仙"必对神形加以修炼,或内丹或外丹,即如陶弘景所说,要"以药石炼其形,以精灵莹其神,以和气濯其质,以善德解其缠",这样形神才可以永远结合在一起而得永生。看来,佛教和道教的生死问题确和神形问题相联系,不过所谓"神形"问题实是关于"神"(灵魂)的安顿问题。从佛教说,"神"必须永离"形","神"才得以安顿;从道教说,"神"必须永合"形","神"才得以安顿。因此,人的灵魂(神)如何着落不仅是宗教所关怀的问题,也是哲学所探讨的一个重要问题。

今天在现代化的社会中，甚至从世界范围说正在走入后现代化的时代，科学有了空前的发展，把人作为自然人看，对人的生和死都可以或者大体可以作出科学的解释，但人们的生死观仍然是个大问题，因为它不仅仅是个科学问题，而且也是个人生态度和价值观念的问题。不管科学多么发达，它并不能解决所有的问题，因为人的生活是多方面的，还有情感问题、信仰问题等，有些问题可以用理智去解决，有些问题并不全能用理智解决，而呈现为非理智性的。我们知道，在五四运动以后有一场论战，叫作科学与人生观论战，丁文江与张君劢对垒，当然丁文江和胡适等在很多问题上是对的，但是是否也有片面性，这就是他们认为科学可以解决一切问题，因而容易走上对"科学"的迷信。因此，照我看"生死问题"除了可以用科学去说明生和死的种种现象，但对待生死的态度很可能仍然是人们的哲学、宗教、伦理所要探讨的一个终极关切的问题。这个问题将是人们长期讨论下去的问题，它不会因为物质生活好了，不会因为科学非常发达了，不会因为医学可以对生和死的种种现象作出解释了，就不成为问题了。由于人们的生活态度、价值观念不可能都相同，因此就会形成不同的生死观，这大概是无可置疑的。因此，我们把中国古代不同思想派别（哲学的、宗教的）对生死问题的不同看法作为一哲学、宗教、伦理问题来讨论，它大概和其他哲学、宗教、伦理问题一样有着同样重要的意义。

选自《儒道释与内在超越问题》，江西人民出版社1991年版。

儒家伦理与中国现代企业家精神

20世纪八九十年代,中国的经济由计划经济转变为市场经济,中国企业家在这种情况下应具有什么样的精神,中国传统文化特别是儒学对造就中国现代企业家是否有意义,是我们应该研究的一个课题。这是因为儒学在历史上曾是我们民族文化的主流,它对中国社会生活有着长期深刻的影响。

我们知道,有一本书叫《新教伦理与资本主义精神》,这是由德国学者马克斯·韦伯(1864—1920)写的书。这里的"资本主义精神"是指的西方近代资本主义精神,这本书在西方社会影响非常大。这本书是讨论西方近代资本主义兴起和基督教新教伦理特别是加尔文教派之间关系的一本重要著作。在20世纪80年代,该书曾引起过海内外学术界特别是东亚地区以及华人世界的广泛关注。当时由于日本经济在第二次世界大战后的快速发展,以及亚洲四小龙的崛起,使大家热烈地讨论"儒家伦理"与东亚经济起飞的关系问题。在《新教伦理与资本主义精神》的"作者导言"中说:"资本主义和追求利润是同一的,而且永远要以连续的、合理的资本主义企业经营为手段获得新的利润。"韦伯认为,作为企业家的一生必须不断以钱生钱,而且人生便是以赚钱为"目的",这种精神是"超越而又非理性的",在这种精神的支配下人必须用一切最理性的"手段"来实现这一目标。韦伯认为,加尔文的教义便是这一精神的来源。[①]

[①] 余英时著:《中国近世宗教伦理与商人精神》"序论",联经出版事业公司1987年版,第7页,富兰克林对"资本主义精神"的说明,包括勤俭、诚实、有信用等美德。但更重要的是人的一生必须不断以钱生钱,而且人生便是以赚钱为目的。

现在关于"韦伯氏"问题的讨论,由于20世纪末的亚洲经济风暴,也许已不那么为人们所关注。但是,在面对中国儒学有可能复兴的今天以及欧美大国出现了严重的经济危机,我想,我们可从另一个层面来重新讨论这一问题,或者有不同的意义。照韦伯的看法,西方近代资本主义精神是来自基督教伦理(主要是加尔文教义),它是以不断获取利润为"目的",而以"一切最理性"的方法为"手段"。所谓"加尔文教义",简单地说它认为"赚钱"是一种"天职",可以"增加上帝的荣耀"。① 照韦伯看,以"赚钱"为"目的"的西方近代资本主义是把"增加上帝的荣耀"作为"天职",它带有宗教信仰的意义。而所谓"最理性的方法"就是所谓的"科学的方法"(西方企业的经营、管理等)。如果我们换个角度考虑问题,我们可不可以把西方企业"目的"与"手段"的问题改变成为:以增进人类社会福祉和企业家精神境界的提高为"目的",而以"用一切最理性的方法不断赚钱"为"手段",我们从这里来考虑经济"目的"与"手段"的关系问题,我认为这也许符合儒家伦理的精神。这就是说,依据儒家伦理,"赚钱"是为了社会的福祉和自我精神境界的提高,它具有现实社会生活意义,而不像基督教新教伦理那样具有"超越而非理性"的宗教性的意义,而是有着"现实的理性"的意义。在我国古老的《周易·系辞下》中说:"何以聚人,曰财。"意思是说,要用财富把老百姓凝聚在一起。这里"增加财富"是"手段",而把老百姓聚集在一起是"目的",这是儒家伦理的精神所在。孟子说的:"民之为道也,有恒产者有恒心,无恒产者无恒心。"对于老

---

① [德]马克斯·韦伯著,于晓、陈维纲等译:《新教伦理与资本主义精神》(修订版),陕西师范大学出版社2006年版,第54—55页:"整个尘世的存在只是为了上帝的荣耀而服务……与此宗旨相吻合,上帝要求基督教徒取得社会成就……因而尘世中基督徒的社会活动完全是为'增加上帝的荣耀'……到加尔文宗那里,则成为他们伦理系统中的一个鲜明特点。"

百姓的道理，要使他们都有固定的产业，这样他们才能有一定的道德观念和行为准则，他们才可以聚集在一起。如果他们无固定的产业，那就不会有一定的道德观念和行为准则，就不可能聚在一起。所以孟子说："夫仁政，必自经界始。"（实行仁政，一定要从划分整理田界开始。）也就是说要用"井田制"。所谓"井田制"是说每一井田有九百亩，当中一百亩为公田，以外八百亩分给八家作私有田。这八家共同耕种公田。先把公田耕种完毕，再各自耕种自己的私田。这就是说，要使老百姓有自己的土地。看来，儒家不是不讲"利"，而是要求"取之有道"，不能"见利忘义"，所以孔子说："富与贵，人之所欲也，不以其道得之，不处也。"孔子一生追求的就是"天下有道"，这个"道"就是"社会的公义"，也可以说是"社会的公利"，一句话就是"人民的福祉"，这才是儒家追求的目标，但这个"目标"在人类社会（特别是在中国社会）进入"现代"或者说是"后现代"的时期如何实现，我想也许应该以最理性的方法（最科学的经营管理的办法）不断获取利润为"手段"来实现。如果中国企业家是在以增进"人类福祉"为"目的"，而"以一切最理性的办法来赚钱"为"手段"的情况下经营管理其企业，企业家的精神境界必会不断升华。《周易·系辞下》中说："利用安身，以崇德也。"人们取得有社会效用的利益，是为了给自己找个"安身立命"之处，这就达到了对道德的推崇。《周易·乾·文言》中说："利者，义之和"，这里说的"利"是指"公利"，也可以说是"公义"。"公利"是社会众多"利"之总和，最大的"利"应是"公利"，它就是"公义"的总和，所以程颐说："义与利，只是个公与私也。"判断"利"与"义"都要以"公"和"私"为准则。照儒家看，如果能用最合理的办法取得利润（赚钱）作为"手段"，而以"公利"（也就是"公义"）为"目的"，我认为这应是中国企业家的精神。这里我想借用冯友兰的"四种境界"说来说明这个问题。冯友兰先生把"人生"分成四种"境界":自然境界,功利境界,道德境界,天地境界。所谓有"自然境界",是说人和动物一样,只是为活着,对于人生的目的没有什么了解(觉解)。所谓有"功利境界",是说一切为了"利益",为他自己的利益。所谓有"道德境界"是说,他的行为是为了"行义",也就是为了"公利",他的行为是为了对社会"奉献"。"天地境界"的人,他的行为也可以说是"奉献",但他不仅是"奉献"于社会,而且"奉献"于宇宙。人如果达到这种境界,那么他不仅与"他人"(社会)和谐了,"自我身心内外"和谐了,而且也与宇宙(自然界)和谐了。他就有了一个极高的"安身立命"处,也就是宋朝儒家追求的"孔颜乐处"。① 如果,我们中国的企业家真能做到以增进人类"社会福祉"为"目的",以"用一切最理性的方法赚钱"为"手段",这也就是以儒家伦理精神的中国现代企业家了,那么他就是有着"民胞""物与"的大胸怀,他就是在做着"为天地立心,为生命立命,为往圣继绝学,为万世开太平"的大事业。他就是"道德境界"和"天地境界"中人了。朱熹说:"但能致中和于一身,则天下虽乱,而吾身之天地万物,不害而安泰;其不能者,天下虽治,而吾身之天地万物,不安而乖错。则其间一家一国,莫不皆然,此又不可不知也。"如果自己的身心内外能做到中正和谐,即使天下大乱,他处在天地万物之间其自我身心内外不会受到什么影响而能安宁康泰;如果自己的身心内外做不到中正和谐,即使天下治理得很好,自己的身心也定是不安和错乱的。所以在儒家看,为"社会的福祉"尽力是和自己身心内外的和谐,和自己的人生境界是息息相关的。从儒家说,用

---

① 《论语·述而》:"叶公问孔子于子路。子路不对。子曰:'女奚不曰,其为人也,发愤忘食,乐以忘忧,不知老之将至云尔。'"《雍也》:"子曰:'贤哉,回也!一箪食,一瓢饮,在陋巷,人不堪其忧,回也不改其乐。贤哉,回也!'"

合乎道义的手段赚钱并不错，但要有个"目的"；这个目的就是为社会福祉和个人精神境界的提高。我们还可以注意到，照韦伯的看法，他认为西方近代资本主义在整个人类历史上只是一个特例，而且也只能发生一次。① 所以韦伯不同意社会发展的历史单一说，也就是说，西方近世资本主义的发展和"新教伦理"相结合只是个特例，只能发生在西方近世社会。这就是说，现代企业并不只有一种模式，它可以根据不同的文化传统而有不同的模式，我们是不是可以说，如果中国现代企业与中国儒家伦理相结合将会产生中国的现代企业家。因此，这就是说无论如何在中国的现实社会生活中"儒家伦理"对造就中国企业家精神是不应被忽视的。正像西方资本主义的建立与发展一样，它的长达几个世纪的巨大发展，虽然有种种原因，但是基督教伦理对西方资本主义的发展无疑是一种无可代替的精神力量。我们还必须注意到西方近代资本主义的兴起，"新教伦理"只是众多原因中的一个原因，另外还有政治的、地理环境的和历史的其他原因。因此，中国现代企业的建立和发展也不可能由单一的"儒家伦理"来实现。但无论如何"儒家伦理"对创建中国式的现代企业应该受到重视。

企业必须赚钱，社会才能增加财富。可是"赚钱"又得是用最理性的方法取得，似乎有着矛盾。但从西方社会的经验看，正是他能利用合理的办法"赚钱"，才有今天西方社会的富足。因此，中国企业家在经营自己的企业时，必须向西方企业家学习，学习他们如何用合理的手段来取得最大利润。我认为，经过两三百年的西方经济的发展，无疑他们已积累了一套用理性方法赚钱的经营、管理体系，这是我们必须吸取和借鉴的。中国现代企业家在为社会福祉"赚钱"中将必然

---

① 参见余英时：《中国近世宗教伦理与商人精神》"序论"，第6页。

会提高他们的精神境界,这就是因为"赚钱"不仅是为了人类社会,而且是为了"宇宙"(自然界);那么他就不仅达到了"道德境界",而且达到了"天地境界"。

如果我们的企业家能以这种儒家的精神来发展他们的企业,他们就会自觉地在他们的企业中注意解决当前影响人类社会合理有序地发展所存在的三大问题:(1)人与自然的矛盾;(2)人与人的矛盾(扩而大之就是国家与国家、民族与民族的矛盾);(3)自我身心(内外)的矛盾。

(一)我们的地球,为什么会发生"生态问题"?也许原因很多,但是人类对地球自然环境的破坏,是造成当前生态问题的主要原因。1992年世界1575名科学家发表的一份《世界科学家对人类的警告》中提到:人类和自然正在走上一条相互抵触的道路。我认为,这个观点反映了当前的现实。由于近两三百年,在工业化、现代化进程中对自然的利用和征服,虽然对改善人类生活起着巨大的作用,但同时也由于对自然资源的无情破坏、过量和无序开发,严重地破坏了人类赖以生存的自然环境。这样一种情况的发生,应该说和西方的文化传统的"天人二分"观有密切的关系,罗素的《西方哲学史》中说:"笛卡尔的哲学……完成了,或者说极近乎完成了由柏拉图开端而主要因为宗教上的理由经基督教哲学发展起来的精神、物质二元论……笛卡尔体系提出来精神界和物质界两个平行而彼此独立的世界,研究其中之一能够不牵涉另一个。"①这就是说,西方文化传统曾长期把精神界和物质界的关系看成各自独立、互不相干的外在关系,其思维模式以"心""物"为独立二元,为了"人"的需要可以不考虑到"自然";

---

① [英]罗素著,马元德译:《西方哲学史》下册,第91页。

对"自然"的征服也不必考虑"人"的生存条件。① 然而中国儒家的思维模式与之有着根本的不同,儒家认为研究"天"(天道),不能不牵涉到"人"(人道);同样研究"人",也不能不牵涉"天"。早在公元前300多年前这个观点已被提出。《郭店楚简·语丛一》中说:"易,所以会天道、人道也。"说的是,《易经》这部书是讲如何会通天、人所以然的道理的书。中国历代儒家的重要思想家,大多继承和发挥着这一"天人合一"的思想,这里不可能一一列举,我们以朱熹的话为代表,朱熹说:"天即人,人即天。人之始生,得之于天。既生此人,则天又在人矣。"这是说,"人"和"天"有着一种相即不离的内在关系,因为"人"是由"天"产生的,是"天"的一部分;但一旦"人"产生之后,"天"("天道",天的道理)就要由"人"来彰显,"人"就有保护"天"的责任。因此,"人"不仅应"知天"(知道利用"天道"的规律),而且应该"畏天"(对"天"有所敬畏)。因为照儒家看,"天"不仅是自然意义上的"天",而且是神圣意义上的"天"。现在人们只讲"知天",而不知对"天"应有所敬畏。但是,儒家认为,"知天"和"畏天"是统一的,"知天"而不"畏天",就会把"天"看成一死物,而不了解"天"乃是有机的、生生不息的大流行("天行健,君子以自强不息"),也不了解"地"乃是生长养育万物的载体("地势坤,君子以厚德载物")。"畏天"而不"知天",就会把"天"看成是外在于人的神秘力量,则不能体现"天"的活泼泼的气象,不能体现"地"的孕育万物的功能。由于"知天"和"畏天"是统一的,正说明"天人合一"思想体现着"人"对"天"的一种内在的责任。"为天地立心"②就

---

① 但是在进入21世纪之际,在西方出现了建构的后现代主义,他们认为"人和自然是一生命共同体"。
② 《朱子文集》卷六七:"在天地则盎然生物之心,在人则温然爱人利物之心,包四德而贯四端者也。"

是"为生民立命",不能分为两截。现在,我们既然看到"天人二分"的思维模式给人类社会生活带来了严重的问题,我们能不能换一种思维模式来解决这一问题呢?"天人合一"作为另外一种处理"人"和"自然"的关系的世界观和思维模式,不仅是解决当前生态危机,而且是实现"人"和"天"共同和谐(协调)发展另一思考的路子。我们企业家们能不能考虑利用儒家这一"天人合一"的思想化解"人"与"自然"之间的矛盾,来发展中国的企业,以使其成为在世界上树立起一更有思想文化内涵的企业精神,和有中国气派的企业家形象而贡献于人类社会呢?

(二)当前在人与人之间,扩而大之在民族与民族和国家与国家之间,由于对权力与欲望的极度膨胀,对物质利益的片面追求,对自然资源的恶性争夺,造成人与人之间的关系紧张、社会的冷漠、互不理解甚至仇视;在民族与民族、国家与国家之间的关系上形成对立,互不信任,以至于发生种种冲突和战争。我们可以看到当前的"新帝国主义"在全球行使"霸权",各种"原教旨主义"又在全球发动恐怖袭击,这样下去人类社会终将瓦解。那么,我们能不能在儒家文化中找到某些有益于使人类社会走出这一困境的资源呢?我认为是有的。在《郭店楚简》中有一句话也许值得我们深入探讨:"道始于情。"这是说,人与人之间的关系是建立在情感基础上的。[①] 在中国社会中一向重视亲情。樊迟问仁,孔子曰:"爱人。"这种爱人的思想由何而来?《中庸》引孔子的话说:"仁者,人也,亲亲为大。"仁爱的精神,是人自身所具有的,爱自己的亲人是最基础的。但"仁爱"之心不能停止于

---

① 参见费孝通:《论文化与文化自觉》,群言出版社 2005 年版,第 478 页,他说:"中国文化的特点之一,我想是在世代之间的联系的认识上。一个人不觉得自己多么重要,要紧的是光宗耀祖,是传宗接代,养育出色的孩子。"这就是说,中国文化的特点之一是要尊重祖先,培养优秀后代。

此,必须"推己及人",所以《郭店楚简》中说:"亲而笃之,爱也;爱父,其继爱人,仁也","孝之施,爱天下之民"。这就是说,孔子的"仁学"要求由"亲亲"扩大到"仁民"。但是如何把孔子儒家的以仁爱思想为基础的"仁政"实现于社会呢?孔子说:"克己复礼为仁。一日克己复礼,天下归仁焉。"这是说,只有在"克己"(克制自己的私利)的基础上的"复礼"(复兴良好的礼仪制度)才叫作"仁"。费孝通先生对此有一解释,他说:"克己才能复礼,复礼是取得进入社会、成为一个社会人的必要条件。"这话很有道理。因为"仁"是人自身的内在品德("爱生于性"),"礼"是规范人的行为的礼仪制度,它的作用是调节人与人之间的关系使之和谐相处,在《论语》中说:"礼之用,和为贵。"人们进入社会必须遵守一定的礼仪制度,而对礼仪制度的遵守应该是出于人的"仁爱"之心,才符合"仁"的要求。这种把"仁爱"精神按照一定规范实现于日常生活之中,这样社会就会安宁和谐了,"一日克己复礼,天下归仁焉"。孔子儒家思想,对于一个国家的治国者,对于世界上那些发达国家的统治集团应有着极其重要的意义。"治国""平天下"应行"仁政",不能行"霸道"。行"仁政"将会使民族与民族、国家与国家之间"和平共处";行"霸道"只会引起民族与民族、国家与国家之间的冲突,以至战争。我们中国的企业是不是可以考虑以"仁政"的某些观念作为自己企业的精神资源,如由"亲亲"推广到"仁民","使每个人都有恒产,又有恒心",也许可以创造出超越西方企业理念,使中国现代企业能成为其他民族和国家可以借鉴的模式。

(三)儒家文化特别强调人的道德修养对于建立和谐社会的重要意义。儒家经典《大学》认为,修身、齐家、治国、平天下,"自天子以至于庶人,壹是皆以修身为本"。这就是说,儒家认为如果个人的道德修养好了,那么"家"可以齐,"国"可以治,"天下"可以太平,人类的和谐社会就可实现。儒家和谐社会的理想既然是建立在人的道德修养（修身）实践的基础上，因此儒家特别重视人的自我身心内外的协调。儒家认为，生死和富贵不是人追求的终极目标，而提高自我的道德学问来为社会增进福祉才是人追求的终极目标。孔子说："德之不修，学之不讲，闻义不能徙，不善不能改，是吾忧也。"孔子的这段话告诉我们的是做人的道理，"修德"并不容易，那就必须有崇高的理想，有为人类长远利益考虑的胸怀。"讲学"同样不容易，它不但要求自己天天提高自己的知识和技能，而且负起对社会福祉增进的责任。"向善"，是说人生在世，听到合乎道义的话应努力跟着做，应日日向着善的方向努力，把"公义"实现于社会之中。"改过"，人总是会犯这样那样的错误，问题是要勇于改正错误，这样才能成为一合格的人。"修德""讲学""向善""改过"是做人的道理，是使人自我身心内外和谐的路径。中国的社会应该是"以法治国"的社会，中国的社会应该是"以德育人"的社会。如果中国的企业能是"以法治企业""以德教化人"，那么儒家以修身为本的理念是不是对我们的企业建设有积极意义呢？对中国现代企业家的精神的提升有着积极意义呢？

中国的企业家应该有中国的气派、中国的风格，也许儒家正是可以给我们造就一种中国现代企业家的精神提供一些有意义的思想资源吧！

我要说明一下，我并不认为中国现代企业家只能有上述这样一种模式，因为中国现代企业仍然处在一个形成过程之中，可能会有多种有意义的模式。但是，以有着两千多年历史的儒家伦理作为指导原则的模式不失为一种可以尝试的路径。

选自《汤一介集》第五卷。原刊于《江汉论坛》2009 年第 1 期。

论儒家的"礼法合治"

一

《礼记·坊记》:"子言之:'君子之道,辟则坊与?坊民之所不足者也。大为之坊,民犹逾之。故君子礼以坊德,刑以坊淫,命以坊欲。'"疏谓:"大设其坊坊之,而人犹尚逾越犯躐,况不坊乎?'故君子礼以坊德'者,由民逾德,故人君设礼以坊民德之失也。""'刑以坊淫'者,制刑以坊民淫邪也。""'命以坊欲'者。命,法令也;欲,贪欲也。又设法令以坊民之贪欲也。"盖"礼"为人君所设立为防止超越道德的界限;如果用"礼"还不能防止道德败坏,那么就要用"刑"来防止为非作歹、祸乱社会;如果"刑"还有所不足,则可以用"法令"来补充,以防止老百姓贪欲泛滥。"礼""刑""命"这三者的功能虽不同,但均为人君所设立,所以可以看出它们都带有制度性。《论语·为政》:"子曰:'道之以政,齐之以刑,民免而无耻;道之以德,齐之以礼,有耻且格。'"①这里不仅说明"礼"和"刑"的功能,而且说明它们二者的效果不同。因为用"政令"和"刑法",虽然民可以暂时避免犯罪,但不是自觉地遵守法规,因此对犯罪并无羞耻心;如果用"道德"和"礼教",民

---

① 《礼记·缁衣》:"夫民,教之以德,齐之以礼,则民有格心;教之以政,齐之以刑,则民有遯心。"杨伯峻《论语译注》(中华书局1980年版,第12页)中说:"这话可以看作孔子此言的最早注释,较为可信。此处'格心'和'遯心'相对成文,'遯',即'遁'字,逃避的意思。逃避的反面应该是亲近、归服、向往,所以用'人心归服'来译它。"《郭店楚简·缁衣》:"子曰:长民者教之以德,齐之以礼,则民有劝心;教之以政,齐之以刑,则民有免心。"(李零:《郭店楚简校读记》,中国人民大学出版社2007年版,第79页)

有羞耻之心,而且能走上正道。这说明,用"刑"和"礼"在效果上是不同的。"刑"带有强制性;而"礼"起的是规范作用,但它是在教化基础上形成的,所以带有自觉性的意义。贾谊在《陈政事疏》中说:"夫礼者禁于将然之前,而法者禁于已然之后,是故法之所用易见,而礼之所为生难知也。"这是说,"礼"的作用是要在人们犯错之前就加以防止;而"法"(按:我国古代所谓"法"多即指"刑法")是在人们犯错之后加以惩治。"刑法"的作用易见成效,而"礼"的作用难以立竿见影。这说明,"礼"是要靠长期养成,要有一定的道德上的自觉性。不遵守"礼"的规定,这叫"出礼"(或叫"越礼"),"出礼"就会要"入刑"。所以"礼"和"法"虽功能不同,但是相为表里有着密切关系。由于"礼""法"有如此之关系,所以有荀子在中国历史上第一次提出"礼法"这一概念。俞荣根、李鸣在《礼法学》一文中说:"在中国法律史上,第一个明确提出和运用'礼法'这一概念的是先秦儒家的殿军主帅荀子。'故学也者,礼法也。'(《荀子·修身》),'礼法之大分也'(《荀子·王霸》),'礼法之枢要也'(《荀子·王霸》),荀子所造的'礼法'这一新名词,不是礼和法两个概念的机械重叠、简单相加,而是对国家政治法律制度的一种质的界定。"①

俞文所引《修身》一段全文如下:"礼者,所以正身也。师者,所以正礼也。无礼何以正身?无师吾安知礼之为是也?礼然而然,则是情安礼也;师云而云,则是知若师也。情安礼,知若师,则是圣人也。故非礼,是无法也;非师,是无师也。……故学也者,礼法也。"这段话是讲"礼"的重要性和"礼"是要通过学习才可以知其重要性的。使人正确地立身行事,但依"礼"立身行事要从前人的正确经验中得到,离

---

① 中华孔子学会编辑委员会组编:《礼法学》,见《国学通览》,群众出版社 1996 年版,第 244 页。

开了"礼"就没有立身行事的规矩了。这说明,"礼"是一种合乎"规矩"(法度)的制度。当前,中国社会之乱象环生,很可能是由于"礼"的丧失,什么事都没规矩了,正如荀子所说:"无礼,是无法也。"因此,我们必须重新学习"礼",以使我们知道应该如何立身行事的规矩。当然,"礼"可因时而有所变,但中国"礼"的精神则应传承。正如《荀子·王霸》中所说:"国无礼则不正。礼之所以正国也,譬之犹衡之于轻重也,犹绳墨之于曲直也,犹规矩之于方圆也。"

《荀子·王霸》中所说之"礼法之大分""礼法之枢要"都是要说明"礼"作为一种"法度"在于对不同阶层、职业的人各应有其不同的"职守",各尽其"职守",则可各安其位,这是"礼"作为一种合乎人伦法度要求的最重要之点。这里,我们可以看出在中国古代"礼"对维系社会的稳定的重要意义。今天,我们的社会之所以并不稳定,我认为正在于没有把"刑法"建立在"礼法"的基础之上。正如孔子所说:"道之以政,齐之以刑,民免而无耻。""刑法"并不会使人们知道"羞耻",因为它是一种外在的压力(他律)。而"礼"则是一种自身自觉的要求(自律),它有着一种社会道德规范的意义。

"礼法"从一定意义上说是这一概念既包括"礼"又包括"法",而这二者是相关的,所以荀子说:"故非礼,是无法也。"(《荀子·修身》)对这句话,我们也可以解释为,离开了"礼","法"是无法合理地建立和起作用的。这就是说,"礼"可以包括"法",它是规范社会存在的一种根本制度,或者说它可以是指导"法"的根本原则。"礼"与"法"从制度上说虽是两套,但有着互补的相连关系,因此从精神上说则是一贯的。就这点看,荀子提出"礼法"这一概念对古代中国社会生活的治理,应是十分有意义的。"礼""法"虽然功能不同,但它们既有互补关系,又有从属关系。"礼法合治"应是维系中国古代社会的根本制度。

"礼"之所以重要,正如荀子所说,这是因为"礼"作为"圣王之道也,儒之所谨守也。传曰:'农分田而耕,贾分货而贩,百工分事而劝,士大夫分职而听,建国诸侯之君分土而守,三公总方而议,则天子共己而已矣。出若入若,天下莫不平均,莫不治辨,是百王之所同也,而礼法之大分也。'"(《荀子·王霸》)社会发展到一定阶段必有分工,如有分工,而且能恪尽"职守"则社会可治可安,这才是"礼法"所要求的。在古代社会的分工必有其如此分工的道理,这个道理是要从当时的"礼"来规范的。社会发展到今天,古代分工是否适合于今日社会,是可以有变化的,但分工总是存在,既然"分工"仍为社会所需,因此"礼"作为一种规范社会的精神需求其意义并不能否定,只能在传承中更新。从当前中国社会的现实看,我们能否通过继承儒家"礼"的精神并吸收和消化西方"法治"的精粹来建立一套适应当代中国社会"礼法合治"的社会生活呢,我想,这无论如何是我们应该研究的问题。

二

《汉书·礼乐志》说:"六经之道同归,而礼乐之用为急。治身者斯须忘礼,则暴嫚入之矣;为国者一朝失礼,则荒乱及之矣。"六经的道理是一致的,但《礼》《乐》治理社会的作用则更为急需、更为切近。这是因为社会片刻"忘礼",那么残暴为非作歹就侵入;治理国家的人短暂的时间"失礼",那么国家社会荒淫混乱。故中国自古被称为"礼乐之邦"。照荀子的说法:"学莫便乎近其人。《礼》《乐》法而不说,《诗》《书》故而不切,《春秋》约而不速。"(《荀子·劝学》）①梁启雄《荀子简释》中说：

> 伯兄曰："此言贵得师友，胜于读书也。"《礼》《乐》有一定之声容而未尝说明其理，故曰："法而不说。"《诗》《书》为掌故所萃，或不切于今之世，故曰："故而不切。"《春秋》辞约旨征，或难速晓，故曰："约而不速。"唯近君子习闻其说，则可以养成尊贵之人格，普遍之智识，而周于世事矣。

这段话可以说是对《礼》与《诗》《书》《春秋》的功能不同的很好的解释。因为，礼、乐在生活中容易表现出来，只要有榜样，就容易学到；礼、乐也是一种制度，制度比较具体，只要照着规矩做就可以了。而《诗》《书》要讲的是一些道理，甚至是些掌故，没有一定的知识是难以把握的；《春秋》所用记事言辞非常简单，因此很难一下子掌握其中的"微言大义"。而礼、乐在生活中有榜样、有师教则可以学到，所以《荀子·修身》中说："故学也者，礼法也。夫师以身为正仪，而贵自安者也。"礼、乐虽容易学，但它的道理则是非常深奥的，所以《汉书·礼乐志》中说：礼乐是圣人根据天地的法则来制定的，这样才可以"通神明，立人伦，正情性，节万事"。就此，我们可以看出，从理论上说"礼"对中国社会是非常重要的。从中国社会的理想形态看，它应该是一"礼法合治"的社会。"出礼入法"应是儒家说明"礼法合治"的一重要命题。盖"礼"可以包含"法"（刑法），但"出礼"（违礼）并不一定要被绳之以"法"。二者功能并不全同。"出礼"（越礼）达到危害社会秩序，就要用"刑法"来制裁；但有的情况下"出礼"并未达到危害社会的

---

① 《荀子·劝学》："礼者，法之大分，类之纲纪也。故学至乎《礼》而止矣。夫是之谓道德之极。《礼》之敬文也，《乐》之中和也……"

程度,例如,儿子辱骂了父亲,这当然是"违礼"的,可是并不需要用"刑法"来判罪。故《汉书》中有《礼乐》和《刑法》二志,把《礼乐》与《刑法》分为二志以示其功能之不同,但均带有制度的性质。《汉书·礼乐志》:"人性有男女之情,妒忌之别,为制婚姻之礼;有交接长幼之序,为制乡饮之礼;有哀死思远之情,为制丧祭之礼;有尊尊敬上之心,为制朝觐之礼。""礼"涉及人们社会生活的诸多方面,它对规范人们的生活是不可或缺的。因此,要制定各种"礼"的制度,这是由于人性情的要求,所以"礼"不可废。这正如孔子所说:"安上治民,莫善于礼。""移风易俗,莫善于乐",安定社会最重要者是"礼"的作用;养成风俗其最重要者是"乐"的作用。《汉书·刑法志》中说:"圣人……制礼作教,立法设刑……《书》云:'天秩有礼','天讨有罪'。故圣人因天秩而制五礼,因天讨而作五刑。"①"礼"是起教化的作用,"法"是对犯法的人起惩治的作用,因此,圣人既制"五礼"又制"五刑",以保证社会的安宁。就这点看,"礼""法"虽为两套不同功能的制度,但对社会来说都是不可少的。《汉书·礼乐志》:"王者必因前王之礼,顺时施宜,有所损益,即民之心,稍稍制作,至太平而大备。"由于社会生活的变化,因此人君必须在前代的"礼"的基础上,顺应时事的变化使"礼"与时相应,而有所增减。《论语·为政》:"子张问:'十世可知也?'子曰:'殷因于夏礼,所损益,可知也。周因于殷礼,所损益,可知也。其或继周者,虽百世,可知也。'"可见"礼"在各朝各代都是在继承前朝前代之"礼"而有所增减,而且我们可以根据"礼"的或增或减而对其变迁的轨迹有所了解。

---

① 颜师古曰:"五礼,吉、凶、军、宾、嘉。""五刑",《汉书·刑法志》:"大刑用甲兵,其次用斧钺,中刑用刀锯,其次用钻凿,薄刑用鞭扑。大者陈诸原野,小者致之市朝,其所繇来者上矣。"

《汉书·礼乐志》:"礼节民心,乐和民声,政以行之,刑以防之。礼乐政刑四达而不悖,则王道备矣。""礼"的作用是调节民心所求,"乐"的作用是表达民的心声,"政"(行政)是指导民的行为,"刑"是防止民的"出礼"而"入刑"。如果这四者配合得好,那么行"王道"的条件就具备了。由此可见,"礼"和"法"是相需而立的。就这点看,中国历朝历代都是把"礼法合治"用于社会的治理。

三

《论语·学而》:"有子曰:'礼之用,和为贵。'""礼"的最重要的作用在使社会和谐。但如何使社会和谐?《论语·颜渊》:"颜渊问仁。子曰:'克己复礼为仁。一日克己复礼,天下归仁焉。'"费孝通先生对这段话有一很好的解释,他说:"克己才能复礼,复礼是取得进入社会、成为一个社会人的必要条件。扬己与克己也许正是东西文化的差别的一个关键。"① 人们要克制自己的私欲,这样进入社会才可以遵循"礼"的要求而成为一个社会人,如果人人都能做到克制自己的私欲遵循"礼"的要求而进入社会,那么这样天下就能实现"仁"的要求,也就是说可以由"亲亲而仁民,仁民而爱物",而天下大治了。这里,我们可以看到中国儒家的"礼"是从社会关系来定义"人",不是从单个"人"的存在来定义"人"。这是因为"人"一生下来实际上已经处在社会关系之中。"人"生下来就与他父母发生关系,如果有兄弟姐妹,又与他的兄弟姐妹发生关系,随着年龄的增长,就与其他人发生关系,如与朋友、上下级、妻子等发生关系。那么应该如何处理这样相

---

① 费孝通:《文化论中人与自然关系的再认识》,见《论文化与文化自觉》,第377页。

互之间的关系呢？儒家特别是先秦儒家认为，人与人之间有着一种相互对应的关系，这种关系是互相的，不是单方面的。《左传·昭公二十六年》齐侯向晏子问"礼"，晏子对曰："礼之可以为国也久矣，与天地并。君令臣恭，父慈子孝，兄爱弟敬，夫和妻柔，姑慈妇听，礼也。君令而不违，臣共而不贰；父慈而教，子孝而箴；兄爱而友，弟敬而顺；夫和而义，妻柔而正；姑慈而从，妇听而婉，礼之善物也。"①（礼可以治理国家已经由来很久了，和天地相等。国君发令，臣下恭敬；父亲慈爱，儿子孝顺；哥哥仁爱，弟弟恭敬；丈夫和蔼，妻子温柔；婆婆慈爱，媳妇顺从，这是合于礼的。国君发令而没有错失，臣下恭敬而没有二心；父亲慈爱而教育儿子，儿子孝顺而规劝父亲；哥哥仁爱而友善，弟弟恭敬而顺服；丈夫和蔼而合理，妻子温柔而正直；婆婆慈爱而肯听从规劝，媳妇顺从而能委婉陈辞，这又是礼中的好事情。）②又《左传·隐公三年》："君义臣行，父慈子孝，兄爱弟敬，所谓六顺也。"《礼记·礼运》："何谓人义？父慈子孝，兄良弟悌，夫义妇听，长惠幼顺，君仁臣忠，十者谓之人义。……修十义，讲信修睦，尚辞让，去争夺，舍礼何以治之？"③据上所引可知，先秦诸书所言"礼"者，其意义在于规定"人"在社会生活中应有之权利和应尽之义务。"父慈"才有"子孝"，同样"子孝"才有"父慈"；"君仁"才有"臣忠"，"臣忠"才有"君仁"；"兄良"才有"弟恭"，"弟恭"才有"兄良"等，这些都是"礼"所规定的社会

---

① 贾谊《新书·礼篇》作："君惠则不厉，臣忠则不贰，父慈则教，子孝则协，兄爱则友，弟敬则顺，夫和则义，妻柔则正，姑慈则从，妇听则婉。"
② 此据沈玉成译《左传译文》，中华书局1981年版，第498页。
③ 《管子·五辅篇》："是故圣王饬此八礼，以导其民。八者各得其义，则为人君者中正而无私，为人臣者忠信而不党，为人父者慈惠以教，为人子者孝悌以肃，为人兄者宽裕以诲，为人弟者比顺以敬，为人夫者敦蒙以固，为人妻者劝勉以贞。夫然，则下不倍上，臣不杀君，贱不逾贵，少不陵长，远不闲亲，新不闲旧，小不加大，淫不破义，凡此八者，礼之经也。"

生活准则,离开了"礼"社会是无法治理的。由此可见"礼"在古代中国社会是何等重要。"父慈子孝""君仁臣忠""兄友弟恭"等可以说带有权利和义务相对应的对等上的意义。当然,这种相对应的对等关系,在中国古代社会的条件下实际上是很有限度的,因为它并没有和"自由""平等"观念直接联系起来,因此,它还不完全是今天维护人权意义上的平等相当。但它无论如何规定了人的关系,双方都在一定相对应的关系之中,不能只有权利而无须尽相应的义务(或责任)。

"礼"既然曾经影响了中国社会好几千年,它必定有其特有的价值。我认为,中国的"礼"是建立在一套社会道德要求的基础上的,因为无论是"君义臣忠",还是"父慈子孝"都是从"忠""孝""仁""义"等道德中的要求提出来的,而这些道德伦理观念需要制度化的"礼"才能对社会起作用,所以贾谊说:"故道德仁义,非礼不成。"(《新书·礼篇》)汉朝在取得政权之后,为了巩固其统治,统治者治理社会的实际,则不再提倡"君义臣忠""父慈子孝""兄友弟恭""夫和妻柔"的相对应的"礼",而提出维护专制统治的"三纲六纪",强化了等级关系。这一变化对中国社会的影响巨大。现在看来,中国儒家所提倡的"礼"应为我们特别重视。它可能只是一种理想,并无实际的操作性。但无论如何它为我们留下了十分宝贵的遗产。如果我们能批判地继承这份"古礼",并大力吸收西方近代以来的"法治",也许会创造出新型的"礼法合治"的社会。此问题甚大,不是我这个对中西"法理"的外行人应涉足的。但提出一点外行人的新的看法,引起讨论,也许并非坏事。

《郭店楚简·性自命出》中说:"道始于情。"这里的"道"是指"人道",即是说人与人的关系是从"情"开始的。樊迟问"仁",孔子曰:"爱人。"为什么"仁"的本质属性是"爱人",照孔子看:"仁者,人也,亲亲为大。""仁爱"的本性是人天生所具有的,爱自己的亲人是出发点,是根据。人一生下来与其发生关系的就是父母,子女最初爱自己的父母是天生如此的,就像父母爱自己的子女是天生如此的一样。这当然是一种感情的关系,我们可以说这是一种"情本"(情本体)的表现。但是孔子的儒家认为"仁爱"的精神不能仅仅停留在爱自己的亲人上面,还要"推己及人",要努力做到"老吾老以及人之老""幼吾幼以及人之幼"。"推己及人"是由人的感情推出来的,还是由人的"理性"推出来的? 我倾向于是由人的理性在起作用,如果人没有这种"推己及人"的理性能力,人类的社会关系将无法合理地建立,所以说这种"推己及人"的理性能力,我们可以说它是人天生所具有的,它是人的"理性"表现。因此,把"亲亲"推广到社会,这就要有一种规范,而在中国儒家认为"礼"就是一种带有制度性的规范,所以《礼记·仲尼燕居》中说:"礼也者,理也。"中国社会关系的建立从"情"发生,而归之于"理",这都与"礼"有关。所以"情本"和"理本"合而言之,中国儒家学说是一种"情理合一"的本体学说。现在有学者认为,中国文化思想是一种"情本体"学说,固然不错,但也许说它是"情理合一"之本体学说更为恰当吧! 儿子对父亲没有礼貌,甚至辱骂了父亲,但这并不构成"入刑"的程度,这就是一个批评教育的问题。现在我们的社会之所以乱象环生,不仅仅是"犯法"的问题,而且是"礼"丧失殆尽。因此我认为,我们是不是可以在传承"古礼"的基础上,使之更新而有利于我们建立一种"传承创新"的"礼"的制度,并且使"礼"与"法"有机地结合起来,使我们的社会更加适合中国人民的需要,而不一定要把我们的"礼法合治"全然抛弃掉,而全盘照搬西方的"法治"。因为,未达到"入刑"的"礼"对全民特别是领导人更为重要,有一套规范领导人的"礼"对中国社会来说是非常重要的,盖因它是做人的基本道理。当然,对西方"法治"我们仍然要不断地吸收和消化其中合理的因素,而丰富我们"礼法合治"的内容。

选自《汤一介集》第五卷。原刊于《北京大学学报》(哲学社会科学版)2009年第4期。

"孝"作为家庭伦理的意义

社会是由众多家庭组成的,家庭和谐关乎社会的和谐。如何在家庭中建立一种和谐的关系,这就需要有家庭伦理。在中国,自古以来就有着维护家庭关系的种种伦理规范。这些伦理规范往往体现在各种"礼"之中。从《礼记》中,我们可以看到有着各种"礼制"的记载,如婚、丧、嫁、娶等,这些都包含着各种家庭伦理规范,而要使这些家庭伦理规范成为一种社会遵守的伦理,就要使得"礼"制度化。所以中国古代社会是一"礼法合治"的社会。① 因而"伦理"规范在中国古代社会中是非常重要的。

在中国古代,"孝"无疑是"家庭伦理"中最重要的观念。《孝经·三才章》中有孔子的一段话:"夫孝,天之经也,地之义也,民之行也。"(当然,孔子是否说过这段话,在此且不论。)这是说"孝"是"天道"之常规,是"地道"有利于万物的通则,是人们遵之而行的规矩。为什么"孝"会有这样大的意义? 我认为,这与中国古代宗法制有关。我国古代社会基本上是宗法性的农耕社会,家庭不仅是生活单位,而且是生产单位。要较好地维护家庭中的长幼、尊卑的秩序,要使其家族得以顺利延续,必须有一套适应当时社会稳定的家族伦理规范,而

---

① "礼法合治"的意思是说:在我国古代,"礼"对社会生活有着非常重要的意义,《左传·昭公二十六年》称晏子云:"礼之可以为国也久矣,与天地并。"故《礼记正义》说:"夫礼者,经天地,理人伦,本其所起,在天地未分之前。"故"礼"在我国古代具有某种神圣性,它不仅是柔性地维护着宗法等级制,而且是带有刚性地规范人与人之间关系的社会制度。"法"从总体上看在中国社会往往是指"刑",这点可从我国历史书的"刑法志"看出,且在史书中"礼志"与"刑法志"往往是分开的。因此,我们可以从"礼法合治"这一角度研究中国古代的制度。

这种伦理规范又必须是一套自天子以至庶人的伦理规范，而构成一套整个社会的伦理规范，这样社会才得以稳定。在《孝经》中对此都有详说。① 在我国古代往往又把这些伦理规范制度化，这就表现在种种"礼制"中，这点可以从我国历朝各代典章制度的文献中表现出来。

"孝"既然为我国古代社会所需要，成为一种家庭伦理规范，此伦理规范又通过各种礼仪，而成为社会应遵守的伦理制度，但这种伦理规范以及由此而形成的礼仪制度必有其哲理上的根据。《郭店楚简·成之闻之》中说："天登大常，以理人伦，制为君臣之义，作为父子之亲，分为夫妇之辨。是故小人乱天常以逆大道，君子治人伦顺天德。"理顺君臣、父子、夫妇的关系是"天道"的要求。小人违背常规行事是逆"天"的根本道理的，君子以"天道"之常规处理君臣、父子、夫妇伦理关系社会才能治理好。所以儒家认为，"人道"与"天道"是息息相关的。② 儒学讲的"孝"是"人伦"关系中最基本的关系，它必有其理论上的根据。我认为，"孝"作为一种家庭伦理的哲理根据就是孔子的"仁学"。《论语·学而》中有孔子弟子有子的一段话："……孝弟也者，其为仁之本与!"在《孝经》中也有类似的话："孝，德之本也!"这是说，"孝"是"仁"（或"德"）的根本出发点，是家庭伦理的核心观念，但并不是"仁"（或"德"，"德"即是"仁德"）的全部意义，因"孝"作为一种家庭伦理必须扩大到社会伦理。《郭店楚简·性自命出》中有一句话，我认为很重要："道始于情"（从《性自命出》全篇看，此处"道"是指"人道"，即人与人之间关系的道理），意思是说"人道"是从人先天所

---

① 《孝经》中自第二章至第七章讲的就是自天子至庶人的伦理规范。
② 《朱子文集》卷六七中说："仁者"，"在天地则盎然生物之心，在人则温然爱人利物之心，包四德而贯四端者也"。

固有的情感始有的,我认为这正是孔子"仁学"理论的根基所在。樊迟问"仁",子曰"爱人"。(《郭店楚简·语丛三》:"爱,仁也。")这种"爱人"的情感由何而来呢?《中庸》中引孔子的话说:"仁者,人也,亲亲为大。""亲亲",前一"亲"字为"爱"之意,《孝经注疏序》谓:"慈爱之心曰亲";后一"亲"字为"亲人"义。"仁爱"的精神是人天生所具有的,爱自己的亲人是最根本的。故《孝经注疏》中说:"上古之人,有自然亲爱父母之心","父子之道,自然慈孝,本乎天性,则生爱敬之心,是常道也"(《孝经注疏·圣治章》)。特别是在《郭店楚简·语丛三》中有以下一条:"爱生于性,亲生于爱。""爱"出乎人的本性,父母、子女之间的亲情是由"爱"而发生的。这更说明"孝"与"爱"之关系。爱是人的天性中所具有的,(如孟子言:"恻隐之心,人皆有之。")爱自己的亲人是由人的天性中发出的。因此,在《语丛一》中又讨论了"尊"和"亲"的分别,如说:"(厚于仁,薄于义,)亲而不尊。厚于义,薄于仁,尊而不亲。"父子关系基于亲情,君臣关系是一种义务。① 前者出于"仁",不能选择;后者出于义,可以选择。② 因此,早期儒家认为,在父子之间是亲情,在君臣之间是义务。这是因为"仁生于性,义生于道。或生于内,或生于外,皆有之"(《语丛一》)。"仁"是"人性"内在所具有的,"义"是"人道"所必须遵行的(社会所需的)规范③,所以都是需要的("皆有之")。《语丛一》又说:"为孝,此非孝也。为弟,此非

---

① 《荀子·天论》中说:"若夫君臣之义,父子之亲,夫妇之别,则日切磋而不舍也。"《孝经注疏》中谓:"'仁'者兼爱之名,'义'者裁非之谓。"
② 《孟子·梁惠王下》:"'汤放桀,武王伐纣,有诸?'孟子对曰:'于传有之。'曰:'臣弑其君,可乎?'曰:'贼仁者谓之贼,贼义者谓之残,残贼之人谓之一夫。闻诛一夫纣矣,未闻弑君也。'"《荀子·王霸》中也说:"诛暴国之君,若诛独夫。"又,尚有周公诛管蔡事,盖"大义灭亲"也是儒家思想。《史记·淮南子衡山列传》中,有如下一段:"尧舜放逐骨肉,周公杀管蔡,天下称圣。何者,以私害公。"
③ 《孟子·告子上》:"仁,人心也;义,人路也。舍其路而弗由,放其心而不知求,哀哉!"

弟也。不可为也,不可不为也。""孝"和"弟"是不能刻意而为的(按:因为"孝弟"发自内在之"仁爱之心"),但又不能不身体力行(按:因"不为"则"孝弟"无以显现①)。就此,似乎儒家伦理不仅注重"动机",而且重视"效果"。从先秦儒家的典籍中,我们是不是可以说"孝"的本质是出于人的"仁爱"的自然本性,它应是不带有"功利性"的,而"孝"的结果则是有益于社会的"公义"的。

在此,我们需要把孔子的"仁者,爱人"的"仁学"展开来讨论。先秦儒家认为,"亲亲"必须扩大到"仁民",甚至要扩大到"爱物",《孟子·尽心上》"亲亲而仁民,仁民而爱物"②,才是完整的"仁学",《郭店楚简》中说:"孝之施,爱天下之民。""孝"必须扩大到"爱天下之民"才叫作"仁",又说:"亲而笃之,爱也;爱父,其继爱人,仁也。""仁"不能只停留在"爱父",必须扩大到"爱天下之民"上,所以"孝"必须扩大,必须"推己及人",这就是说作为家庭伦理的"孝"(亲亲),从其以"爱"为基础这点说,必须扩大为一种社会伦理(仁民)。从而"仁民",意即为"博爱",《孝经·三才章》中说:"(君王)则天之明,因地之利,以顺天下。……是故先之以博爱,而民莫遗其亲……"如果能使"博爱"(即推己及人、及物之爱)成为社会伦理准则,那么就不会出现违背家庭伦理的"孝"。这就说明"孝"在"仁学"体系里是十分重要的观念。因此,以"亲亲"为基点,扩大到"仁民",以及于"爱物",我们是否可以说中国古代基于孔子的"仁学",把"孝"看成是"天之经""地之义""人之行"也是可以理解的。我想,从一个方面说它体现了孔子"爱人"

---

① 王阳明《答顾东桥书》中说:"如吾学孝,则必服劳奉养,躬行孝道,然后谓之学,岂徒悬空口耳讲说,而遂可以谓之学孝乎?"
② 《中庸》:"唯天下至诚,为能尽其性;能尽其性,则能尽人之性;能尽人之性,则能尽物之性;能尽物之性,则可以赞天地之化育;可以赞天地之化育,则可以与天地参矣。"

("泛爱众")的精义。所以朱熹说:"仁者","在天地则盎然生物之心,在人则温然爱人利物之心,包四德而贯四端者也"(《朱子文集》卷六七)。可见,"仁"对儒家的意义十分重大。从另一方面说,在孔子儒家思想中的"孝"在社会生活实践中是个过程。此过程必须不断扩大,由"亲亲"而"仁民"而"爱物"。在此过程中"孝"的意义才会体现出来,它才具有"天之经""地之义""人之行"的价值。因此,"孝"不是一凝固的教条,而是基于孔子"仁学"的"爱"不断释放的过程,《孝经·圣治章》中说:"人之行,莫大于孝"。只有在家庭的实践和社会的实践中以"仁学"为基础的"孝"的意义才能真正显现出来。我想,这样来了解"孝"大概是孔子儒学的理想,或者说是我们对它的一种新的诠释。

社会在发展着,人与人之间的社会关系也在变化着,在现代社会中的家庭伦理也会随之有所变化。中国古代社会是一带有宗法性的农业社会,前面已说过,那时家庭既是生活单位,也是生产单位,而今天家庭无疑仍是一生活单位,但随着社会生活的变化,家庭作为生产单位却在逐渐变化中。从我国现实的社会实情看,也许在我国的家庭,特别是农村家庭作为生产单位还会继续存在一段时间,但终究会逐渐淡出。这就是说,在家庭伦理中"孝"的内涵必定会有变化,例如"四世同堂""养儿防老",就因家庭作为生产单位的消失而失去意义。又如:"二十四孝"中的某些形式已没有必要提倡,但作为"孝"之核心理念的"仁爱"则仍有家庭伦理之意义。社会在变化着,在家庭不再是生产单位的情况下,如何保障人们家庭的良好的生活状态,将主要由社会保障体系来承担。但作为我国传统"孝"的"仁爱"精神则不会改变。又如:"三纲"中的"父为子纲",因社会关系的变化,父子之间的关系也要随之变化。那种强调单方面统治与服从关系的权力结构的"三纲"是与现代社会自由、平等相悖的。其实先秦儒学并不讲"三纲",只是在汉朝特别是到东汉《白虎通义》中才把"三纲"法典化,作为维护皇权专制的工具。鲁迅在《我们现在怎样做父亲》中批评"三纲"的"父为子纲"说:"这离绝了交换关系、利害关系的爱,便是人伦的索子,便是所谓的'纲'。倘如旧说,抹掉了'爱',一味说'恩',又因此责望报偿,那便不但败坏了父子间的道德,而且也大反于做父母的实际的真情,播下乖剌的种子。……而其价值却正在父母当时并无求报的心情,否则变成了买卖行为。"鲁迅对"三纲"的批判是严酷的,但却一针见血,对这绝对的无理的统治与服从关系,不知在历史上曾造成了多少悲剧。而我们也可以看出鲁迅认为"父子"之间的关系是"爱",是"实际的真情",是"无求报的心情"。基于孔子"仁学"的"亲亲"应是高尚的道德价值,而不是为取得私利的手段。我想,如果把"父子""夫妇""兄弟"等的关系建立在"实际的真情"上,那么家庭会和谐了,如果把孔子"仁学"由"亲亲"扩大到"仁民"而"爱物",将会对人与人之间的"和谐"、人与自然之间的"和谐",提供可供思考的路子。

从历史上看,在先秦儒家典籍中,君臣、父子、夫妇之间有着一种相互对应的关系,它是建立在双方相对应的义务基础上的,如"君义臣忠""父慈子孝""夫和妻柔"等。例如《左传·昭公二十六年》:"君令臣恭,父慈子孝,兄爱弟敬,夫和妻柔,姑慈妇听,礼也。"《礼记·礼运》:"何谓人义?父慈子孝,兄良弟弟,夫义妇听,长惠幼顺,君仁臣忠,十者谓之人义。"《论语·八佾》:"定公问君使臣,臣事君。孔子对曰:'君使臣以礼,臣事君以忠。'"可见在先秦君臣、父子、夫妇等有着相互的义务关系,其中父子、夫妇、兄弟等都是属于家庭关系。在我国古代,这种相互的义务关系,无论如何仍与宗法制有关,与今日之家庭之间"平等"关系不同。那么家庭作为社会的一个单位,它将在我国当今的社会生活中起什么作用?应该有一种什么样的家庭伦理?费孝通先生认为,当今家庭的作用主要应体现在"尊敬祖先和培育优秀的后代"。"尊敬祖先"对家庭说,就是对长辈要尊敬。"培育优秀的后代",就是对子孙进行良好的教育。"尊敬"是基于"爱",因此我们常说要"孝敬父母",故《孝经注疏》谓:"孝是真性,故先爱后敬也";"爱之与敬,俱出于心"。虽然"爱"和"敬"都发自内心,但"爱"是"敬"的前提。"尊敬祖先"是说,要对自己民族传统文化有一种敬意,因为中华的优秀文化体现在其祖先的"三不朽"上①,离开我们祖先为我们树立地良好的具体的为人为学的典范,所谓"中华传统文化"将是空洞的、无实质内容的,"家庭"对子孙的"教育"是一种责任伦理(当然教育孩子不仅是家庭的责任,也是全社会的责任)。所以《孝经注疏序》最后说:"夫子谈经(此指《孝经》),志取垂训。"孔子说《孝经》的目的在于给后人以教训,基于"仁爱"的"孝"必须负有对后代培养的责任。所以《礼记·学记》中说:"虽有至道,弗学,不知其善也。是故学然后知不足,教然后知困。知不足,然后能自反也。知困,然后能自强也。"因此,对长辈的爱敬,对子孙的培育,都是出于人之内在本心的"仁爱"。所以鲁迅在《我们现在怎样做父亲》中说:"我现在心以为然的,便只是'爱'。"据此,儒家的家庭伦理是基于孔子的"仁学",是以"爱人"为内核的。"孝"的本质属性是"仁爱",其他附加于"孝"的内容,则是可以随着社会的变化而可改可变、可有可无的。"仁爱"对于人类社会是具有"普遍价值"的意义。如果我们从孔子"仁学"的角度来解说"孝道",那么也可以说"孝"的核心理念"亲亲"

---

① 《左传·襄公二十四年》:"……豹闻之:'太上有立德,其次有立功,其次有立言。'虽久不废,此之谓不朽。"

(爱自己的亲人)作为家庭伦理也具有某种"普遍价值"的意义,由"亲亲"而"仁民"而"爱物"这一"孝"的扩大过程的社会意义应为我们所重视。就这个意义上说,儒家"孝"的理念对建设"和谐家庭"以及"和谐社会"都是有意义的。

选自《汤一介集》第五卷。原刊于《北京大学学报》(哲学社会科学版),2009年第4期。

要重视《道德经》注疏的研究

现存于《道藏》中《道德经》的注疏有五十余种①，这些注疏是我们研究道家、道教思想的重要资料，虽已有学者对某些注疏作过一些研究，但较为系统地研究《道德经》的各种注疏还是很少的。在这里我当然也不可能系统地对各种注疏作研究，只是想从一两个方面把创建中国解释学的问题提出来，引起研究者的注意。下面我举三个例子来说明研究《道德经》注疏的重要意义。

（一）《道藏》得字帙七至十有苏辙的《道德真经注》，前有晁曰之和熊克之"记"，均言王弼的《老子注》深得《老子》之旨，而苏辙之注或亦深受王弼注之影响。盖王弼注《老子》以"不废名教而任自然"为宗旨，而经隋唐至宋则儒道合之趋势或更为明显。苏辙注"道可道，非常道"谓："莫非道也，而可道者不可常，唯不可道而后可常耳。今夫仁义礼智，此道之可道者也。然而仁不可以为义，而礼不可以为智，可道之不可常如此，唯不可道然后在仁为仁，在义为义，在礼为礼，在智为智，彼皆不常，而道常不变，不可道之能常如此。"又，赵学士秉文（南宋时人）《道德真经集解》对"道可道，非常道"的注全引苏辙之注。查王弼论"道"尝谓，"为阴则不可为阳，为柔则不可以为刚"，"无方无体，非阴非阳，始可

---

① 在杜道坚《道德玄经原旨序》中说："《道德（经）》八十一章注者三千余家。"按：杜道坚元朝人《原旨》前有徐立武、张与材写于"大德乙巳"的序，"大德乙巳"是 1305 年。如元朝时已有"三千余家"的《道德经》注疏，那么今天就不知有多少种了，可惜大多已散失。

谓之道"①,则是多以"阴阳""刚柔"立说,而至宋或较之王弼更多讨论"仁义"与"道"的关系了。苏辙、赵秉文等均以仁义礼智为"道"之表现,"道"常不变,而依不同之情形或为"仁",或为"义",或为"礼",或为"智",因此仁义礼智是不可废去的。查苏、赵之注《道德经》第十八、十九两章,也并未把"道"与"仁义"对立起来。现得见郭店竹简中之《老子》本,其第十八章"大道废有仁义"作"大道废,焉有仁义"②;第十九章"绝仁弃义,民复孝慈"作"绝伪弃诈,民复孝慈"。可见原来老子并无否定"仁义"之义,这就是说《老子》中儒道对立的思想并不明显。如果我们对《老子》的注疏作一些系统的研究(特别是王弼以后的《老子注》),或者可以从中了解许多涉及儒道关系的材料。③ 因此,我们应可以通过历代《老子》的注疏来研究儒道两家关系发展的历史,来看我国对经典注释的问题。

(二)苏辙《道德真经注》对"此两者同出而异名同谓之玄"谓:"以形而言有无则信两矣。安知无运而为有,有复而为无,未尝不一哉! 其名虽异其本则一,知本之一也,则玄矣。"董思靖《道德真经集解》对此句注谓:"此总结上意,两者谓无名、有名,妙与徼,体用一源,故曰同也。"题为顾欢述之《道德真经注疏》谓:"两者谓有欲、无欲也。"这实际都是以"有""无"来说"两者"。把"此两者"解为"有欲"

---

① 杨士勋《春秋穀梁传疏》中有:"《系辞》云:'一阴一阳之谓道',王弼注云:'一阴一阳者,或谓之阴或谓之阳,不可定名也。夫为阴则不能为阳,为柔则不能为刚,唯不阴不阳,然后为阴阳之宗;不柔不刚,然后为刚柔之主。故无方无体,非阴非阳,始得谓之道,始得谓之神。'"
② 按:"大道废,有仁义",《郭店楚墓竹简》作"大道废,焉有仁义",而李零《郭店楚简校读记》(载《道家文化研究》第十七辑)认为"'安',与简文'焉'字无别,这里读为'安'"。"安"可释为"哪里有",此整句可释为"大道废,哪里还有仁义"。
③ 对历代《老子》(《道德经》)的注疏进行分析研究不仅可以了解历史上儒道两家关系,也可以了解道释之间的关系。

"无欲"等,都是根据河上公注和王弼注而来的。查马王堆帛书本《老子》甲乙两本"此两者同出而异名,同谓之玄,玄之又玄,众妙之门"作"两者同出,异名同谓,玄之又玄,众妙之门"。这里的"两者"应是指"有"和"无",盖其意谓:"有"和"无"同出于"道"(玄),名称不同所指为一。然吴澄的《道德真经注》则谓:"此两者谓道与德;同者,道即德,德即道也。"联系吴澄《道德真经注》第一章的其他注文也许可以找到一个解释。吴澄注"道可道,非常道;名可名,非常名"说:"道,犹路也;可道,可践行也;常,久不变也。名,谓德也;可名,可指定也……"吴澄说:"名谓德",而其他注家如王弼注谓,"道,不可道,不可名也"。其"不可道""不可名"均说"道",而吴澄认为"不可道"是说"道","不可名"是说"德"。这样就把"道"与"德"分说,故其注"玄之又玄,众妙之门"谓:"众妙谓德,门谓由此而出,德与道虽同谓玄,道则玄之又玄"云云。这也许是吴澄与其他家注不同之原因。从这里,我们可以看到,如果我们对历史上各种对经典的注释加以仔细地分析研究,特别是对某些重要概念和概念之间的关系加以仔细分析,定会对提出一些值得我们研究的重要课题,或对创建中国解释学有重要意义。

(三)赵秉文《道德真经集解》引有僧肇语五条。德国学者瓦格纳(Rudolf G. Wagner)曾在1998年罗浮山"第二届道家文化国际讨论会"上提出僧肇有《老子注》的问题。我们知道,僧肇之师鸠摩罗什或确有《老子注》,这在《唐书·艺文志》有著录,汤用彤先生的《读〈道藏〉札记》已指出,并说李霖的《道德真经取善集》和题为"吴郡徵士顾欢述"的《道德真经注疏》均有罗什之注文。查在赵秉文《集解》中,也引有罗什注两条。现在我们要讨论的是僧肇是否确有《老子注》。杜光庭的《道德真经广圣义》的"序"列举注《道德经》者六十余家,其中有"沙门僧肇,晋时人,注四卷"[①]。又有元朝刘惟永的《道德真经集义大旨》和《道德真经外传》都据《广圣义》列举六十余家注者的名字,其中亦有"僧肇"。但我查了《隋书·经籍志》《唐书·艺文志》以及丁国钧、文廷式、秦荣光的《补晋书·艺文志》,吴士鉴、黄元逢的《补晋书·经籍志》等均未见著录有僧肇之《老子注》者,因此僧肇是否注有《老子》就是个疑问了。

我把赵秉文《道德真经集解》中所引用的"肇曰"(或"肇云")研究了一下,发现:(1)其中一条"肇曰:有所知,则有所不知;圣心无知,故无所不知。小知,大知之贼也",出自《肇论·般若无知论》,其文为:"夫有所知,则有所不知。以圣心无知,故无不知,不知之知,乃曰一切知。""小知,大知之贼"为原文所无,很可能是赵秉文据《般若无知论》中的一句"若有知性空而称净者,则不辨于惑知"所加,或者是赵的理解。(2)又一条"肇曰:有无相生,其犹高必有下,然则有无虽殊,俱未免于有也。此乃言象之所以形故,借出有无之表者以袪之"。此见于《涅槃无名论》,其文为:"有无相生,其犹高下相倾,有高必有下,有下必有高矣。然则有无虽殊,俱未免于有也。此乃言象之所以形……非涅槃之宅,故借出以袪之。"(3)"肇曰:'真者同真,伪者同伪,灵照冥谐,一彼实相,无得无失,无净无秽,明与无明等。'"查僧肇《维摩诘所说经注·见阿閦佛品》中有:"……是以则真者同真,伪者同伪,如来灵照冥谐,一彼实相,实相之相即如来相。"且《阿閦佛品》经文中有"一切无得无失",肇注:无"得故无失";有"非净非秽",肇注:"在净而净,谁谓之秽;在秽而秽,谁谓之净";有"明与无明等",肇注:"法身无相,体顺三脱,虽有三明,而不异无明也"。且《肇论·涅

[①] 在《道德真经广圣义》卷四和卷六列举注《道德经》者,则其中无"僧肇"的名。

槃无名论》亦有"是以则真者同真,法伪者同伪""未尝有得,未尝无得"等语。(4)"赵曰:肇云:'大患莫若于有身,故灭身以归无,此则二乘境界。谈道者以不惊宠辱,遗身灭智为极则,岂知圣人之旨哉!'"这"肇云"是赵秉文引用僧肇的话,不能据此以为是僧肇的《老子》注文。查《涅槃无名论》中有"子乃云:'圣人患于有身,故灭身以归无;劳勤莫先于有智,故绝智以沦虚。无乃乖乎神极,伤于玄旨也'"。此中前四句是僧肇引"有名"的话,后面两句是僧肇批评的话。又僧肇《维摩诘所说经注·方便品》中有僧肇的注曰"二乘恶厌生死,怖畏六尘"云云。这些大概是赵秉文引"肇云"的所据。(5)"肇曰:'习学谓之闻,绝学谓之邻,过此二者谓之真过,然则绝学之外,向上犹有事在。'"此当出自题为僧肇著的《宝藏论》中①:"夫学道者有三:其一谓之真,其二谓之邻,其三谓之闻。习学谓之闻,绝学谓之邻,过此二者谓之真。"从对以上赵秉文《道德真经集解》所包含的五条僧肇语的分析,我们大概不能说僧肇另外有一《老子注》。赵秉文或因僧肇的论说多有据《老子》说者,故可以其论著中语引作为注。这种例子也有,如何晏并无《老子注》,但有《道德论》,此当亦是解释《老子》思想的论说,有时也引作为《老子注》了。这或者可以说明,我国古代的所谓"注",并不一定都真正是随文的注,对某一经典的论说(如何晏之《道德经》,王弼之《老子旨略》等),后人亦可引以为注。据以上所说,我们是否可以认为,僧肇并没有对《老子》作过专门的注,而是后人摘引僧肇之论著中的语句以为注。赵秉文所引用的僧肇语多据《肇论》和《维摩诘所说经注》等。从这里我们是否还可以得出这样一个论断:在各种"目录"(如"经籍志""艺文志")没有"著录"的"注疏"

---

① 参见汤用彤:《汉魏两晋南北朝佛教史》,中华书局1963年版,第332页。

之类真实可靠性大概是很小的①,因此研究中国经典注疏问题应十分重视"目录学"的研究。

以上所讨论的三个问题都涉及对古代经典注释的问题,这当然都是我们要创建中国解释学所必须注意的。②

选自《汤一介集》第三卷。原刊于《弘道》第 9 期。

---

① 我们这里讨论的是对经典的注疏问题,所以提到研究"目录学"的重要性,至于考古发掘秦汉前的新材料,不属我们讨论的范围。
② 参见拙作《能否创建中国"解释学"?》(载《学人》,第 13 辑,1998 年 3 月)和《再论创建中国解释学问题》(载《中国社会科学》,2000 年第 1 期),可供参考。

华严十玄门的哲学意义

佛教是一种宗教，同时也是一种哲学；中国佛教如华严宗、禅宗是一种宗教，同时也是一种极高的哲学。中国佛教的华严宗讨论了许多哲学问题，我认为这些哲学问题在中国哲学史上有着重要意义，如大家经常讲到的"理事无碍""事事无碍"对宋明理学的影响。而且，它所讨论的某些哲学问题，如果我们顺着它的思路深入地发掘下去，仍然会丰富和发展我们今日的哲学研究。在这里，我们不可能全面解剖华严宗所包含的全部哲学问题的意义，但可以讨论若干有典型意义的华严思想。我认为，华严的"十玄门"最有哲学意义，当然这并不排斥他的其他思想如"判教"理论、"四法界"和"六相圆融"等的哲学意义。

（一）为了说明"十玄门"的特殊意义，我想先来简单地讨论华严"判教"理论。虽然"判教"理论不始于华严，早于华严的天台已有"判教"理论，而且也不始于中国，印度佛教已有大小乘之分，《解深密经》立"三时义"，以小乘、般若、唯识为佛教之三阶段等，但我们如果从一个系统论的观点看，华严的"判教"或更为严整，它表现了历史和逻辑的统一。所谓"判教"，是佛教各宗派为调和佛教内部不同的说法，树立本派的正统地位和权威，对先后所出之经典从形式到内容给予重新的安排和估价，分别深浅、大小、权实、偏圆等，用以确定本宗派为佛的最完善的学说。

华严之"判教"分为五教：小乘教、大乘始教、大乘终教、顿教、圆教。它表现了由小乘而大乘，大乘则由始而终，由渐而顿、由偏而圆的次第。而这一次第是由相对的矛盾概念展开的，因而从理论上说较天台的"判教"系统更为严整。从宗教哲学的观点看，它表现了一层高于一层，这无疑是一较完善的系统。后来，宗密作《原人论》，不仅对佛教本身作了一系统的次第安排，而且把儒道两家也纳入其"判教"体系之中。我们没有必要去讨论宗密的"判教"系列是否正确，因为这是一个"仁者见仁，智者见智"的问题。但一种较好的、较有价值的哲学体系大都应是能容纳其他哲学的体系。因此，我认为华严判教的意义可被注意的有二：它的判教体系是严整的，此其一也；它可以容纳其他学说，此其二也。严整而又可容纳其他各种学说正是"圆融"的特征，故华严为"圆教"应甚合理。

法藏的"四法界"的哲学意义被讨论得比较多，这里只想提出一个观点：华严宗虽为佛教一个宗派，但从思维方式上说，它却是更为中国式的，至少可以说它必然引出或归于中国式的思维方式。印度佛教无论大小二乘、空有二宗都有一根本性之前提，这就是承认有一个与现象世界相对的超现象的世界，这样从根本上说不可能坚持"体用如一"。小乘依业感缘起，而认为现象界是使人受苦的，而另有一超现实的"常乐我净"的世界，这两者并无联系。空宗要破除现象界的一切，在破除之后才可以显现出"真如实相"，这叫"破相显性"，这样才可以达到成佛的涅槃境界。但现象界破除了，还剩什么呢？"真如实相"也将成为空名。有宗的法相唯识，立阿赖耶识以含藏一切种子，如果要得到解脱，必须"转识成智"，这也是要以否定现象界为基础的。而华严宗就其"四法界"学说看，如果我们据"理事无碍""事事无碍"所得出之结论，本体必须由现象来呈现，现象与现象之间因均为本体之呈现而互相呈现，则可以不必于现象界之外求超现象的世界，不必离现象以求本体，不必于个别外求一般，这样就打通了众生界与佛世界、现象与本体、个别与一般之间的隔绝，而达到一种"圆融无碍"的地步。所以照我看，隋唐佛教宗派之中国化，从根本上说，主要不在其体系之内容，而在其思维方式的中国化。它影响宋明理学，主要也不在其思想内容（其思想内容是受到理学家批评的），而在于它的中国化的思维方式。

至于"六相圆融"，法藏在《金师子章》中曾讨论到，在《华严一乘教义分齐章》作了更为详尽的讨论。所谓"六相"，即"总相""别相""同相""异相""成相""坏相"。所谓"圆融"，即指一法依他法而有意义，相即相融，任何一概念的意义只有在一种关系中才能成立。"总相"是就全体方面说的，从全体方面说个别就是全体。"别相"是就个别方面说的，从个别方面说全体就是个别。这里微妙处是法藏认识到"个别"就是"全体"之"个别"，它不能离"全体"而为"个别"，"全体"即是"个别"之"全体"，它不能离"个别"而有"全体"，故"一即一切，一切即一"也。因此，"总相"和"别相"是讨论"全体"和"个别"的关系。"同相"是就同一性方面说的，一切构成某物之"因素"就其是构成某物之"因素"说，由于同为"因素"而彼此相同；"异相"是就差异性方面说的，构成某物之众多"因素"，正因为此"因素"不同于彼"因素"才可以构成某物，由于"因素"之不同而相异。"同相"与"异相"从作为哲学问题来说，是讨论"同一性"与"差别性"的关系的。"同相""异相"是"总相""别相"之"同相""异相"。盖有"总相"才有"同相"，而"总相"中之个别因素为"别相"，而有"异相"，所以"同一性"与"差别性"是"全体"与"个别"的同一与差别。"成相"与"坏相"是讨论"现实性"与"可能性"问题的，构成一物之"因素"，如果是这一物之"因素"，此物才是此物，此物之"因素"才是此物之"因素"，此物与此物之因素互相成就，才有现实的此物，此谓"成相"。各种构成彼物之"因素"，如果它还不是构成彼物之"因素",那么既无彼物,亦无彼物之"因素",它们不能互相成就,因此不可能有现实之彼物和彼物之"因素",但仍不失有成为彼物和彼物之"因素"的可能性,此谓"坏相"。"坏相"只是说明无现实之物与其"因素",而不是说无成为现实之物与其"因素"之可能。如无可能性则"现实性"亦不存在。盖因肯定与否定,从一方面来说否定是肯定之否定,而肯定则是否定之否定,"坏相"不仅可以是对肯定之否定,也可以是对否定肯定之后的否定。"六相圆融"构成一从多层次、多视角观察的概念系统,可以由"总相"而有"别相";有"总相"而有"同相",由"同相"而有"异相";有"总相"而有"成相",由"成相"而有"坏相"。同样也可以有"坏相"(对肯定之否定)而有"成相";有"坏相"(对否定肯定之否定)而有"异相",由"异相"而有"同相";有"坏相"而有"别相",由"别相"而有"总相"。无论由哪一概念作出发点,都可以从各个层次、各个视角把所有的概念整合起来,而成为一个相对而成就的概念体系。因此,"六相圆融"不过是举例说之,而我们可以由此得出"相相圆融",就这方面说华严为"圆教"亦不无根据。

以上我们讨论华严宗之若干重要思想的哲学意义,并用以说明其为"圆教"有其学理上之根据,其目的也是为了下面便于展开关于华严"十玄门"之讨论。

(二)"十玄门"首创于智俨,而完成于法藏,两者内容基本相同,但次第与说法稍有差异。法藏立"十玄门"以说"法界缘起",现据法藏之《金师子章》"勒十玄"加以说明,以显其哲学意义。

1. 同时具足相应门:《金师子章》说:"金与师子,同时成立,圆满具足,名同时具足相应门。"意谓金与师子形相同时成立,无先无后,圆满具足了金体与师子相的一切。这也就是说,本体与现象互相适应,互相依存,故是同时圆满具足的,这是就"理事无碍"说的。在《华严经义海百门》中说:"且如见高广之时,是自心现作大,非别有大;今见尘圆之小时,亦自心现作小,非别有小。今由见尘,全以见高广之心而现尘也。"见高山之高大,与尘粒之微小,皆是此一真心,是故即小容大也。所以一切事物都是此真心全体之显现,用不离体,即体即用。故此"同时具足相应门"所表现之哲学意义,当为说明"体用互相依存之统一"也。

2. 诸藏纯杂具德门:《金师子章》说:"若师子眼收师子尽,则一切纯是眼;若耳收师子尽,则一切纯是耳,诸根同时相收,悉皆具足,则一一皆杂,一一皆纯,为圆满藏,名诸藏纯杂具德门。"此意谓,任何一部分现象都是整个本体之表现(按:盖本体不可分),所以可以说整个本体都表现在部分现象之中。从一方面说,此现象与其他现象不同,而呈现为"杂"(差别);另一方面,由本体通过它所呈现此现象可以包含其他一切现象,此现象又是纯(同一)。《华严经义海百门》谓:"理不碍事,纯恒杂也,事恒全理,杂恒纯也。由理事自在,纯杂无碍也。"师子眼耳等都是师子的,一一现象皆一一是本体的,同时又彼此不同,因此所谓"诸藏纯杂具德门"所包含的哲学内涵是要说明"现象的同一性与差别性的统一",这是就"事事无碍"说的。

3. 一多相容不同门:《金师子章》说:"金与师子,相容成立,一多于碍;于中事理,各各不同,或一或多,各住自位,名一多相容不同门。"此处就"理事无碍"说,"理"(本体)是"一","事"(现象)是"多",事统于理,"多"统于"一",故每一事皆为理之全体的显现,《华严经义海百门》中说:"一多相由成立。如一全是多,方名为一;又多全是一,方名为多。多外无别一,明知是多中一,一外无别多,明知是一中多。良以非多然能为一多,非一然能为多一。""一"和"多"是相对成立的,无"一"即无"多",无"多"亦无"一",不把"多"与"一"割裂开来才有"一"之"多",则"事"在"理"中,不把"一"与"多"割裂开来才有"多"之"一",则"理"在"事"中。但由另一个方面看,虽"事"为"理"之"事","事"只是"事",各与各有不同的位置,所呈现为千姿百态;一多虽相容无碍(理事无碍),"理"自是"理","事"自是"事",如"理"就是"事","事"就是"理",则无"理"亦无"事",所以理和事相容无碍,又各不相同,故名为"一多相容不同门"。此命题所蕴涵之哲学意义正说明"统一性与多样性之统一"。

4. 诸法相即自在门:《金师子章》说:"师子诸根,一一毛头,皆以金收师子尽。一一遍彻师子眼,眼即耳,耳即鼻,鼻即舌,舌即身。自在成立,无障无碍,名诸法相即自在门。"如前"一多相容不同门"是就理事说无碍,那么此门则是就事事说无碍。从一方面说,现象世界中每一事物(事)都是真如本体(理)全体所现,所谓"一切即一"。既然"一切即一",那么"眼"和"耳"从根本上说就没有什么分别,故可说"眼即耳,耳即鼻"等。但自另一方面看,每一事物只是每一事物,眼只有眼,耳只是耳,自在成立,无障无碍。任何事物都有多重属性,这多重属性都是此事物之属性,属性虽有差别但同为此事物之属性,就构成此事物说是相即而又自在的,这样我们就可以得出"差别性与多重性的统一"的观点。这也就是说,从哲学上说"诸法相即自在门"表现了"差别性与多重性的统一"。

5. 秘密隐显俱成门:《金师子章》说:"若看师子,唯师子无金,即师子显金隐;若看金,唯金无师子,即金显师子隐。若两处看,俱隐俱显,隐则秘密,显则显著,名秘密隐显俱成门。"如果专注现象就看不到本体,那么现象显现,本体隐没,但非没有本体。如果专注本体就不见现象,那么本体显现,现象隐没,但并非没有现象。如果既关注本体,又关注现象,则"性相同时,隐没齐观",本体、现象都有隐,都有显,因此隐、显同时存在。这就是说,现象与本体既有排他性,又有共存性,而排他性与共存性可同时存在,这样就可以构成现象与本体的"排他性与共存性的统一",这同样是"理事无碍"的一种表现方式。

6. 微细相容安立门：《金师子章》说："金与师子,或隐或显,或一或多,定纯定杂,有力无力,即此即彼,主伴交辉,理事齐观,皆悉相容,不碍安立,微细成办,名微细相容安立门。"此门是把上述各门作一总括,再进一步说明本体(理)与现象(事)可以一齐呈现,都可以互相包容(就理事无碍方面说);由于一切现象都是本体之呈现,故就现象方面说最微细的事物(事)也可以呈现其他一切事物(这是就事事无碍方面说的)。因此,由"理事无碍"可以得到"事事无碍",故此门之哲学意义或者可以说,从本体与现象的关系方面看,本体为共性,现象为特性,它表现为"**本体与现象的共性与个性的统一**";据此可知"微细相容安立门"可以说有"共性与个性的统一"的哲学意义。

7. 因陀罗网境界门：《金师子章》说："师子眼耳支节,一一毛处各有金师子;一一毛处师子,同时顿入一毛中。一一毛中皆有无边师子,又复一一毛,带此无边师子,还入一毛中。如是重重无尽,犹天帝网珠,名因陀罗网境界门。"现象界中之任何一事物皆是本体全体所现,本体包罗一切事物,故现象界中之任何一事物,作为现象,它相对于其他现象来说,只是一现象,但在整个界域中,它则是本体之呈现,故亦可包罗一切事物。此一事物不仅包罗一切事物,并且可将其他所有事物所包罗之事物包罗之,各个事物包罗一切事物,正所谓"一毛中,皆有无边师子;又复一一毛,带此无边师子,还入一毛中"。《宋高僧传》谓法藏"又为学不了者,设巧便,取鉴十面,八方安排,上下各一,相去一丈余,面面相对,中安一佛像。燃一炬以照之,互影交光,学者因晓刹海涉入无尽之义"。盖每一镜中不仅有其他镜之影,且有其他镜中之影之影。现象与现象各成一相,而且任何一相实际上都包融其他现象以及其他现象的包融之现象,故呈现现象与现象的互相交融而重重无尽所成的普遍联系,从哲学的意义上说,此或为"现象与现象的相对性与互融性的统一"。

8. 托事显法生解门:《金师子章》说:"说此师子,以表无名,语其金体,具彰金性,理事合论,况阿赖识,令生正解,名托事显法生解门。"现象可以是有生有灭的,在人没有觉悟的时候往往执着于现象的生生灭灭;而本体是不生不灭的,而人们只能通过现象(事)体会本体(理),盖因现象是本体之现象,本体是现象之本体。由于事物有两个方面,即有生有灭之现象(事)和不生不灭之本体(理),因此人如果执着现象而不能透过现象以证本体,那么人就是不觉悟的;人如果不执着现象,而能透过现象以证本体,那么人就是觉悟的。这也就是说,人们可以通过觉悟而有对事物的真实认识,由不觉悟达到觉悟。因此,觉悟不是离开不觉悟而有的,是通过现象以达本体,而由不觉悟到觉悟。我们可以说:"托事显法生解门"所表示的是"觉与不觉的相离性与相即性的统一"。从哲学认识论的角度,我们可以得到"已知与未知的相离性与相即性的统一"。

9. 十世隔法异成门:《金师子章》说:"师子是有为之法,念念生灭。刹那之间,分为三际,谓过去、现在、未来,此三际各有过去、现在、未来;总有三三之位,以立九世,即束为一段法门。虽则九世,各各有隔,相由成立,融通无碍,同为一念,名十世隔法异成门。"佛教认为,由诸因缘和合而成的有生有灭的一切事物叫"有为法"。所谓"三际",指过去、现在、未来,而"三际"之中又各有过去、现在、未来,总为九世。现象界一切事物都受九世的约束,即都有过去、现在、未来之分而相隔。但虽有九世之分,而却又互相联系,相继成立,圆融相通,无障无碍。何以之故?因同在一念生灭之中。即由现象说各各不同(有分别),又相即不离("过去""现在""未来",相互联系);而由心之一念说,融通无碍,事事物物亦融通无碍,"念即无碍,法亦随之",故"一念"(主体之心)与"九世"(客体之物)相异又相成,此即"十世隔法异成门"之义,从哲学意义上看,或为"主体与客体的差别性与同一性的统一"。

10. 唯心回转善成门:《金师子章》说:"金与师子,或隐或显,或一或多,各无自性,由心回转。说事说理,有成有立,名唯心回转善成门。"《金师子章光显抄》谓:"寻如此诸义,于金师子上无有隐,显一多等自性,唯心分别所成,即金非师子,心分别之为师子,唯由心力回转金为师子,乃至于师子上知隐显等诸义,故云无有自性,由心回转也。"此一门与前"同时具足相应门"所引之《华严经义海百门》首尾相呼应。一切现象之事物或隐或现,或一或多等,皆在心之一念中生灭,均无自性,故为"非有",虽现象界之事物无有自性,但由"理事无碍"上说,现象(事)乃为本体(理)之呈现,故亦非"非有","非非有"者即"非无"也。"非无"与"非有"既具有差别性,或隐或显,或一或多,又具有同一性,说理说事,有成有立,而此均随心回转,"心生一切法生,心灭一切法灭"。如果我们讨论此门的哲学意义,或者可以说它表现了"非无与非有的差别性与同一性的统一"。

以上就"十玄门"之哲学意义分别述之,如我们从总体上考察其哲学意义,我认为可注意者有三:第一,一概念必有其相对应之概念而立,如有"体"必有"用",有"统一性"必有"多样性",有"排他性",必有"共存性"等;第二,所有成对之概念均为互补性之概念,故在法藏思想体系中必然表现为相对应之概念,才有不可相离之互补性;第三，法藏之"十玄门"只是举出十个方面的相对应的概念的相关性，但并不是说只有这十个方面的相对应的概念有相关性，而是说任何一概念都有其相对应之概念，这一对相对应之概念必是相互成立、相互补充的，这样才构成一圆融无碍之图景。

（三）通过对"十玄门"的哲学意义的分析，我们可更为集中地讨论几个哲学问题，如果我们顺着华严之思路来考虑，有些今日讨论的哲学问题或可得出较为合理的解决途径。

1. 关于"先有飞机还是先有飞机之理"的讨论。这个问题实际上是"事"与"理"的关系问题。冯友兰先生的"新理学"据新实在论而提出"先有飞机之理"，而据唯物主义则以为应是"先有飞机"。我认为，如果用法藏华严宗理论，则可把这两种观点统一起来。

如果说飞机是现实的存在，我们可以说"它是非无"，那么在未有飞机之时的飞机之理只能是可能的存在，而不是现实的存在，不是现实的存在，我们可以说"它是非有"。如果我们不从飞机的现实性方面而是从其可能性方面考察，那么我们可以得知飞机之理可以是真实存在的。因为"理"可以是不生不灭的，而飞机则是可能存在的，因其只是可能存在的，所以可以是"非有"，因为它是可生可灭的。如果我们从现实性和可能性两个方面同时考察，那么说"理先"（"理"存在，而"事"尚未存在）或"事先"（"事"已存在而"理"未知）都是可以成立的，也都是不能成立的。盖因"理先"是就可能性方面说的，而"事先"是就现实性方面说的。不过"可能性"（坏相）可以转化为"现实性"（成相）；同样"现实性"也可以转化为"可能性"。因此，我们可以说，由"理事无碍"的观点看，"非无与非有的差别性与同一性是统一的"。

2. 关于"主体"与"客体"的关系问题。哲学的发展越来越证明

"主体"与"客体"虽有别，但只有相对的意义，从根本上说它们是同一的，而主客二分是把人们的认识引向歧路的重要原因。相当长的一个阶段，我们总强调"思维对存在的关系是哲学的根本问题"以及"存在是独立于人们意识之外的客观存在"。可是如何说明这个"独立于人们的意识之外的客观存在"呢？其实离开了人们的意识，离开了人们对这个"独立于人们的意识之外的客观存在"的说明，"存在"将是无意义的，是空洞的，即是说明就是在意识之中了。《传习录》下有一段：

> 先生游南镇，一友指岩中花树问曰："天下无心外之物，如此花树在深山中自开自落，于我心亦何相关？"先生曰："你未看此花时，此花与汝心同归于寂；你来看此花时，则此花颜色一时明白起来，便知此花不在你的心外。"

人们常据此批评王阳明否认"客观存在"，其实王阳明根本不是讨论"客观存在"有否的问题，而是讨论"客体"只有在"主体"的观照下才有意义。华严"十玄门"中之"十世隔法异成门""唯心回转善成门"等正是为我们解释"主体"与"客体"的关系提供一有意义的思路。现象界之事物只有在心之观照下才有意义，"客体"与"主体"虽有别，但"客体"的意义是由"主体"给予的，所以"主体与客体的差别性与同一性是统一的"。

3. 关于"一般"与"个别"的关系问题。西方哲学有"一般"（共相）与"个别"（殊相），中国哲学有"名"和"实"之讨论，西方中世纪更有唯实论与唯名论之争，而马克思主义也颇注意此问题，但对事物的"共性"与"个性"的统一并不像华严宗那样作了多方面的论证。华严宗的"一即一切,一切即一""理事无碍"的观点对深化此问题应是有重要意义的。在"十玄门"中,"微细相容安立门"不仅说明"理"(共相、一般)与"事"(殊相、个别)可以一齐呈现,互相呈现,互相包融;而且各个呈现"理"之"事"又都可以一齐呈现,互相包融,即可由"理事无碍"而有"事事无碍",以证"共性与个性的统一"以及"个性与共性之相对性与互融性的统一"。

当然华严宗思想,特别是"十玄门"所涉及的哲学问题是多方面的,这里只是举例说明之,因此从哲学上探讨华严宗的思想应受到重视。

选自《汤一介集》第四卷。原刊于《中国文化研究》1995年夏之卷,后收入《佛教与中国文化》,宗教文化出版社1999年版。

能否创建中国的"解释学"?

西方的解释学(Hermeneutics)近十多年来才为我国学术界所重视。在西方,解释学大体上说是从解释《圣经》开始的,它经过了好几个世纪漫长的酝酿过程,到德国哲学家兼神学家施莱尔马赫(Friedrich Schleiermacher, 1768—1834)和历史学家兼社会学家狄尔泰(W. Dilthey, 1835—1911)才真正成为一有重要影响的理论。这就是说,解释学成为一种"学"也有一个多世纪了。

在中国,本来也有很长的解释经典的历史传统,并且形成了种种不同的对经典注释的方法。例如在汉朝多用所谓"章句"的方法注释经典,分章析句,一章一句甚至一个字一个字地详细解释。据《汉书·儒林传》说:当时儒家的经师对五经的注解,"一经之说,至百余万言"。儒师秦延君释"尧典"二字,十余万言;释"曰若稽古"四字,三万言。当时还有以"纬"(纬书)证"经"的方法,苏舆《释名疏证补》谓:"纬之为书,比傅于经,辗转牵合,以成其谊,今所传《易纬》《诗纬》诸书,可得其大概,故云反覆围绕以成经。"这种以神秘的方法注释经典又与"章句"的方法不同。至魏晋,注释经典的方法为之一变,玄学家多排除汉朝繁琐甚至荒诞的注释方法,或采取"得意忘言",或采取"辩名析理"等简明而带有思辨性的方法。王弼据《庄子·外物》以释《周易·系辞》"言不尽意,书不尽言",而作《周易略例·明象章》,提出"得意忘言"的玄学方法,而开一代新风。郭象继之而有"寄言出意"之说,其《庄子注》的第一条注释说:

鹏鲲之实，吾所未详也。夫庄子之大意，在乎逍遥游放，无为而自得，故极大小之致，以明性分之适。达观之士，宜要其会归，而遗其所寄，不足事事曲与生说，自不害其弘旨，皆可略之耳。

这种注释经典的方法自与汉人的注释方法大不相同了。又在郭象《庄子注》的最后一条提出了"辩名析理"的方法，文谓：

昔吾未览《庄子》，尝闻论者争夫尺棰连环之意，而皆云庄生之言，遂以庄生为辩者之流。案：此篇较评诸子，至于此章，则曰其道舛驳，其言不中，乃知道听途说之伤实也。吾意亦谓，无经国体致，真所谓无用之谈也。然膏粱之子，均之戏豫，或倦于典言，而能辩名析理，以宣其气，以系其思，流于后世，使性不邪淫，不犹贤于博弈者！故存而不论，以贻好事也。

这里郭象把"辩名析理"作为一种方法提出来，自有其特殊意义，但"辩名析理"几乎是所有魏晋玄学家都采用的方法，所以有时也说魏晋玄学是"名理之学"。王弼《老子指略》中说："夫不能辩名，则不可言理；不能定名，则不可与论实也。"嵇康《琴赋》谓："非夫至精者，不能与之析理也。"就这点看，魏晋玄学家在方法论上已有相当的自觉。后来至宋儒又有"六经注我"，或"我注六经"的不同方法。

佛教传入中国后，由于佛教的有些名词概念很难翻译，往往在汉文中找不到相对应的词，因此有许多佛教的名词概念采用了音译的方法，如"般若""涅槃"等，但"音译"的名词概念如不加以解释是很难懂的,于是在翻译的佛经后面常常有"音义"或"音训"之类为之解释,而由于对佛经的理解不同就有不同的注释方法。为了对佛教名词概念有较为统一的了解,而后有了专门解释佛教名词概念的书,如慧琳的《一切经音义》、法云的《翻译名义集》等。其时并有僧人提出某些翻译的原则,如隋彦琮建"八备之说",齐大亮立"五不翻之义",而唐玄奘使之臻于完备。这些有关翻译方法和原则的资源如加以利用,或亦对中国之"解释"理论有重要意义。

自魏晋以来,我国历代有"类书"之编纂,《辞海》的"类书"条说:"类书,辑录各门类或某一门类的资料,按照一定的方法编排,便于寻检、征引的一种工具书,始于魏文帝时的《皇览》,历代都有编纂,但多亡佚。现在著名的有唐代的《北堂书钞》《艺文类聚》《初学记》,宋代的《太平御览》……"查《太平御览》的"天部(一)"列"元气""太初""太始""太素""太极"等条,这大概是根据《孝经纬钩命诀》而设立的,没有对"天"这个概念作专门的解释。例如对"元气"引用了二十几种古书对它作了说明。从这些引用的材料我们不仅可以看到不同时期的著作对"元气"含义的不同解说,而且也表现了某些解释方法上的不同。又如《渊鉴类函》的"天部(一)",只是引用了几十种古书对"天"这一概念的解释,而对"太初"等并未列专门的条目,这显然和《太平御览》根据的不是一个系统。对不同"类书"的编纂原则和方法加以分析研究并从中探索对名词概念的选取和解释,能否对中国的"解释理论"的建立有一定意义?

当然,中西哲学确有重大的不同,西方"解释学"的发展往往是和当时西方流行的其他哲学理论结合在一起的,例如20世纪50年代前它和海德格尔现象学有着密切联系,六七十年代又和伽达默尔、德里达的结构主义有着联系,80年代以后在美国解释学进入了所谓

"超分析哲学"的时代等。① 中国历史上对"经典"的解释当然和西方解释学发展的情况完全不同。那些历代的注与疏尽管不似西方形成了一套理论,并和哲学结合在一起形成了"解释学",不过,在中国历史上,不同时代对经典的解释往往也是和当时的哲学思潮联系在一起的。清初学者杭世骏说:"诠释之学……语必溯原,一也;事必数典,二也;学必贯三才而穷七略,三也。"我曾想,可以通过对《白虎通义》《北溪字义》《孟子字义疏证》中解释的重要名词概念加以分析,来考察汉学、宋学、清学的不同,并从中揭示它们的"解释"原则和方法的差异。因为,重视这种"诠释学"的学者,往者如钱穆、刘师培、黄季刚、顾颉刚、胡适、傅斯年等都曾写过不少篇章,倡导"居今之世,志古之道"的工作。"人以群分",他们都曾执教北大,无意中形成了北大的"诠释"学风。今天,我们不必费心争论,应有的态度是传承前辈学者的成果,主动借鉴西方诠释学,以便我们对今后中国哲学的发展提供某些可以利用的资源。

最后,我必须再说一下,我的这一想法可能是完全没有意义的,如果是这样,那至少可以起一个作用,这就是我们不必再花时间在这个方面费力气了。

选自《汤一介集》第六卷。原收入《学人》第 13 辑,江苏文艺出版社 1998 年版。

---

① 参见高宣扬:《解释学简论》,台北:远流出版公司 1988 年版。

我们为什么要编纂《儒藏》

我们为什么要编纂《儒藏》，它对我们国家有什么意义，对世界有什么意义？这在《北京大学儒藏工程简介》中有一些说明，概括地说：（1）在我国历史上儒、释、道三家并称，它们深刻地影响着中国文化与中国社会。而自宋以来，历代王朝都编有《佛藏》《道藏》，却始终没有把儒家思想文化的典籍编成《儒藏》，这与儒家在中国历史上的地位极不相称。（2）儒家思想文化是中华文化的主体，从经典体系看，儒家传承着的"六经"是夏、商、周三代文明的精华，它与先秦其他各家不同，始终以自觉地传承"六经"为己任，以"六经"为代表的中国古代文化正是通过和依赖儒家的世代努力而传承至今，深刻地影响着中华民族的哲学、宗教、伦理、文学、艺术、医药、政治、法律、经济等诸多方面。（3）我们此次编纂的《儒藏》将用繁体竖排标点加校勘记的方式，以纸质本与电子光盘同时出版发行，这不仅便于阅读和了解版本的异同，而且可以利用电脑进行全文检索，以便更加全面地把握儒家思想的内在精神。当然，这几点已可说明《儒藏》的编纂对世界有着重要的意义了。但，我们仍可对此作点展开的说明。

我们都知道，儒家思想在两千多年来的历史上曾经对世界文明产生过重大影响。中国古代文化是"轴心时代"的几大文明之一，而儒家是轴心期中华思想文化的最主要部分。历史学家早已指出，"轴心时代"的思想文化传统经过两千多年的发展，已经成为人类文明的共同财富。儒家思想文化早在一两千年前就传到东亚地区，如朝鲜半岛、日本、越南等地,日本学者岛田虔次教授曾说:"孔子的儒家思想不仅是中国的精神文明,而且是东亚的精神文明。"其后又传到欧洲,特别是对18世纪的欧洲产生过很大影响,当时欧洲启蒙运动的精神领袖伏尔泰曾指出:孔子的学说"没有哪一条美德被他遗漏,他的每条语录都关系到人类的幸福"。因此,当时曾把伏尔泰称为"欧洲的孔夫子"。这都是历史的事实。但是,我们还必须问,人类社会进入到21世纪,经济正在走向全球化,科学技术正在改变着人们生活的诸多方面,在这种情况下,儒家思想文化是否还有那么重要的意义?

看看目前我们的人类社会存在着种种威胁人类生存的问题,概括起来可以说存在着三大矛盾:人和自然的矛盾;人与人(扩而大之就是民族与民族、国家与国家)之间的矛盾;人自我身心(内外)的矛盾。这些矛盾可以说越来越尖锐地威胁着当前人类生活的诸多方面。那么儒家思想文化能否为消除这些矛盾,引导人类社会健康、合理的发展提供有意义的精神资源呢?我认为是有的,为此把儒家的经典及其在各个时代的注疏,把历代儒家学者的著述,把体现儒家思想文化的各种文献,经过系统的整理,编成一部儒家思想文化的大文库《儒藏》,无疑对当今和后世都是十分必要的,有着重大的意义。

我们的地球,为什么会发生"生态问题"?也许原因很多,但是人类对地球自然环境的破坏,是造成当前生态问题的主要原因。1992年世界1575名科学家发表的一份《世界科学家对人类的警告》中提到:人类和自然正在走上一条相互抵触的道路。我认为,这个观点反映了当前的现实。由于近两三百年,在工业化、现代化进程中对自然的利用和征服,虽然对改善人类生活条件起着巨大的作用,但同时也由于对自然资源的无情破坏、过量和无序开发,严重地破坏了人类赖以生存的自然环境。这样一种情况的发生,不能说和西方文化传统的"天人二分"观没有关系,罗素在《西方哲学史》中说:"笛卡尔的哲学……它完成了,或者说极近乎完成了由柏拉图开端而主要因为宗教上的理由经基督教哲学发展起来的精神、物质二元论……笛卡尔体系提出来精神界和物质界两个平行而彼此独立的世界,研究其中之一能够不牵涉另一个。"这就是说,西方文化传统曾长期把精神界和物质界的关系看成各自独立、互不相干的外在关系,其思维模式以"心""物"为独立二元,为了"人"的需要可以不考虑到"自然";对"自然"的征服也不必考虑"人"的生存条件。然而,中国儒家的思维模式与之有着根本的不同,儒家认为研究"天"(天道),不能不牵涉到"人"(人道);同样研究"人",也不能不牵涉"天"。早在公元前300多年前这个观点已被提出。《郭店楚简·语丛一》中说:"易,所以会天道、人道也。"说的是,《易经》这部书是讲如何会通天道、人道所以然的道理的书。中国历代儒家的重要思想家,大多继承和发挥着这一"天人合一"的思想,这里不可能一一列举,我们可以朱熹的话为代表,朱熹说:"天即人,人即天。人之始生,得之于天。既生此人,则天又在人矣。"这是说,"人"和"天"有着一种相即不离的内在关系,因为"人"是由"天"产生的,是"天"的一部分;但一旦"人"产生之后,"天"("天道",天的道理)就要由"人"来彰显,"人"就有保护"天"的责任。因此,"人"不仅应"知天"(知道利用"天道"的规律),而且应该"畏天"(对"天"有所敬畏)。因为照儒家看,"天"不仅有自然意义上的"天",而且有神圣意义上的"天"。现在人们只讲"知天",而不知对"天"有所敬畏。但是,儒家认为,"知天"和"畏天"是统一的,"知天"而不"畏天",就会把"天"看成一死物,而不了解"天"乃是有机的、生生不息的大流行("天行健,君子以自强不息"),也不了解地乃是生长养育万物的载体("地势坤,君子以厚德载物")。"畏天"而不"知天",就会把"天"看成是外在于人的神秘力量,则不能体现"天"的活泼泼的气象,不能体现"地"的孕育万物的功能。由于"知天"和"畏天"是统一的,正说明"天人合一"思想体现着"人"对"天"的一种内在的责任。"为天地立心"就是"为生民立命",不能分为两截。现在,我们既然看到"天人二分"的思维模式给人类社会生活带来了严重的问题,我们能不能换一种思维模式来解决这一问题呢? "天人合一"作为一种处理"人"和"自然"的关系的世界观和思维模式,不仅是解决当前生态危机,实现"人"和"天"的和谐(谐调)发展另一思考的路子,而且是"人"同于"天"的一种人生境界。

当前在人与人之间,扩而大之在民族与民族、国家与国家之间,由于对权力与欲望的极度膨胀,对物质利益的片面追求,对自然资源的恶性争夺,造成人与人之间的关系紧张、社会的冷漠、互不理解甚至仇视;在民族与民族、国家与国家之间的关系上形成对立,互不信任,以至于发生种种冲突和战争。我们可以看到当前的"新帝国主义"在全球行使"霸权",各种"宗教激进主义"又在全球发动恐怖袭击,这样下去,人类社会终将瓦解。那么,我们能不能在儒家文化中找到某些有益于使人类走出这一困境的资源呢? 我认为是有的。在《郭店楚简》中有一句话也许值得我们深入探讨:"道始于情。"这是说,人与人之间的关系是由感情开始建立的。樊迟问仁,孔子曰"爱人"。这种爱人的思想由何而来?《中庸》引孔子的话说:"仁者,人也,亲亲为大。"仁爱的精神,是人自身所具有的,爱自己的亲人是最基础的。但"仁爱"之心不能停止于此,必须"推己及人",所以《郭店楚简》中说:"亲而笃之,爱也;爱父,其继爱人,仁也。""孝之施,爱天下之民。"这就是说,孔子的"仁学"要求由"亲亲"扩大到"仁民"。所以孟子明确地提出"仁政"思想。"仁政"的思想内涵应说是极为丰富的,但我认为孟子说的"民之为道也,有恒产者有恒心,无恒产者无恒心"最为重要。孟子的意思是说:对"人"的道理是,要使每个人都有一定的稳固产业,他才有一定的道德观念和行为准则;没有一定的稳固产业的人,便不会有一定的道德观念和行为准则。所以孟子说:"夫仁政,必自经界始。"意思是说,"仁政"首先要使老百姓有他自己的土地。但是如何把孔子儒家的以仁爱思想为基础的"仁政"实现于社会呢?孔子说:"克己复礼为仁。一日克己复礼,天下归仁焉。"这是说,只有在"克己"的基础上的"复礼"才叫作"仁"。费孝通先生对此有一解释,他说:"克己才能复礼,复礼是取得进入社会、成为一个社会人的必要条件。"这话很有道理。因为"仁"是人自身的内在品德("爱生于性"),"礼"是规范人的行为的礼仪制度,它的作用是调节人与人之间的关系使之和谐相处,"礼之用,和为贵"。人们进入社会必须遵守一定的礼仪制度,而对礼仪制度的遵守应该是出于人的"仁爱"之心,才符合"仁"的要求。这种把"仁爱"精神按照一定规范实现于日常生活之中,这样社会就会安宁和谐了,"一日克己复礼,天下归仁焉"。孔子儒家思想,对于一个国家的治国者,对于世界上那些发达国家的统治集团应有着极其重要的意义。"治国""平天下"应行"仁政",不能行"霸道"。行"仁政"将会使民族与民族、国家与国家之间"和平共处";行"霸道"只会引起民族与民族、国家与国家之间的冲突,以至战争。

  现代社会,由于人们无止境地追求感官享受,致使身心失调、人格分裂,由于心理的失衡引起精神失常、酗酒、杀人、放火、自杀,造成了自我身心的扭曲,已成为一种社会病,严重影响着社会的安宁,一个重要原因正在于全然忽视了人的"自我身心内外的调和"。儒家思想的基本理念是"教人如何做人","做人"的要义就在于"修身"。儒家经典《大学》认为,修身、齐家、治国、平天下,"自天子以至于庶人,壹是皆以修身为本"。这就是说,儒家认为如果个人的道德修养好了,那么"家"可以齐,"国"可以治,"天下"可以太平,人类的和谐社会就可实现。儒家和谐社会的理想既然是建立在人的道德修养(修身)的基础上,因此儒家特别重视人的自我身心内外的协调。儒家认为,生死和富贵不是人追求的终极目标,而道德学问的提升才是人追求的终极目标。孔子说:"德之不修,学之不讲,闻义不能徙,不善不能改,是吾忧也。"孔子的这段话告诉我们的是做人的道理,"修德"并不容易,那就必须有崇高的理想,有为人类长远利益考虑的胸怀。"讲学"同样不容易,这不但要求自己天天提高,而且要求负起对社会人文教化的责任。"改过",人总是会犯这样那样的错误,问题是要勇于改正错误,这样才能成为一个合格的人。"向善",是说人生在世,应日日向着善的方向努力,做到"日日新,又日新"。"修德""讲学""改过""向善"是做人的道理,是使人自我身心内外和谐的有意义的路径。孟子说:"存其心,养其性,所以事天也。夭寿不贰,修身以俟之,所以立命也。"如果一个人能保存他的恻隐之心,修养他的善性,以实现天道的要求,寿命的长短都是无所谓的,但一定要保持和天道的一致,这就是安身立命了。晋朝的潘尼做了一篇《安身论》,其中有两段阐发了"安身立命"的思想。他说:"盖崇德莫大乎安身,安身莫尚乎存正,存正莫重乎无私,无私莫深乎寡欲,是以君子安其身而后动,易其心而后语,定其交而后求,笃其志而后行";"故寝蓬室,隐陋巷,披短褐,茹藜藿,环堵而居,易衣而出,苟存乎道,非不安也。""安身立命"是要使自己的身心和谐,内外调适,使自己言行符合"做人的道理",至于那些违背"人道"对权力和金钱的争夺等,无疑将有害自己的身心。这种存心、养性的安身立命的生活态度就是宋儒所追求的"孔颜乐处"。朱熹在其《答张敬夫书》中与张敬夫讨论"中和义"时说:"而今而后,乃知浩浩大化之中自家自有个安宁,正是自家安身立命、主宰知觉处,所以立大体行大道之枢要,所谓体用一源,显微无间,乃在于此。"如果人们能以"修身为本",以"为天地立心,为生民立命,为往圣继绝学,为万世开太平"为追求的目标,其身心自然和谐,内外自然调适了。

《中庸》第二十二章中说:"唯天下至诚,为能尽其性;能尽其性,则能尽人之性;能尽人之性,则能尽物之性;能尽物之性,则可以赞天地之化育;可以赞天地之化育,则可以与天地参矣。"人类社会生活应该由自身做起,即由"安身立命"起,而至于"推己及人",再至"民胞""物与",而达到"保合太和"的与天地为一体的至高境界。这就是儒家可能为当前人类社会提供的极有价值的精神财富。

上述儒家的"合天人"(合者,不相离也,即人与自然的和谐)、"同人我"(把"人"都当成是自己的同胞、兄弟,即人与社会的和谐)、"一内外"(使自我身心内外统一和谐,即人自身的和谐),是我们人类社会所应追求的。当然对于任何古代伟大思想家的思想,我们都必须予以分析和鉴别,并给以现代的诠释以适应现代人类社会合理、健康发展的要求。我们还要再重复说明,编纂《儒藏》是为了给人们提供对儒家思想文化进行研究的比较完整系统的可靠的资料,以便我们更好地利用人类文明这一份宝贵的遗产,为人类社会得以"和平共处""共同发展""相互尊重""相互理解"以及人类的和谐安宁作出应有的贡献。司马迁说:"居今之世,志古之道,所以自镜也,未必尽同。"借鉴古之圣贤的智慧以利于今日人类社会的合理、健康发展无疑是非常重要的。

选自《汤一介集》第五卷。原刊于《中国艺术报》2005年9月23日,又刊于《中华新闻报》2005年10月26日,再刊于《北京大学学报》(哲学社会科学版)2006年第2期。

编后记

上海教育出版社策划了"传统文化与当下"丛书,拟编选汤一介先生的一本文集收入其中。汤先生对相关问题确实有很多的思考,撰写有不少精彩的论文与短文。可以说,汤先生关于传统文化的很多命题与思考,都是立足于当前世界面临的问题与中国现实而发的。

本书在编选上采用汤先生自己对相关思考内容的分类,具体可见汤先生所撰写的《我的哲学之路》长文。这篇长文有广略多种版本,最广的版本当数收入《我们三代人》(北京:中国大百科全书出版社,2016年1月)中的《我的哲学之路(一)》《我的哲学之路(二)》《我的哲学之路(三)》三篇文章。但是这几篇文章在2003年前就完成了,因此不可能述及其后的一些文章。不过从汤先生后来对《我们三代人》的补充可以看出,汤先生有意将《我们为什么编纂〈儒藏〉》作为《我的哲学之路(三)》的末一小节。总体上,此文对于深刻理解汤先生自己的哲学与思想具有重要的指南作用。我们本次的编选因为主题颇为契合,即是遵照汤先生《我的哲学之路(三)》中有关小节内容编选而成的。这一方面固然是投机取巧,另外一方面我们也希望多少能够反映出汤先生对传统文化与当下思考的内在结构。

本书侧重选编了汤先生《我的哲学之路(三)》中提及的"关于中国传统哲学的命题"与"关于中国传统哲学的理论体系"两个小节涉及的相关文章。这两个小节中,汤先生重点论证中国传统文化中的"天人合一""知行合一""情景合一"对应于具有普遍意义的真善美三个价值。汤先生提出这三个"合一",也特别侧重与西方哲学中的康德、黑格尔等哲学进行一定的比较。此三个"合一"的提出,可以说是汤先生对于中国传统文化现代意义的一个全面思考。真善美三者对应于西方哲学的三大块:形而上学、伦理学、美学,亦称自然哲学、道德哲学、艺术哲学。汤先生这种思考背后可能蕴含着他对中国哲学合法性的思考,更蕴含着他对中国哲学的基本精神之何在的思考。应该说,汤先生的这种思考是具有创造性的,以中国哲学为代表的东方哲学,相比西方哲学,确实具有这样的特点。汤先生正是基于这样的思考,凸显出中国哲学的独特魅力。也许我们还可以沿着汤先生对中国哲学的基本精神进一步深入探索与思考,但毫无疑问,汤先生提出的这个分析与思考的角度确实令人震撼。汤先生提出这一思想肇始于1983年他在参加加拿大蒙特利尔召开的第十七届世界哲学大会时的发言。在笔者看来,这不仅标志着汤先生自己的哲学思考有了突破,而且也标志着大陆学者在世界哲学舞台上开始崭露头角。

与作为基本哲学命题的三个"合一"密切联系的,就是体现宇宙人生论、境界修养论、政治教化论三个方面的中国传统哲学理论,汤先生将之归纳为:普遍和谐观念、内在超越精神、内圣外王之道。汤先生对这三个方面分别撰写有不少名文。在《我的哲学之路(三)》阐述过程中,汤先生特别提及发表在他编的《国故新知:中国传统文化的再诠释——汤用彤先生诞辰百周年纪念论文集》(北京:北京大学出版社,1993年8月)中的《中国传统文化的特质》一文。此文在汤先生看来特别论证了"普遍和谐观念"的现代意义。汤先生《对中国传统哲学的哲学思考》一文也详细讨论了普遍和谐、内在超越、内圣外王三大中国传统哲学理论,所以本书也一并选入。汤先生有关"普遍和谐"还有几篇名文,也收入本书。关于"内在超越",汤先生自述受到余英时《从价值系统看中国文化的现代意义》一文讨论到中国哲学内在超越取向与西方哲学外在超越取向不同观点的启发。汤先生撰写了四篇相关论文，系统进行论述，主要涉及儒家哲学、魏晋哲学、老庄哲学、禅宗思想。本书选入其中的三篇文章。关于"内圣外王之道"，汤先生写的文章不多，本书选入的两篇文章，内容上一小部分有重复，但是由于成于不同时期，合并起来能够总体反映汤先生在"内圣外王之道"观点上的基本见解。汤先生认为，儒家学说不可能解决今日社会的所有问题，所以汤先生对中国传统文化中的"内圣外王"有一些批评。汤先生认为，儒家学说最有意义的部分在于关于"教人如何做人"的方面。（《我们三代人》，411 页）

除了本书上述选入的主体内容之外，本书还选择了汤先生发掘的传统文化（不限于儒家）中对于当下具有意义的一些内容，比如正义观、生死观、礼法合治、孝道等内容。也有受马克斯·韦伯的名著《新教伦理与资本主义精神》影响所写的《儒家伦理与中国现代企业家精神》一文。关于如何继承与利用传统文化，汤先生特别强调解释学的方法，要对传统文化进行创造性的诠释。本书选录了汤先生倡导研究《道德经》注疏，对华严宗核心哲学进行诠释、创建中国解释学的构想等内容。领衔编纂大型文化工程《儒藏》是汤先生在 21 世纪主要从事的工作，与汤先生倡导创建中国解释学是一体两面，同样是汤先生思考传统文化与当下不可或缺的内容。限于篇目，本书仅选入其中最重要的几篇代表性文章。有关解释学，汤先生还有好几篇论文，有兴趣的读者还可以进一步参考汤先生的其他论文集。

本书的第一篇则选录了与本书主题关系颇为密切的一些代表性论文，20 世纪八九十年代、21 世纪的文章都有，更为深刻说明汤先生对传统文化的思考不完全是书斋中的玄思，而是与他所理解的人类所面临的重大问题息息相关的。

选编汤先生的文集是困难的，汤先生生前出版了大量著作，编辑了很多书籍，写作了很多序言，发表了很多演讲，接受了很多次访谈，在海内外报纸、期刊、论文集发表了大量文章。这些内容，我们正在搜集整理过程中。汤先生的代表性论文，重要的大都收入《汤一介集》中。但此外还有大量散见的文章，搜集也颇有难度。汤先生的文章，发表时会有几种版本，题目有时候也会稍有改换再收入汤先生自己编选的论文集当中。汤先生平时事务极为繁重，每天都要接见各种来访，同时还要出席各种学术会议，发表论文或者讲话，接受采访等。相同主题有的时候会讲多次，会有一定的重复也在所难免。要辨别清楚这些内容也颇为困难。本次编选，如果已经收入《汤一介集》，尽量依据《汤一介集》，其他论文也多以收入其中的论文集为准。但即便如此，也必定也有很多不足，尚乞读者在阅读过程中不吝赐正。

总而言之，编者认为，通过本书的阅读，读者们定能一窥汤先生在中国传统文化、中国传统哲学思考全豹之一斑。如果读者们能进一步对汤先生整体哲学思考发生兴趣，从而对中国传统文化升起殊胜的信心，则是编者最圆满的愿望了。

最后，我们要特别感谢出版社储德天女士对策划本书与编辑本书所付出的辛劳。

编　者
2018 年 2 月 1 日

图书在版编目（CIP）数据

中国传统文化的特质 / 汤一介著；乐黛云，杨浩编．
— 上海：上海教育出版社，2019.1（2023.3重印）
ISBN 978-7-5444-8448-0

Ⅰ．①中⋯ Ⅱ．①汤⋯ ②乐⋯ ③杨⋯ Ⅲ．①中华文化
—研究 Ⅳ．①K203

中国版本图书馆CIP数据核字(2018)第213092号

责任编辑　储德天
封面设计　卢　卉
责任校对　任欢迎

ZHONGGUO CHUANTONG WENHUA DE TEZHI
中国传统文化的特质
汤一介 著　乐黛云　杨　浩 编

出版发行	上海教育出版社有限公司
官　　网	www.seph.com.cn
地　　址	上海市闵行区号景路159弄C座
邮　　编	201101
印　　刷	上海盛通时代印刷有限公司
开　　本	890×1240　1/32　印张 11.125　插页 4
字　　数	260 千字
版　　次	2019年1月第1版
印　　次	2023年3月第5次印刷
书　　号	ISBN 978-7-5444-8448-0/G·6991
定　　价	58.00 元

如发现质量问题，读者可向本社调换　电话：021-64373213